Leslie und Terry Patten sind die Leiter von »Tools for Exploration«, einer Einrichtung in San Rafael, Kalifornien, die sich intensiv mit der Erforschung und Weiterentwicklung von Bioenergiekreisen beschäftigt. Im Rahmen ihrer Forschungstätigkeit haben sie völlig neue und äußerst wirkungsvolle Anwendungsmöglichkeiten des Bioenergiekreises entdeckt und stellen jetzt im Rahmen von »Tools for Exploration« auch selbst ein umfangreiches Programm an Bioenergiekreis-Materialien her.

Herausgegeben von Wolfgang Gillessen

Deutsche Erstausgabe September 1990
© 1990 Droemersche Verlagsanstalt Th. Knaur Nachf., München
Titel der Originalausgabe »Biocircuits: Amazing New Tools For Energy
Health«
© 1988 Leslie und Terry Patten
Originalverlag H. J. Kramer, Inc., Tiburon, USA
Umschlaggestaltung Manfred Waller
Umschlagillustration Gerhard Prokop
Satz MPM, Wasserburg
Druck und Bindung Ebner Ulm
Printed in Germany   5   4   3   2   1
ISBN 3-426-06012-4

Leslie und Terry Patten:
Der Strom des Lebens

Das Übungsbuch zur Bioenergiekreis-Methode

Aus dem Amerikanischen von Elimar Orlopp

Unseren Eltern

Inhalt

Traditionen — Die »bewußte Suggestion« nach Eeman — Bioenergiekreis und Biofeedback — Zwei Visualisierungsübungen

Teil III:
Die Wissenschaft von den subtilen Energieformen 221

wünschte Energien — Gehen Sie mit dem kooperativen Energiekreis vorsichtig und verantwortungsvoll um

Erweiterung der Grenzen des Bewußtseins — Lindemanns »Super-Energiekreis« — Andere Materialien — Das Übertragen von
Schwingungsinformationen — Kooperative Energiekreise

Anhang

Orgon-Akkumulator und der Bioenergiekreis — Magnete — Besondere Bauteile — Kristalle — Das Phantom-Energiefeld des
Körpers — Impedanzapparat und Naßzellengerät nach Cayce

Danksagung

Die Arbeit an diesem Buch hat uns sehr viel Freude gemacht, insbesondere weil sie uns mit so vielen Menschen zusammenbrachte.

Zuallererst möchten wir Peter Lindemann danken, dessen freundschaftliche Unterstützung uns sehr geholfen hat, dieses Buch überhaupt zu schreiben. In langen Gesprächen gab er uns eine Menge an Informationen über seine Forschungen und half uns dabei, sein Vorgehen besser zu verstehen. Außerdem las er das Manuskript und gab uns noch viele wertvolle Hinweise.

Wir bedanken uns bei unseren vielen Freunden in England, die uns telefonisch und brieflich geholfen haben: Beryl Eeman, die uns bei der Suche nach Veröffentlichungen und Fotos ihre Vaters unterstützt hat; Pat Golby von der Radionic Society; Michael Rust von der British Society of Dowsers; Anne Atkinson; Jean Cormack (die Tochter von Aubrey Westlake); Bruce Copen; Mike Roberts; Leo Corte von den Delaware Laboratories; Dr. med. T. Watson; Vicki Roberts von »The Radionics Quarterly« und Annette Inglis.

In den USA half uns Michael Maffeo immer wieder weiter; er besorgte uns das erste Exemplar von »Cooperative Healing«. Tom Brown von der »Borderland Sciences Research Foundation« wurde ein lieber Freund von uns, und wir erhielten immer wieder wertvolle Hilfen von ihm. Er war es auch, der uns mit Peter Lindemann bekannt machte. Ganz am Anfang unserer Arbeit erhielten wir von seinem Vorgänger, Riley Crabb (der Eemans Werk dreißig Jahre lang in den USA fortführte), Forschungsratschläge aus Neuseeland. Wir sind dankbar für die sehr hilfrei-

11

chen fachlichen Beiträge folgender Personen: George Fritz, Ph. D.; Greg Neilsen; Thomas Hirsch; Kathleen Hirsch, C. A., und Phil Thomas, der uns mit dem Werk von Edgar Cayce vertraut gemacht hat. Frank Aguirre; Dr. med. Richard Gerber; Miki Shima, C. A.; Ray Himmel, C. A.; Steven Birch von der New England School of Acupuncture; Steve Claydon und Bob Nelson von der Rex Research haben unsere Forschungen oftmals unterstützt, worüber wir sehr froh sind. Viele persönliche Freunde halfen uns freimütig weiter durch ihre Mitarbeit, ihre Vorschläge und auch ihre moralische Unterstützung.

Ein besonderes Dankeschön geht an Hal und Linda Kramer, die uns durch ihre Begeisterungsfähigkeit, ihre Fachkenntnisse und ihren Humor unterstützten, und sie waren es auch, die uns mit Greg Armstrong und Suzanne Lipsett bekannt machten. Nur diese beiden waren in der Lage, das Manuskript so vorzüglich zu redigieren.

Den Dank an unseren langjährigen spirituellen Lehrer Da Free John, dem wir uns in ganz besonderer Weise verbunden fühlen, haben wir uns bis zum Schluß aufgespart. Er führte uns zum ersten Mal in die Methode ein. Sowohl durch sein schriftliches Werk als auch persönlich half er uns dabei, die Zusammenhänge zu verstehen, die zwischen »Ich« und Körper, zwischen Körper und Energie sowie zwischen Energie und Bewußtsein existieren. Wir erfuhren mit ihm diese Zusammenhänge in einer so unmittelbaren Weise, daß man es in Worten nicht auszudrücken vermag. Ohne diese außerordentlichen Erfahrungen wären wir nicht in der Lage gewesen, dieses Buch zu schreiben.

VORBEMERKUNG

Die Autoren dieses Buches sind keine Mediziner und können insofern auch keinen ärztlichen Rat geben. Im Falle einer Erkrankung sollten Sie im Gesundheitsbereich ausgebildete Personen konsultieren. Die hier dargestellten Informationen können also das beratende Gespräch nicht ersetzen.

Ein Hinweis darauf, wer in diesem Buch zu Ihnen spricht

Weil wir beide, Leslie und Terry Patten, die Autoren dieses Buches sind, es aber in der Ichform geschrieben ist, ergibt sich natürlich die Frage, wer es eigentlich ist, der in den jeweiligen Kapiteln zu Ihnen spricht.

Lassen Sie uns unsere Zusammenarbeit beschreiben: Leslie begann mit den Plänen und Aufzeichnungen zu diesem Buch im Herbst 1986. Terry überarbeitete den Text und schrieb die theoretischen Teile Mitte 1987. Im Laufe des nächsten Jahres haben sich unsere praktischen Erfahrungen mit dem Bioenergiekreis immer mehr erweitert. Außerdem sprachen wir mit vielen Leuten, um mehr theoretische Sicherheit zu erlangen, überdachten unsere Ideen, indem wir sie immer wieder diskutierten, und veränderten das Manuskript entsprechend. Dabei einigten wir uns, kamen dann öfter wieder zu verschiedenen Ansichten und schließlich zu einer neuen Manuskriptvorlage. In diesem Sinne ist das Buch das Ergebnis einer partnerschaftlichen Zusammenarbeit und damit etwas grundlegend anderes als das, was jeder für sich allein hätte vollbringen können. Es war für uns eine wirklich große Aufgabe. Wir haben uns um sie gestritten und Schwierigkeiten auf uns genommen. Was am wichtigsten war, wir hatten viele Erfolgserlebnisse und wir konnten uns beide liebevoll unterstützen.

Wer ist es also, der in den folgenden Kapiteln in der Ichform berichtet? In einigen Kapiteln sind Terrys Erfahrungen in der Ichform beschrieben (z. B. in dem Kapitel »Der Bioenergiekreis und die therapeutische Selbsterfahrung«). In den Anfangskapiteln berichtet meist Leslie über ihre persönlichen Erlebnisse mit dem Bioenergiekreis. Die Lektüre dieses Buches ist vielleicht am besten vergleichbar der Situation, wenn Sie einem Ehepaar zuhören: Die Erzählerin ist Leslie, und manchmal unterbricht sie ihr Mann Terry, um einige Anmerkungen zu machen.

Einführung:

Ich bin Energie!

Wie ist dieses Buch entstanden?

Über den Begriff der Lebensenergie hatte ich bereits viel gehört und gelesen, auch war ich überzeugt davon, daß sie von fundamentaler Bedeutung für alles Leben auf dieser Erde ist, aber diese Energie auch wirklich im Körper zu spüren, war mir bislang einfach noch nicht möglich gewesen. Ich hatte die Begrenzungen meiner Schulbildung und die einengende Sichtweise meiner jüdischen Erziehung durchaus erkannt, jedoch selbst nachdem ich mich jahrelang mit traditioneller und moderner spiritueller Literatur aus dem östlichen Kulturkreis beschäftigt und täglich Hatha-Yoga praktiziert hatte, konnte ich, was die Wahrnehmung der feineren Energien betraf, wenig Fortschritte bemerken.

Obwohl die Schulmedizin dieses Thema in keiner Weise anerkennt, war mir doch bekannt, daß Millionen von Menschen überall auf der Welt nicht nur von der Existenz dieser Energie überzeugt waren, sondern behaupteten, sie seien in der Lage, die Kraft dieser Energie wirklich zu spüren. Viele erklärten auch, mit Energien heilen zu können. Durch Handauflegen oder Berühren anderer Menschen würden sich Energieblockaden lösen, und der Fluß der Lebensenergie normalisiere sich wieder. Die Akupunktur, von deren Wirksamkeit ich überzeugt war, erklärte Gesundheit und menschliches Leben als schlechthin abhängig von dieser Kraft.

Entweder war ich also einfach zu wenig sensitiv, oder aber all diese Berichte über die Wahrnehmung von Energieströmen beruhten schlicht und einfach auf Einbildung.

Was aber auch immer richtig sein mochte, ich konnte es vorerst nicht überprüfen. In einer Beziehung war ich dann doch ein etwas ungewöhnlicher »Fall«. Obwohl ich von mir dachte, ich sei für mystische oder andere sensitive Erfahrungen nicht begabt, und ich weiter skeptisch oder gar mißtrauisch gegenüber okkulten Phänomenen blieb, spürte ich doch ein starkes religiöses Grundgefühl in mir. Ich las viel über Hinduismus, Buddhismus und in der spirituellen Literatur des Christentums und suchte nach einem spirituellen Lehrer und wurde schließlich eine Schülerin von Da Free John.*

Ich war mir weder darüber im klaren, wie es sein würde, wenn ich die Lebensenergie spüren könnte, noch ob ich es überhaupt wollte. Ich fürchtete mich etwas davor, und ich war mir ehrlich gesagt auch nicht ganz sicher, ob es überhaupt etwas gibt, das ich wirklich hätte fühlen können. Intuitiv spürte ich schon die Existenz einer großen Kraft oder eines höheren Bewußtseins, aber ich glaubte nicht so richtig daran, daß das etwas mit der Sensitivität für körpereigene Energieströme zu tun haben könnte.

Im Sommer 1976 wurde ich von meinem Lehrer zu einem kleinen Treffen in seinem Haus eingeladen. Diese Zusammenkunft war der Rahmen für eine eingehende Betrachtung über ein bestimmtes Thema aus spiritueller Sicht. An diesem Abend sprach er darüber, wie die Lebensenergie mit Hilfe moderner und traditioneller Techniken verstärkt werden kann. Er nannte Kaja Kalpa, eine traditionelle Methode aus dem Ayurveda, die unter bestimmten Umständen ganz außergewöhnlich verjüngende Wirkungen hervorbringen kann. Dann erwähnte er verschiedene, seltsam anmutende Fastenpraktiken, darunter auch solche, bei denen der eigene Urin getrunken wird! Diese Vorträge waren immer äußerst lebendig und unterhaltsam, aber ich wurde mir nie darüber klar, wie ernst sie gemeint waren.

---

* Da Free John, auch bekannt unter dem Namen Da Love-Ananda, ist ein in den USA geborener spiritueller Lehrer, Wissenschaftler und Autor. Im Literaturverzeichnis zu diesem Buch finden sich Angaben zu einigen wichtigen Veröffentlichungen von ihm.

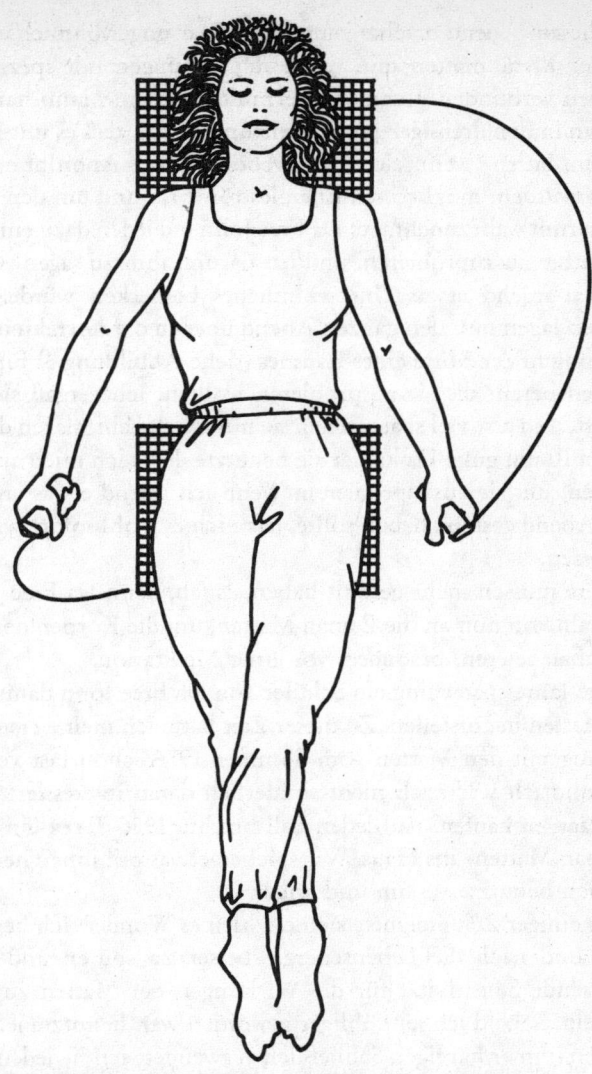

Abbildung 1: »Ich legte mich auf die Matten, um sie auszuprobieren.«

An diesem Abend brachte jemand ein Paar ungewöhnlich ausse-
hender Metallmatten mit, die durch Leitungen mit speziellen
Griffen verbunden waren, und erzählte, wie ein Mann namens
Eeman in den dreißiger Jahren behauptet hatte, daß es mit Hilfe
dieser Matten, wenn sie in einer bestimmten Anordnung benutzt würden, möglich sei, Energieströme im und um den Körper herum wahrzunehmen. Da Free John lud jeden dazu ein, diese Matten auszuprobieren, und bat darum, ihm zu sagen, wenn
jemand irgend etwas Ungewöhnliches bemerken würde. Die
Matten lagen nun den ganzen Abend über in der korrekten Anordnung in der Mitte eines Raumes (siehe Abbildung 1) für diejenigen bereit, die sie ausprobieren wollten. Ich vergaß sie zunächst, und erst viel später fielen sie mir wieder ein, als ich durch
diesen Raum ging. Da keiner sie benutzte, legte ich mich auf die
Matten, um sie auszuprobieren. Wenn ich irgend etwas an diesem Abend gespürt haben sollte, habe ich es wohl sofort wieder
vergessen.

Andere müssen mehr gefühlt haben als ich, denn Da Free John
empfahl von nun an die Eeman-Matten, um die Körperenergien
auszubalancieren, besonders vor einer Meditation.

Einige Jahre später fing ein Schüler von Da Free John damit an,
die Matten herzustellen. Zu dieser Zeit hatte ich meine erste Erfahrung mit den Matten vom Sommer 1976 schon fast vergessen, und ich war auch nicht sonderlich daran interessiert, mir
ein Paar zu kaufen. Auf jeden Fall brachte 1980 Terry ein Paar
»Eeman-Matten« ins Haus. Wir spielten etwas mit ihnen herum,
und ich benutzte sie hin und wieder.

Nach einiger Zeit ereignete sich ein kleines Wunder: Ich begann
nach und nach die Lebensenergie besser zu spüren und eine
wachsende Sensitivität für die Wirkungen der Matten zu entwickeln. Sobald ich feinfühliger geworden war, benutzte ich die
Matten immer häufiger. Schließlich verwendete ich sie jeden Tag
ein- oder zweimal.

Ich bemerkte jetzt nicht nur feine Veränderungen bei der Anwendung der Matten, sondern auch während des ganzen Tages blieb diese Erfahrung spürbar. Mit der Zeit wurde ich sensitiver für die verschiedenen Energiezustände. In dem Maße wie sich die Sensitivität für die Energieströme im Körper verstärkte, fühlte ich mich geistig ausgeglichener, mehr in meiner Mitte und gesünder. Ich bemerkte außerdem, daß ich widerstandsfähiger gegen Krankheiten wurde.

Die beste Zeit, die Matten zu benutzen, war für mich nach meiner Arbeit. Dann waren die Ergebnisse besonders deutlich spürbar. Ich hatte damals einen sehr anstrengenden Beruf, bei dem ich den ganzen Tag auf den Beinen sein und unter grellem Neonlicht arbeiten mußte. Die erste Entdeckung, die ich machte, als ich auf den Eeman-Matten lag, betraf die ungleiche Energieverteilung im Körper. Ich bemerkte ein heftiges Pulsieren, insbesondere im Brustkorb und im Kopfbereich.

Nach einigen Minuten begann die Energie sich dann in meinem Oberkörper und um ihn herum zu bewegen. Wenig später verschwanden diese Empfindungen wieder. Offenbar hatten sich Energieblockaden gelöst. Ich spürte die Energie jetzt als ein kontinuierliches, angenehmes und intensiv strömendes Gefühl in meinem Oberkörper. Nach etwa zwanzig bis dreißig Minuten hörte dieser Prozeß wieder auf. Meine Körperenergien waren nun ausbalanciert, und ich nahm den Energiekreis kaum noch wahr. Der Energieausgleich war hiermit offensichtlich abgeschlossen. Anfangs fiel ich nach etwa zehn Minuten in einen tiefen und erholsamen Schlaf. Danach folgte stets ein wohliges Dehnen des ganzen Körpers. Dieses Sichausdehnen und Langwerden erlebte ich als so wohltuend wie nie zuvor. Nachdem ich mit den Matten mehrere Monate täglich experimentiert hatte, begannen sich meine Erfahrungen zu verändern. Ich fiel nicht mehr in einen Tiefschlaf, sondern blieb dabei wach im Energiekreis liegen. Es gelang mir, spürsam wahrzunehmen, wie sich meine Körperenergien »ausbalancierten«. Immer wieder gab es dabei einen Moment, kurz nachdem die Energie im Körper zu fließen begann, in dem sich das Atemgeschehen entspannte und der Atem voller und tiefer wurde. Ich konnte spüren, wie sich die Energie innerhalb des Körpers bewegte, zugleich auch um mich herum war und den ganzen Raum erfüllte. Alles befand sich in einem Energiekontinuum, in dem die verschiedenen Energien ineinander übergingen. Je mehr sich meine Körperenergien und das größere Energiefeld um mich herum ausbalancierten und harmonisierten, um so mehr spürte ich ein wohliges Gefühl des Ausgefülltseins in meiner Brust. Beschwingte Lebensfreude erfüllte den ganzen Körper, bis ich schließlich in einen Bewußtseinszustand gelangte, der über mein normales Körperbewußtsein hinausging. Ich existierte jetzt gleichsam in einer Energiesphäre, die meinen Körper und den Raum um mich herum erfüllte. Es war so, als ob es keinerlei Grenzen mehr zwischen meinen Körperenergien und einer größeren, universellen Energie, die mich umgab und sich überallhin ausbreitete, geben würde. Alles war Teil eines Energiekontinuums geworden, und meine Haut schien transparent und durchlässig zu sein. In dieser Energiesphäre zu verweilen, war eine ungewöhnlich schöne und freudige Erfahrung. Körper, Geist und Seele begannen wieder zu harmonisieren und zu einer Ganzheit zu werden. Nach weiteren ein oder zwei Minuten wurden diese Empfindungen schwächer, und ich kehrte zu meinem normalen Bewußtseinszustand zurück. Ich war wieder in meinem physischen Körper und fühlte mich sehr erfrischt, voller Energie, gelöst und entspannt. Überflüssig zu sagen, daß mich diese Erfahrung mit Freude und Wohlgefühl erfüllte. Ich benutzte die Matten jetzt häufiger. Das Erlebnis, selbst Teil der Energie zu sein, stellte sich zwar nicht jedesmal ein, wenn ich die Matten benutzte, aber es geschah doch häufig genug, so daß ich diese einfachen Kupfermatten jetzt mit völlig anderen Augen betrachtete. Ein wohliges Gelöstsein war dabei ein Aspekt, zugleich spürte ich ein dankbares Glücksgefühl und war voller Lebensfreude.

Ich benutzte die Matten auch vor jeder Meditation, so wie es mir mein spiritueller Lehrer empfohlen hatte. Ohne sie brauchte ich mehr als eine halbe Stunde, um mich so weit auszubalancieren, daß ich mit Achtsamkeit und Hingabe in einen tieferen Meditationszustand eintreten konnte. Mit den Matten brauchte ich so gut wie überhaupt keine Vorbereitungszeit mehr. Auch mein Gesundheitszustand veränderte sich sehr positiv. Viele Jahre lang hatte ich Probleme mit der Verdauung, mit allergischen Symptomen, mit Leberleiden und Darmkrämpfen. Ich benutzte die Matten jetzt, wenn sich besonders intensive Symptome einstellten. Jedesmal wurden die Beschwerden entweder geringer, oder sie verschwanden ganz. Leider haben die Matten diese Beschwerden niemals völlig heilen können, aber jedesmal spürte ich durch ihre Anwendung eine deutliche Symptomverbesserung.

All dies zusammengenommen überzeugte mich von der wohltuenden Wirkung dieser einfachen Geräte, und ich benutzte sie immer häufiger. Als die Erfahrungen noch neu waren, dachte ich, es könnte sich vielleicht um einen Placebo-Effekt handeln, darum überprüfte ich mich immer wieder. Ich legte mich beispielsweise ohne die Matten genau zu jener Zeit auf den Boden, zu der ich sie normalerweise benutzte. Es passierte aber nichts. Dann entfernte ich sie während der Anwendung, indem ich mich vorsichtig von ihnen herunterbewegte, und beobachtete aufmerksam die Folgen. Es wurde mir klar, daß der Bioenergiekreis einen bestimmten, wiederholbaren und heilsamen Einfluß auf mich ausübte; mit einfachem Ausruhen war dies auf keinen Fall zu vergleichen. Ich war nun von der Wirksamkeit der Matten überzeugt und eigentlich sehr zufrieden mit ihnen.

Aber eine zufriedene Anwenderin zu sein ist doch etwas ganz anderes als mit voller Begeisterung anderen diese Methode vorzustellen. Bis ich im Frühjahr 1986 ein dramatisches Erlebnis hatte, war ich wohl doch noch nicht hundertprozentig überzeugt davon, daß dieses Gerät einem großen Publikum vorgestellt werden sollte. Eine schwere Erkrankung führte mir vor Augen, daß die Matten nicht einfach nur nützlich und heilsam waren, sondern ausgesprochen effektive und wirklich einzigartige Hilfsmittel für alle, die selbst die Verantwortung für ihre Gesundheit zu übernehmen bereit sind.

Terry und ich reisten damals durch Burma. Ich hatte ein Paar Eeman-Platten* bei mir, da ich Probleme mit der Zeitverschiebung nach langen Flugreisen hatte. Ich konnte die Symptome meistens reduzieren und manchmal völlig zum Verschwinden bringen, wenn ich die Matten nach einer Flugreise benutzte. Wir waren vier Monate unterwegs, und ich reagierte immer empfindlicher auf die Lebensmittel der Einheimischen. Eine Zeitlang schaffte ich es, die Symptome durch umsichtige Auswahl der Lebensmittel zu verringern, aber in Burma hatte ich einen so schweren Rückfall, daß ich glaubte, die Reise abbrechen zu müssen. Die Auswahl an Nahrungsmitteln war sehr beschränkt, und besonders das dortige Speiseöl vertrug ich überhaupt nicht. Nach jeder Mahlzeit ging es mir äußerst schlecht. Unglücklicherweise waren wir gerade in einer abgelegenen, ländlichen Gegend angekommen, in der es weder ärztliche Hilfe gab noch Transportmöglichkeiten für eine schnelle Abreise.

Die landesüblichen »Shan«-Speisen, die in unserer Unterkunft angeboten wurden, sahen verführerisch aus, aber ich verzichtete doch lieber. Ich aß nur die Speisen, von denen ich ganz sicher zu sein glaubte, daß ich sie vertragen würde. Am folgenden Abend

---

* Eeman legte unter Kopf und Wirbelsäulenbasis Matten aus Kupferdrahtgeflecht. Regelmäßige Anwender haben entdeckt, daß Kupferplatten genauso effektiv waren, obwohl die Matten bequemer sind. Einige wenige Leute meinen, daß die Platten für sie effektiver seien. Andere ziehen die Matten vor, weil man sie auch bequem in größeren Formaten herstellen kann.

jedoch verschlimmerten sich meine Beschwerden dramatisch. Ich konnte nicht einschlafen. Schmerzhafte Krämpfe machten das Atmen zur Qual. Terry überlegte, ob er mich in ein Krankenhaus in der nächsten Stadt bringen sollte. Mein größter Wunsch war, die Reise durch Burma fortzusetzen, aber bei meinen Beschwerden mußten wir wohl so schnell wie möglich das Land verlassen.

In meiner Verzweiflung packte ich die Eeman-Platten aus und legte mich darauf. Mein Mann tat zusätzlich noch seine Hände auf den Bauch, um meinen überreizten Verdauungsorganen Energie zu geben. Zuerst nahm ich die Energie, wenn überhaupt, nur sehr schwach wahr. Bald darauf hatte ich das Gefühl, als ob die Schmerzen und Krämpfe eigentlich nur Widerstände gegen die Energieströme des Körpers waren. Nach und nach begannen sich diese Widerstände tatsächlich aufzulösen, und ich konnte deutlich wahrnehmen, wie warme, heilende Energie durch die Leber und die anderen Verdauungsorgane zu fließen begann. Nach etwa einer Stunde fühlte ich mich schon wesentlich besser, und das Strömen der Energie im Körper wurde immer deutlicher spürbar.

Nach einiger Zeit standen wir auf und gingen etwas spazieren. Die Straßen waren wie ausgestorben. Es gab keine Straßenbeleuchtung, und die Sterne leuchteten wie kleine Diamanten in der Dunkelheit.

Wir waren wohl etwa eine Stunde unterwegs. Während dieser Zeit an der frischen Luft regenerierte ich mich sehr schnell wieder. Meine Vitalität kehrte nach und nach zurück. Ich fühlte mich jetzt schon viel besser. Am nächsten Morgen war ich wieder völlig in Ordnung.

Dieses Erlebnis überzeugte mich davon, daß der Entspannungs-Energiekreis nach Eeman wirklich als ein bemerkenswertes und ungewöhnlich wirksames Hilfsmittel angesehen werden muß. Ich wollte nun diese Erfahrungen mit dem Energiekreis anderen Menschen mitteilen. Irgend jemand mußte auch ein Buch über das Thema schreiben. Die Matten hatten mich einen neuen Zugang zur Lebensenergie gelehrt, und sie halfen die Energieströme erfahrbar zu machen. Aber nicht nur meine Empfindungsfähigkeit und die Bewußtheit für energetische Prozesse hatten sich erheblich verbessert, der Entspannungs-Energiekreis half mir dabei, ohne weitere Hilfsmittel selbst unter schwierigsten Bedingungen wieder gesund zu werden. Ich war überzeugt davon, daß die Matten, wenn sie bei mir so gut wirkten, auch von anderen Menschen, die keine besonderen Erfahrungen, Begabungen oder Übung auf diesem Gebiet hatten, in ähnlicher Weise genutzt werden konnten. Nach unserer Rückkehr aus Asien begann ich, alles erdenkliche Material zu diesen Geräten zusammenzutragen und alle Phänomene, die damit in Zusammenhang standen, zu erforschen.

Während wir an diesem Buch arbeiteten, probierten Terry und ich alle Anwendungsmethoden, die wir bei unseren Nachforschungen über den Bioenergiekreis kennengelernt hatten, selbst aus. Wir machten dabei viele neue Erfahrungen, entsprechend wurden unsere Aufzeichnungen immer umfangreicher.

Bei allem, was ich zusätzlich noch theoretisch dazugelernt habe, ist das Grundgefühl, das ich im Bioenergiekreis habe, immer noch das gleiche, es ist jedesmal eine unbeschreibliche Freude in mir, und es macht einfach sehr viel Spaß.

Die Erforschung des Bioenergiekreises hat mich sicherlich sensitiver und bewußter für meine Körperenergien gemacht. Aber diese »neue Empfindungsfähigkeit« ist tatsächlich gar nicht so neu, sie ist in uns allen von Natur aus bereits angelegt. Das wirklich Neue und immer wieder Aufregende ist die Entdeckung: Ich bin Energie! Eine Energie, die alles in beschwingte Lebensfreude verwandeln kann. Ich genieße das Gefühl, ausbalanciert zu sein, die feineren Energien wahrzunehmen und zu spüren, wie sich die Lebensenergie auf balancierte Weise durch den Körper frei bewegt und in alle Richtungen nach außen strahlt.

Letztlich ist es diese Lebensfreude, die ich mit Ihnen, liebe Leserinnen und Leser, teilen möchte. Die Bioenergiekreis-Methode hat sicher auch eine sehr interessante Geschichte, und es ist schon viel Forschung auf diesem Gebiet betrieben worden. Aber ausschlaggebend war für mich immer wieder die Erfahrung: Die Bioenergiekreis-Methode ist wie eine große Kraftquelle, die Ausgeglichenheit, Wohlbehagen und beschwingte Lebensfreude gibt.

Was ist ein Bioenergiekreis?

Während ihrer mehr als sechzigjährigen Geschichte haben viele Menschen die erstaunlichen Wirkungen der Bioenergiekreis-Methode immer wieder bestätigt. Die einzelnen Teile des Bioenergiekreises verstärken den Energiestrom, indem sie verschiedene Körperbereiche durch einfache Kupfer- bzw. Seidenelemente miteinander verbinden. Diese unkomplizierte und ungefährliche Methode führt dem Körper keinerlei elektrische oder magnetische Energie von außen zu, aber die Wirkung ist ganz außergewöhnlich.

Es folgt ein kleiner Überblick über die verschiedenen Anwendungsbereiche des Bioenergiekreises:

- Anwender berichten, daß der wichtigste Aspekt des Bioenergiekreises in einer Balancierung, Entspannung und Energetisierung der ganzen Person liege. Besonders wirksam sei der Bioenergiekreis bei nervösen Unstimmigkeiten. Er vermindere Streß, Ermüdung und allgemeine Schwächegefühle.

- Der Bioenergiekreis ist sehr häufig bei verschiedenen Formen von Schlaflosigkeit erfolgreich angewendet worden.

- Weiterhin wurde der Bioenergiekreis dazu eingesetzt, die Sensitivität für die Lebensenergie zu erhöhen sowie zur Entwicklung und Intensivierung medialer Fähigkeiten.

- Der Bioenergiekreis wird auch als ein Hilfsmittel verwendet, um persönliches Wachstum zu fördern, indem er hilft, in Kontakt mit unterdrückten Gefühlen, verdrängten Erinnerungen und Körperverspannungen zu kommen.

- Der Bioenergiekreis intensiviert die psychischen und körperlichen Wirkungen bei Visualisierungen, Affirmationen und verschiedenen anderen Methoden der positiven Selbstbeeinflussung.

- Viele Benutzer des Bioenergiekreises haben damit erfolgreich die Folgeerscheinungen nach langen Flugreisen verhindern, vermindern oder schneller überwinden können.

Einige Anwender berichten auch, daß der Bioenergiekreis ihnen dabei hilft, Erkältungskrankheiten und grippale Infekte zu verhüten bzw. sich schneller davon zu erholen. Andere geben an, daß durch den Bioenergiekreis allergische Reaktionen abgeschwächt wurden oder verschwunden sind. Auch Rückenschmerzen sollen durch den Bioenergiekreis sehr wirkungsvoll gelindert werden, und andere berichten, daß sich die Rekonvaleszenzzeit bei Muskelverletzungen erheblich verkürzt habe.

Es gibt seitens der traditionellen Wissenschaft noch keinen Wirksamkeitsnachweis für die Bioenergiekreis-Methode. Nichtsdestoweniger haben mich meine eigenen Erfahrungen davon überzeugt, daß der Bioenergiekreis die Lebensenergie äußerst wirkungsvoll ausbalanciert und es dem Körper ermöglicht, in einem wachbewußten Trancezustand »intelligent« auf Störungen zu reagieren. Ich bin überzeugt davon, daß die heilsamen Wirkungen als Nebeneffekte einer Energiebalance zustande kommen und daß die Tiefenentspannung ebenfalls auf dieser Energiebalance beruht.

Möglicherweise haben Sie schon das Prinzip, auf dem die Bioenergiekreis-Methode beruht, selbst erfahren. Das »Handauflegen« ist ein Beispiel für einen »natürlichen« Bioenergiekreis, bei dem der Körper einer anderen Person den äußeren »Vermittler« bildet. Durch die Hände des Heilers wird beim Handauflegen ein Energiekreislauf in Gang gesetzt. Um einen Bioenergiekreis oder Energiefluß, der durch beide Personen geht, zu erzeugen, werden z. B. beim Jinshin jyutsu und Shiatsu die Prinzipien eines Bioenergiekreises angewendet, indem die behandelte Person zugleich an zwei verschiedenen Körperstellen berührt wird. Der Begründer der Polarity-Therapie, Randolph Stone, war der erste zeitgenössische Körpertherapeut, der die Grundlagen des Bioenergiekreises ausführlich erklärte. Er vermittelte seinen Schülern, daß der Behandelnde seinen Körper dazu einsetzen solle, eine Brücke zwischen Gebieten herzustellen, an denen die Energie zu stark ist, und zwischen anderen, wo sie ein stärkeres Fließen benötigt. Das ist exakt die Wirkungsweise eines Bioenergiekreises.

Als ich mit dem Schreiben dieses Buches begann, war der einzig mir bekannte Bioenergiekreis der ursprüngliche Eemansche »Entspannungs-Energiekreis«, wie ich ihn in jener Nacht 1976 in Da Free Johns Haus ausprobiert hatte. Später bin ich dann auf Forscher gestoßen, die über Eeman hinausgingen, indem sie neue Formen und Anwendungen für diese Methode ausprobierten und weitere Elemente in den Energiekreis hineinbrachten, um so die Wirkungen zu verstärken.

Mir wurde bald klar, daß sich hier ein neues Forschungsgebiet entwickelte, aber es gab noch keinen einheitlichen für alle Energiekreise geeigneten Oberbegriff. Der neue Begriff sollte drei Kriterien beinhalten, die allen Energiekreisen gemeinsam sind:

1. Die Energiekreise befinden sich nahe bei oder direkt am Körper, indem zwei oder mehr Stellen zu einem »Kreis« (circuit) zusammengeschlossen werden.
2. a) Sie verstärken den Energiefluß im Körper oder/und
   b) leiten diese Energie weiter.
3. Sie leiten oder verstärken die Energie des Körpers — ohne sich anderer Energiequellen — wie z. B. Elektrizität, Magnetfelder, Wärme oder Licht — zu bedienen.

Nachdem ich mir viele verschiedene Bezeichnungen reiflich überlegt hatte, entschied ich mich für den Ausdruck Bioenergiekreis (Biocircuit), weil er die wesentlichen Eigenschaften sehr gut zum Ausdruck bringt. Bios, aus dem Griechischen übersetzt, heißt: »Leben«. Die Griechen meinten damit die unsichtbare und doch äußerst wichtige Grundkraft, die alle Dinge belebt. Der Ausdruck Bioenergiekreis, so wie er in diesem Buch verwendet wird, bezeichnet nur solche Energiekreise, die ausschließlich mit der Lebenskraft des eigenen Körpers arbeiten.*

Ich bin durch meine persönlichen Erfahrungen und Nachforschungen davon überzeugt, daß die nachfolgend aufgeführten Wirkungen des Bioenergiekreises diesen zu einem wirkungsvollen und ernstzunehmenden Instrument machen, um Gesundheit, Wohlbefinden und persönliches Wachstum zu fördern:

● Die Bioenergiekreis-Methode überbrückt unbalancierte Bereiche im Energiesystem, und zwar entweder so, daß sie zu einer tiefen Entspannung und umfassenden Erholung führt, oder indem die geschwächte Gesamtverfassung mit neuer Energie versorgt wird. Dabei erhöhen Bioenergiekreise nicht die absolute Menge der vorhandenen Energie,** aber sie verhindern, daß der Energiestrom unterbrochen wird, lassen ihn wieder freier fließen und erhöhen so die Chancen für einen natürlichen Heilungsprozeß.

* Es mag einige Leser verwundern, warum dieses Buch nicht auf die Arbeiten von Dr. Reinhard Voll (»Dermatron«), Dr. Hiroshi Motoyama (»AMI Machine«), die Mora-Geräte, die Acupath-Methode und auch auf »TENS« (Transcutaneous Electrical Nerve Stimulation) und noch andere Methoden, die elektrische Ströme durch den Körper leiten, eingeht. Diese Geräte nutzen eine äußere Elektrizitätsquelle und können daher nicht als Beispiele für Bioenergiekreise im obigen Sinne angesehen werden.

** Die Ausnahme von dieser Regel bilden solche Bioenergiekreise, die einen echten Bioenergiekreis mit externen Schwingungseinflüssen verbinden, wie z. B. Substanz-Energiekreise, oder wenn mehrere Bioenergiekreise zusammengelegt werden. Wenn ein echter Bioenergiekreis allerdings mit einer zusätzlichen Energiequelle verbunden wird (sei sie magnetischer oder elektrischer Art), dann ist er im Sinne der oben gegebenen Definition kein Bioenergiekreis mehr.

- Bioenergiekreise erzeugen einen wachen, tranceähnlichen Zustand von Körper und Geist. Dadurch werden die normalerweise starren Grenzen zwischen Körper, Geist, Emotionen und höheren psychischen Funktionen durchlässiger. In diesem wachbewußten Trancezustand können mediale Fähigkeiten entwickelt und unerledigte emotionale Probleme leichter losgelassen werden. Auch positive Selbstbeeinflussung und Neuprogrammierung wirken hier tiefer.

- Bioenergiekreise haben sich als Träger vieler Informationen erwiesen, betreffen sie nun den physischen Körper, emotionale, geistige oder psychische Prozesse. Sie ermöglichen es, diese Informationsquellen »anzuzapfen« und zu entziffern oder auch um bestimmte Informationen in das Energiefeld des Körpers hineinzugeben. Dies kann sich in Zukunft für Diagnostik und Heilbehandlung als sehr wichtig erweisen.

Mechanismus, Vitalismus und die Wissenschaft vom Bioenergiekreis

Die Untersuchungen, die in diesem Buch zusammengefaßt sind, stellen neueste Forschungsergebnisse über den menschlichen Organismus, die menschliche Gesundheit und erweiterte Dimensionen des Bewußtseins dar. Nichtsdestoweniger wird ein Teil der Wissenschaftler wahrscheinlich das hier Dargelegte als anekdotisch, subjektivistisch, unwissenschaftlich oder vitalistisch kritisieren.

Im Westen werden Forschungen über die Lebensenergie meist aus dem Blickwinkel einer bestimmten Tradition gesehen, nämlich der des »Vitalismus«. Der Vitalismus bestand stets darauf, daß die Erkenntnisse aus Physik und Chemie alleine noch nicht ausreichen, um Lebensprozesse zu erklären, sondern daß das Leben selbst, der élan vital, ein bestimmendes Prinzip ist. Anders ausgedrückt, das Leben selbst ist eine bewußte Kraft, ein geheimnisvolles Prinzip, das in seinen Wirkzusammenhängen mechanistisch nicht erklärbar ist. Die Mythen der großen Volksreligionen und die verschiedenen Schulen der spirituellen Esoterik haben im allgemeinen eine vitalistische Sichtweise des Lebens und der Bewußtseinsvorgänge. Aus mechanistischer Sicht ist der Körper durch physikalische und chemische Prozesse vollständig erklärbar. Die Existenz eines Lebensenergiekonzepts ist so gesehen völlig belanglos für ein gründliches Verständnis biologischer Vorgänge. Während der ersten Hälfte dieses Jahrhunderts setzte sich der mechanistische Ansatz eindeutig gegen den Vitalismus durch, zumindestens in der westlichen Wissenschaft. Das mechanistische Weltbild wurde zur fruchtbaren Basis für wissenschaftliche Experimente, die zu vielen überragenden wissenschaftlichen Entdeckungen führten. Bestimmte Schlußfolgerungen, die von den Vitalisten gezogen wurden, konnten widerlegt werden. So ist das vitalistische Denken insgesamt in Mißkredit geraten, obwohl der Vitalismus als Theorie niemals schlüssig widerlegt werden konnte. Darum scheuten sich auch berühmte Biologen in der Mitte dieses Jahrhunderts, den Begriff der »Lebenskraft« zu gebrauchen. Vertreter solcher Ideen galten einfach als abergläubisch und unwissenschaftlich.

Aber seit einiger Zeit vollzieht sich im westlichen Denken eine Revolution. Führende Wissenschaftler, unter ihnen einige einflußreiche Biologen, sind nun davon überzeugt, daß in allen Lebewesen eine intelligente Lebensenergie wirkt. Eine wachsende Zahl von wissenschaftlichen Untersuchungen legt die Annahme nahe, daß das Konzept der Lebensenergie unverzichtbar ist für die Beschreibung der Zusammenhänge zwischen Körper und Geist. Diese neuen Entdeckungen haben

die Grundannahme des Mechanismus ernsthaft in Frage gestellt.[1]
Die Erforschung der Lebensenergie kann demnach nicht mehr als belanglos abgetan werden, insbesondere wenn solche Forschungen nicht bestrebt sind, Lebensenergie mit elektrischen, magnetischen oder irgendwelchen anderen unbelebten Kräften gleichzusetzen. Ein neuer, differenzierterer Vitalismus scheint sich zu entwickeln.

Die direkte Teilnahme am wissenschaftlichen Prozeß

Meine eigenen Erfahrungen und Untersuchungen haben mich nicht nur von der Existenz der Lebensenergie völlig überzeugt, sondern auch davon, daß die Kenntnis ihres charakteristischen Verhaltens eine ganz wichtige Grundlage dafür bildet, die Funktionen des menschlichen Körpers und das Phänomen der Gesundheit wirklich zu verstehen. Mechanistische Methoden innerhalb der westlichen Wissenschaft können dazu beitragen, unser Bild vom physischen Körper zu vervollständigen, aber sie gestatten uns keine tieferen Einblicke über die physische Ebene hinaus. Sie können nicht die Lebensenergie als solche erkennen und erforschen. Der mechanistische Ansatz vermag bestenfalls soweit kommen zuzugeben, daß irgend etwas »ganz anderes«, was noch nicht in üblicher Weise mechanistisch-kausal erklärbar ist, in den Lebewesen eine wichtige Rolle spielen muß. Damit ein wirklich lebensnahes Verständnis entstehen kann, muß

[1] Dr. med. Richard Gerber gibt in seinem Buch »Vibrational Medicine« einen aktuellen, kritischen Überblick über den »Vitalismus« und faßt auf leicht verständliche Weise alle Heilmethoden, die direkt mit dem Lebensenergiekonzept arbeiten, zusammen. Gerber liefert auch einen sehr brauchbaren Überblick über eine große Anzahl von Experimenten, die von anerkannten Wissenschaftlern geleitet wurden und die das Energiemodell, wie es hier gebraucht wird, eindrucksvoll unterstützen.

ein abstraktes wissenschaftliches Vorgehen lernen, selbst direkt am Forschungsprozeß teilzunehmen. Eigene Anwendungen des Bioenergiekreises eröffnen die Chance, diese Forschungen selbst zu betreiben. Wir nutzen die Verbindung von physischem Körper und feinstofflichen Energien im Bioenergiekreis für unsere eigene Bewußtseinsentwicklung. Mit diesem Instrument können wir in Bereiche gelangen, die immer noch geheimnisvoll und erst oberflächlich erschlossen sind. Der Bioenergiekreis ist also eine Einladung zu direkter Erfahrung und ein Hilfsmittel für eigene Forschungen. Sehen Sie bitte die Erlebnisse anderer nicht als Ihre eigene Wahrheit an, vertrauen Sie Ihren Wahrnehmungen: Der Bioenergiekreis hilft uns, direkte Erfahrungen zu machen, die von einem mechanistischen Ansatz aus stets nur bezweifelt werden können.

Erfahrungsberichte

Im folgenden Abschnitt ist eine Auswahl sehr unterschiedlicher Erfahrungen mit dem Bioenergiekreis wiedergegeben. Einige haben ihre Erlebnisse selbst niedergeschrieben, andere habe ich dazu befragt. Bevor wir im nächsten Kapitel damit beginnen, eingehender die historischen und technischen Aspekte der Bioenergiekreis-Methode zu beleuchten, sollen in diesem Kapitel anhand von Erfahrungsberichten die vielfältigen Anwendungsmöglichkeiten dieser Methode dokumentiert werden.

Kurzschlaf im Büro

Ich begann die Bioenergiekreis-Methode vor zwei Jahren anzuwenden, als ich verantwortlich war für einen sprunghaft sich entwickelnden Geschäftsbetrieb. Mein Arbeitstag war immer sehr anstrengend, weil wir unter großem Zeitdruck arbeiten mußten. Am frühen Nachmittag brauchte ich unbedingt eine Pause, um mich wieder konzentrieren zu können. Deswegen hatte ich damit begonnen, um diese Zeit die Arbeit für eine Viertelstunde zu unterbrechen, meine Füße hochzulagern, die Augen zuzumachen und zu entspannen.

Mir kam ein Bioenergiekreis aus Kupfer in die Hände, und ich begann damit, ihn während meiner Pause anzuwenden. Ich schlief sehr schnell ein, und als ich wieder aufwachte, fühlte ich mich sehr erholt. Ich begann, ihn regelmäßig zu gebrauchen. Auch wenn ich nicht einschlief, konnte ich spüren, wie Anspannung und Verkrampfungen aus meinem

Körper wichen, und als ich aufstand, war ich erholter, als ich es nach einem Kurzschlaf gewesen wäre. Es machte einen Unterschied, ob ich mit dem Bioenergiekreis oder ohne ihn einschlief.

Ich habe die Bioenergiekreis-Methode von Anfang an regelmäßig angewendet — jeden Nachmittag zwischen 14.30 und 15.00. Wenn ich mich sehr unausgeglichen fühle, schlafe ich normalerweise ein; wenn ich mich dagegen noch relativ gut fühle, bleibe ich wach. Wie auch immer, auf jeden Fall fühle ich mich viel besser. Ich habe ein Paar zu Hause und ein anderes in meinem Büro.

Nach der Anwendung stehe ich auf, räkele mich, nehme ein paar tiefe Atemzüge und fühle mich erholt und geerdet. Es ist, als hätte ich sehr tief geschlafen, und das in nur fünfzehn Minuten. Ich erledige die Arbeit danach so, als wäre ich gerade am Morgen angekommen, und diese Energie hält dann bis zum Ende des Tages an.

— Jacques Drouin, Präsident der Corporate Consulting Firm,
  San Francisco, Kalifornien.

Unglaubliche Energie und Freudentränen

Meine erste Erfahrung mit dem Bioenergiekreis gestaltete sich viel dramatischer, als ich erwartet hatte.

Sobald ich die Kupfergriffe in der Hand hielt, begannen meine Hände ein wenig zu zittern. Unmittelbar danach hatte ich fünf bis acht Minuten lang ein wesentlich besseres Gespür für die Energie in mir. Ich konnte Energieströme überall am Körper spüren und auch die Wege verfolgen, die sie nahmen. Zu Anfang bewegte sich die Energie ungleichmäßig und sprunghaft. Sie war alles andere als sanft oder ausgeglichen.

Irgendwann begannen meine Beine zu schmerzen. Es fühlte sich so an, als ob die Energie im unteren Rumpfbereich und in meinen Beinen blockiert sei. Dann fühlte ich mich sehr schwer, die Schwerkraft schien sich enorm vergrößert zu haben, und ich wurde gegen den Boden gepreßt. Kurz darauf fühlte ich mich hin- und hergeschaukelt. Dann war mir so, als ob mein Körper in die Vertikale gezogen würde. Ich merkte, wie ich nach oben gezogen wurde, während zugleich die Schwerkraft nach unten drückte. Die Bewegung, die mich emporzog, war jedoch stärker. Ein unglaubliches Glücksgefühl erfüllte mich. Ich hatte die Vision von einem wunderbaren Garten, in dem ich sogar die Blumen riechen konnte. Freudentränen stiegen in meine Augen. Nach einigen Minuten ließ dieses freudige Hochgefühl wieder nach.

Dann fühlte ich mich, als würde ich in einem Winkel von 45 Grad vom Fußboden nach oben gehoben. Ich kam mir vor, als würde ich schweben. Ich wurde ängstlich und wollte meine Körperhaltung ändern. Dabei nahm ich wieder die blockierte Energie in meinen Beinen und meinem Unterleib wahr. Dann begann mein rechter Arm ohne meinen Willen zu zucken. Plötzlich war es so, als wäre ein Damm gebrochen. Die Energieblockierung im Unterleib verschwand. Ich konnte jetzt fühlen, wie die Energie in meinem ganzen Körper pulsierte. Es war einfach wunderbar.

Jetzt wußte ich, daß ich intuitiv das vollbracht hatte, was ich eigentlich erreichen wollte (obwohl ich vorher nicht genau wußte, was ich zu erwarten hatte). Ich konnte noch immer einen Energiefluß in mir wahrnehmen, aber er war völlig gleichmäßig — er fühlte sich wie ein Energiemuster an. Am Anfang schien die Energie nur in eine Richtung zu fließen. Nun durchströmte sie mich völlig gleichmäßig in ausbalancierten Mustern, wobei beide Richtungen wie in einer

Einheit zusammenwirkten. Ich spürte, daß die Energie-
balance beendet war (das soll ja der Bioenergiekreis bewir-
ken), und ließ die Kupferhandgriffe los.

— Phoebe Ronsheim, Personalchef,
  New York City

Sich integriert und geerdet fühlen

Ich bin empfänglich für viele verschiedene Energien, meine
eigenen Energien und die Energien anderer. Ich bin oft da-
mit beschäftigt herauszufinden, wessen Gefühle ich in mir
verspüre — sind es meine eigenen oder die einer anderen Per-
son.
Wenn ich auf einer Reise bin, ist es normalerweise ein
schwieriges Unterfangen für mich, geerdet zu bleiben. Ge-
nau aus diesem Grund fing ich an, mich für den Bioener-
giekreis zu interessieren.
Ich wende den Bioenergiekreis an, sobald ich mich nicht
mehr integriert fühle. Zuerst bemerke ich, daß sich dieser
Zustand noch verschlimmert. Ich liege im Bioenergiekreis,
entspanne mich soweit als möglich und überlasse es dem
Körper, durch diesen Prozeß zu gehen. Das ist nicht immer
einfach, aber ich bin beharrlich, denn ich kenne das Gefühl,
das sich einstellt, wenn es mir gelingt. Nach etwa zehn Mi-
nuten werden diese Energien dann ruhiger. Das dauert ei-
nige Minuten lang, und dann fühle ich mich — wie durch
Zauberei — spürbar mehr eins mit mir selbst. Ein Gefühl
von Ausgeglichenheit durchströmt mich, und ich fühle mich
erholt und wieder integriert. Ich wende die Kupfer-Energie-
kreise seit acht Jahren an und gehe nicht mehr aus dem Haus
ohne sie!
Vor kurzem gab mir jemand einen Bioenergiekreis aus Sei-

de, der von einem Mann namens Lindemann entwickelt worden sei. Mich erfüllte ein Gefühl großer Dankbarkeit. Ich habe dabei gemerkt, daß der Lindemann-Energiekreis so kräftig und zentrierend auf meine Energie wirkt, wie ich es sonst nur von einer Akupunktur-Behandlung her kenne.

— Kathleen Lynch,
  Larkspur, Kalifornien

Schnellere Genesung

Anmerkung: Diese Geschichte ist vorerst ein Einzelfall. Es gibt bislang für den Bioenergiekreis noch keinen medizinischen Wirksamkeitsnachweis, der den üblichen wissenschaftlichen Kriterien entspricht.

Während der vergangenen acht Jahre habe ich den Bioenergiekreis zur Entspannung und Erholung benutzt und seine ausgleichende Wirkung auf meine Körperenergien immer wieder spüren können.

Selbstverständlich nahm ich den Bioenergiekreis mit in das Krankenhaus, vor allem weil ich vor einem größeren chirurgischen Eingriff stand. Ich war fasziniert davon, wie sehr er meine Genesung verkürzte. Auch der behandelnde Arzt und einige Krankenschwestern staunten über meine schnelle Erholung.

Meine Erfahrungen mit dem Bioenergiekreis nach einer Operation sind unter anderem:

1. *Es sind deutlich niedrigere Dosen an Schmerzmitteln erforderlich.*
2. *Ich kann mich im Krankenhaus besser entspannen und schlafen, auch wenn Lärm und Routineuntersuchungen mich stören.*

3. Ich kann meine negativen Erfahrungen, die ich mit den Anästhesie-Medikamenten gemacht habe, besser annehmen.
4. Meine Gefühle sind ausgeglichener, so daß ich weit weniger Angst vor der Operation verspüre.

Ich merke, daß der Bioenergiekreis meinen Körper wirkungsvoll darin unterstützt, sich selbst zu heilen.

— Leanne Reily, Hundezüchterin,
New Orleans

Verlängerung des effektiven Arbeitstages

Ein intensives Strömen machte sich in meinem Körper bemerkbar, manchmal ganz stark in einzelnen Körperbereichen. Ich habe mich nach nur einer halben Stunde, die ich im Entspannungs-Kreis lag, etwa sechs Stunden lang sehr erholt und auch geistig klarer gefühlt. Ich wende ihn nur dann an, wenn ich müde werde. Er verlängert bedeutend die Länge meines effektiven Arbeitstages.

— William Tiller,
Professor für Materialwissenschaft und Technik,
Stanford-Universität, Stanford, Kalifornien.

»Wie eine gute Meditation«

In der Oberschule habe ich durch Kampfsport-Übungen meinen Rücken verletzt. Vor etwa sieben Jahren wurde ich daran sehr eindringlich erinnert, weil sich im Rücken wieder starke Schmerzen bemerkbar machten, besonders beim Laufen, Autofahren und beim Sitzen. Zu dieser Zeit machte mich ein Freund auf den Eeman-Energiekreis aufmerksam.

Ich stellte mir selbst ein paar Kupfer-Matten her und fing an, täglich damit zu üben.

Die Matten halfen sehr bei der Energiebalance, und sie waren auch äußerst wirkungsvoll bei der Schmerzlösung und der Verringerung der Spannungen im Rücken. Durch den Gebrauch der Matten wurden auch die Schmerzen während einer späteren Heilkrise ein ganzes Stück kleiner. Es war wie bei einer guten Meditation; nach einer zwanzig- bis dreißigminütigen Anwendung fühlte ich mich ausgeglichener und entspannter.

— George Conley,
  Spiritueller Lehrer,
  Sausalito, Kalifornien

Das Urteil eines Ingenieurs

Ich benutze den Eeman-Bioenergiekreis aus Kupfer seit mehreren Jahren vor allem als ein Mittel, um am Ende meines Arbeitstages mehr Ruhe und Ausgeglichenheit zu finden. Er ist ein sehr wohltuendes Hilfsmittel zur Erholung und zur Wiedererlangung der emotionalen und körperlichen Balance.

Für gewöhnlich bleibe ich zehn bis zwanzig Minuten im Kupfer-Energiekreis. Ich habe den Eindruck, daß dabei alle Energiekanäle des Körpers gesäubert werden, und es fällt mir leicht, diesen Prozeß zu verfolgen. Der Vorgang scheint sich immer zuerst auf das Vitalzentrum des Körpers oberhalb des Solarplexus (Sonnengeflecht) zu konzentrieren. Wenn die Energieblockaden in diesem Bereich gelöst sind, setzt sich der Prozeß der Harmonisierung sehr rasch und ganz natürlich in den anderen Körperregionen fort.

Neulich habe ich mit dem Seiden-Energiekreis nach Linde-

mann gearbeitet. Ich bemerkte, daß der Prozeß deutlich an-
ders war. Die Seide bewirkte, daß sich alles gleichzeitig in
meinem ganzen Körper abspielte. Der Seiden-Energiekreis
scheint weniger dynamisch zu sein, dafür mehr in feinere
Energiebereiche hineinzuwirken.
Es braucht hier allerdings mehr Zeit, bis ich etwas spüre. An-
dererseits führt das Seidenmaterial zu einer tiefen und gelö-
sten Ruhe, die irgendwie sehr natürlich und friedvoll ist.

— Brian O'Mahony,
  Elektroingenieur,
  San Rafael, Kalifornien

Diese Berichte geben uns einen Eindruck von der großen Viel-
falt möglicher Erfahrungen mit dem Bioenergiekreis. Einige benutzen den Bioenergiekreis zur Streßauflösung oder um ihren
Arbeitstag zu verlängern. Von anderen wird er zur Wiederherstellung ihres Gleichgewichts und zur Energiebalance eingesetzt. Wieder andere sagten uns, daß sie sich dann körperlich
wohler fühlen. Einige benutzen ihn für eine bessere Körper-Geist-Integration. Andere berichten, nach der Anwendung
des Bioenergiekreises besser schlafen zu können. Es gibt auch Berichte darüber, daß der Bioenergiekreis außergewöhnlich beglückende und geradezu mystische Erfahrungen hervorrief. Einige der befragten Personen benutzten den Bioenergiekreis täglich, während andere ihn nur zu bestimmten Gelegenheiten anwendeten.
Interessanterweise sind aber alle persönlich sehr engagiert und
von sich aus an der Erforschung des Bioenergiekreises aktiv beteiligt. Aufschlußreich ist auch, daß alle den Bioenergiekreis
ohne jede weitere Hilfe eines Therapeuten oder Instrukteurs anwenden konnten. Diese Erfahrungsberichte weisen auf einen
sehr wichtigen Aspekt hin: Bioenergiekreise sind sehr wirkungsvolle Mittel zur Selbsthilfe und das seit nunmehr sechzig Jahren!

I

Ein erstaunlich einfaches und wirkungsvolles Hilfsmittel

KAPITEL 1

Leon Ernest Eeman:
Der Pionier des Bioenergiekreises

London 1915. In ganz Europa herrscht Krieg. Ein junger Pilot des königlichen Fluggeschwaders machte sich zum Start fertig. Er überprüft die Instrumente, beschleunigt und beginnt mit dem Steigflug. Die Maschine hat kaum abgehoben, da reißt die Benzinleitung, und das Flugzeug macht eine Bruchlandung. Das Flugzeug war nur noch ein Trümmerhaufen. Der Pilot, der siebenundzwanzigjährige Leon Ernest Eeman, überlebt schwer verletzt. Sein linkes Schulterblatt ist gebrochen, und er hat eine schwere Gehirnerschütterung.

Nach seiner Entlassung aus dem Hospital flog Eeman wieder Einsätze in Ägypten, dem Sudan, Griechenland und Frankreich, bis er 1918 wieder wegen einer ganzen Reihe von Krankheitssymptomen, die auf jenen Einsatz von 1915 zurückzuführen waren, ein Krankenhaus aufsuchen mußte. Von März 1918 bis August 1919 verbrachte Eeman in fünf verschiedenen Krankenhäusern. Als er entlassen wurde, erhielt er den Befund, er sei »zu 100 Prozent Invalide und unfähig zu irgendeinem Dienst«. Eeman schrieb später:

Nach wenigen Wochen im Krankenhaus wurden mir zwei Dinge klar: Erstens, ich hatte solche Schmerzen und fühlte mich derartig krank, daß ich so nicht mehr länger leben konnte, und zweitens, wenn ich mich trotzdem wieder regenerieren wollte, mußte ich mich um meine Gesundung selbst kümmern, weil keine von den verschiedenen Behandlungen, die ich erhalten hatte, mir Linderung von den akuten Kopf- und Wirbelsäulenschmerzen gebracht noch meine

unerträgliche Schlaflosigkeit — die durch eine Kopfverlet-
zung entstanden war — gebessert hatten. Außerdem fühlte
ich mich, um das Maß voll zu machen, andauernd erschöpft,
was eine Folgeerscheinung der Malaria- und der Ruhr-
erkrankung, die ich während meines Kriegseinsatzes als Pi-
lot in vier verschiedenen Ländern durchlitten hatte, gewe-
sen war. Ich nahm alle meine psychischen Kräfte zusammen,
die mir noch geblieben waren, und konzentrierte mich auf
den einen Wunsch, wieder gesund zu werden, und zwar
durch meine eigenen Methoden, weil ich gesehen hatte, daß
hier die allopathische Medizin total versagte. Dieser Wunsch
wurde so mächtig in mir, daß ich eines Morgens, so ge-
schwächt, wie ich war, heftig mit der Faust auf die Tischplat-
te neben meinem Bett schlug und meinen Krankenpfleger
anschrie: »Was auch immer irgend jemand darüber denkt:
ich werde wieder völlig gesund, und wenn es mich zehn Jah-
re kosten sollte.« Darauf erwiderte der Pfleger: »Die Haupt-
sache bei Ihnen ist, mein Herr: wenn Sie in die Grube kom-
men, tun Sie es mit einem Witz!« Ich werde diese Bemer-
kung für mein Leben nicht vergessen.[1]

Der Entspannungs-Energiekreis

Eemans Plan zu seiner Genesung nahm langsam konkretere
Formen an. Noch während seines Krankenhausaufenthaltes, so
berichtet er später, erinnerte er sich an Jesus' Anweisung im
Neuen Testament: »Heilt die Kranken durch das Auflegen der
Hände.«
Warum diese besondere Betonung auf die Hände? Eeman dachte
darüber nach. Konnten Hände eine Strahlung aussenden? Und

[1] Eeman: »Interim Report after Thirty Five Years of Research«, S. 4

reagieren wir auf die Strahlung unserer eigenen Hände oder die Hände anderer unabhängig von einer suggestiven Beeinflussung? Und warum hieß es »Hände« und nicht »Hand«? Eeman zog daraus die Schlußfolgerung, dieses Jesus-Zitat zeige deutlich, daß der Mensch nicht einpolig, sondern bipolar geschaffen sei.

Eeman hatte auch beobachtet, daß Kinder sehr schnell wieder gesund werden. Er glaubte, daß dies möglich ist, weil sie über sehr viel Lebensenergie verfügen. Auch wurde ihm klar, daß der Körper die meiste Erholung während des Schlafes bekommt, wenn ihm seine ganze Energie zur Verfügung steht. Eeman schloß daraus, daß diese Heilenergie nicht einfach etwa nur in muskulärer Energie gespeichert ist, sondern daß sie Teil der energetischen Lebenskraft ist.

Waren Heiler demzufolge Menschen, die über außergewöhnlich viel Heilenergie verfügen, die sie auf empfängliche Patienten übertragen können? Eeman schlußfolgerte, daß es in Wirklichkeit der Kontakt zwischen dem Heiler und seinem Patienten war, der die Heilung zustande brachte. Bei dieser Berührung bilden Heiler und Patient einen kompletten Energiekreis, in welchem der Austausch von Heilenergie stattfinden kann. Alte und kranke Menschen begreifen diesen Kreislauf von heilender Energie sehr viel besser. Wenn sie müde oder krank sind, wird das durch einen Energieverlust hervorgerufen. Sie bringen instinktiv Hände und Füße zusammen, um den Energiekreislauf zu schließen. Wenn sie genügend Energie aufgetankt haben, bringen sie ihre Hände und Füße wieder auseinander und strecken sich. Heranwachsende, gesunde Kinder schlafen flach ausgestreckt, aber wenn sie krank werden, rollen sie sich zusammen. Alte, kranke, müde und frierende Tiere ziehen ihre Extremitäten nah an sich heran, sie breiten sie wieder aus und strecken sich, sobald sie ihre Energieschwäche überwunden haben. Eeman schloß aus diesen Beobachtungen: »Wenn das Energieniveau von Lebewesen niedrig ist, legen sie unbewußt ihre entgegengesetzten Pole eng zusammen, so wie jemand, der einen Hufeisenmagneten mit einer Klammer aufbewahrt, die beide Pole miteinander verbindet, um so die Magnetisierung zu erhalten.«[2] Diese intuitive Erkenntnis der Bedeutung des Zusammenbringens entgegengesetzter Pole hatte für Eemans spätere Arbeiten eine überaus große Bedeutung.

Eemans Schlußfolgerungen können wie folgt zusammengefaßt werden: Menschen strahlen Energie aus, und diese Energie sammelt sich an bestimmten Körperregionen leichter an und strahlt dort kräftiger aus. Diese Bereiche können zu einem Energiekreis zusammengefügt werden, der Genesungsprozesse fördert und einen Energiestrom in Gang setzt. Die zugrundeliegende Energie ist die Lebensenergie. Sie allein ist die Kraft, die heilt. Außerdem kann diese Energie von Personen übertragen und weitergeleitet werden. Dies geschieht auf ganz natürliche Weise, wenn sich Liebende in die Arme nehmen, oder absichtsvoll, wenn Heiler ihre Hände auflegen.

Aufgrund dieser Beobachtungen entwarf Eeman einen geschlossenen Energiekreis mit Kupfer als Leitmaterial. Eeman nannte seine neue Vorrichtung Entspannungs-Energiekreis. Um die Hände mit dem unteren bzw. oberen Ende der Wirbelsäule zu verbinden, verwendete er Kupferleitungen und erzielte damit dieselben Wirkungen, die sich beim unwillkürlichen Zusammenführen von Händen und Füßen beobachten lassen — Körperwärme, Entspannung und vermehrte Energie. Er fand heraus, daß der heilende Strom der Energie stark zunimmt, wenn der Kopf und die Basis der Wirbelsäule, zwei der größten Kraftzentren des Körpers, mit der rechten bzw. linken Hand verbunden sind (siehe Abbildung 1 der Einleitung).

Binnen zweier Jahre nach seiner Entlassung aus dem Krankenhaus hatte Eeman eine Reihe von Techniken mit seinem neuen

[2] Ebenda, S. 9

Energiekreis entwickelt, die ihn so gesund werden ließen, wie er noch nie zuvor gewesen war. Er war jetzt soweit, daß er »zu jeder Tageszeit, wenn er es wollte, sich hinlegen und schlafen konnte.«[3] Die vielen verschiedenen Beruhigungs- und Schlafmittel, die ihm viele Monate lang gegeben worden waren, ersetzte er durch häufiges und längeres Liegen in seinem Entspannungs-Energiekreis, den er manchmal durch Entspannungstechniken ergänzte. Dieses Gerät beschleunigte nicht nur seine Genesung, sondern machte ihn auch sensitiver für den Fluß der Lebensenergie, und es harmonisierte den Energiekreislauf, so daß er sich ausgeglichen und entspannt fühlte. Völlig fasziniert von der Heilkraft dieses einfachen Geräts — er war jetzt überzeugt davon, daß dieses eine wichtige Entdeckung darstellte —, wollte er seine Technik anderen an Schlaflosigkeit leidenden Menschen weitergeben. Unmittelbar nach seiner Genesung nahm er Patienten an. 1922 eröffnete Eeman seine Beratungs- und Behandlungsräume in der Baker Street 24 in London. Dort hat er bis kurz vor seinem Tode 1958 gearbeitet. Während seiner ersten Jahre traf er seine lebenslange Assistentin Mary Cameron. Das folgende Erlebnis wurde von Frau Cameron 1962 einem Patienten mitgeteilt. Es veranschaulicht sehr schön Eemans intuitive und spontane Art, an die Dinge heranzugehen:

Ich hatte meine Wohnung, in der ich lebte, aufgegeben, weil ich dort nicht länger bleiben konnte. Ich wußte nicht wohin oder was ich machen sollte. Ich hatte kein Geld und keine Ausbildung. Ich war erst achtzehn und hatte alles, was ich an Hab und Gut noch besaß, bei mir, als ich durch die Straßen Londons ging. Auf einmal kam ein Gentleman die Treppen eines Hauses herab, lächelte mich freundlich an, und wir kamen ins Gespräch. Nach kurzer Zeit meinte er, daß er

[3] Eeman: »How Do You Sleep?«, S. 64

auf mich gewartet hätte und daß ich mit ihm arbeiten kön-
ne. Ich ging hinein und blieb dort, lernte von ihm, und wir
arbeiteten von nun an zusammen.

Bald schon, nachdem Eeman seine Praxis eröffnet hatte, wurde deutlich, daß die Heilung anderer ein bedeutender Teil seiner Arbeit werden würde, daß er aber auch die medizinische Anerkennung seines Entspannungs-Energiekreises brauchte. Er begann deshalb damit, umfangreiche Experimente durchzuführen.

Durch eine ständige und konsequente Selbstbehandlung mit dem Energiekreis hatte sich seine Vitalität und Lebenskraft sehr erhöht. Er überlegte, ob er sich in einem Energiekreis mit seinen schwächeren Patienten über Leitungen verbinden könnte, um ihnen dadurch zusätzliche Heilenergie zu übertragen. Noch einmal brachte Eemans Gedanke an das »Händeauflegen« eine neue Idee hervor. Wenn es möglich war, jemandem die Energie durch die Hände zu übermitteln, konnte es dann nicht auch erfolgreich sein, die Lebensenergien von zwei Menschen zusammenzubringen und diese Energie direkt mittels eines Kupfer-Energiekreises zu übertragen? Aus dieser Idee ergaben sich mehr als dreißig Jahre lang während Untersuchungsarbeiten zum Thema »kooperative Heilungen«. Anfangs führte Eeman diese Verbindung mit jeweils nur einem Patienten durch. Als seine Untersuchungen weitergingen, verband er sich oft mit bis zu sechs, manchmal mit bis zu zwanzig Personen in einem Energiekreis. Viele anfangs rätselhaft erscheinende Eigentümlichkeiten der Lebensenergie wurden durch diese kooperativen Energiekreise enthüllt. Eine Reihe von bemerkenswerten Wirkungen traten nur bei diesen kooperativen Energiekreisen auf. Bei einigen dieser Wirkungen waren Jahre der Erforschung nötig, um ihre tiefere Bedeutung zu verstehen.

Während seiner mehr als fünfunddreißigjährigen praktischen

Arbeit behandelte Eeman Hunderte von Patienten mit den unterschiedlichsten Beschwerden. Viele seiner Behandlungen, bei denen er den kooperativen Energiekreis, Myognosis* und Suggestionen miteinander verband, erzielten hervorragende Ergebnisse, unter ihnen viele eigentlich unerklärbare Spontanheilungen. Eeman ermöglichte seinen Patienten die Verbesserung von nervösen, mentalen, von Kreislauf-, Atmungs-, Verdauungs- und Ausscheidungsbeschwerden, von Kopfschmerzen, Bluthochdruck, Rheuma, Hexenschuß und Ischias, um nur einige zu nennen. Die durchgängig besten und beeindruckendsten Ergebnisse erzielte Eeman bei Fällen von akuter Schlaflosigkeit, unter ihnen langanhaltende Fälle, wo er fast »magische« Heilungen erreichte. Eeman versicherte, daß es durch einige einfach anzuwendende Techniken in Verbindung mit dem Entspannungs-Energiekreis möglich sei, Schlaflosigkeit völlig zu heilen. In seinem Buch »How Do You Sleep?«, das 1936 herauskam, veröffentlichte er seine Erkenntnisse über die Bedeutung des Schlafes und konnte zur Behandlung der Schlaflosigkeit viele wertvolle Ratschläge geben.

Obwohl Eeman alle seine Heilerfolge stets dem Entspannungs-Energiekreis selbst zuschrieb, geht doch einiges auf sein eigenes Konto. Ein gut Teil seines therapeutischen Erfolges resultiert sehr wahrscheinlich aus seiner eigenen Heilenergie. Er hat jeden Tag mit diesem Energiekreis gearbeitet, und das fünfunddreißig Jahre lang! In diesem Prozeß erwarb er meines Erachtens einige außergewöhnliche Fähigkeiten. Nach und nach, so scheint es, hatte er die Fähigkeit erworben, besonders im kooperativen Energiekreis Lebensenergie zu übertragen. Er war also nicht nur äußerst sensitiv für die Lebensenergie geworden, er hatte auch gelernt, den Energiefluß wirkungsvoll einzusetzen.

* Eemans Technik, einen Zugang zu unbewußten Verspannungen zu finden und sie zu lösen. Genaue Beschreibung dazu in Kapitel 8.

Übereinstimmend berichteten Eemans früheste Patienten, die darüber befragt worden sind, von muskulärer Entspannung, von Gefühlen der Wärme, des Wohlbefindens und der Schläfrigkeit, wenn sie im Energiekreis waren. Durch Beobachtungen und Tests bemerkte Eeman außerdem eine Reihe physiologischer Veränderungen, wie z. B. eine Verlangsamung und zugleich Kräftigung des Pulsschlags, einen geringeren Blutdruck (wenn er hoch war) und eine Vertiefung der Atmung. Er schloß daraus, daß der Energiekreis »Schlaf, Erholung von Erschöpfung und Krankheit und die Arbeitsfähigkeit sowie den allgemeinen Gesundheitszustand fördere«.[4]

Jedoch bemerkte Eeman nach kurzer Zeit auch eine Reihe von untypischen, negativen Wirkungen des Bioenergiekreises. Wenn die Geräte in umgekehrter Anordnung mit dem Körper verbunden wurden — die rechte Hand mit dem Kopf und die linke Hand mit der Basis der Wirbelsäule —, beschrieben die Leute gegensätzliche Reaktionen: Sie konnten nicht länger als einige Minuten ohne Irritation, Anspannung und Ruhelosigkeit im Energiekreis verbleiben. Manchmal waren die Reaktionen so intensiv, daß die Patienten ihre Hände wegziehen wollten, um den Kreislauf zu unterbrechen. Offensichtlich war es also wichtig herauszufinden, welche Anordnungen Entspannung erzeugten und welche zu Streßreaktionen führten und zu verstehen, warum dies so war.

Eeman begann seine Nachforschungen zu diesen Fragen mit den folgenden Überlegungen: Das Beispiel der Elektrizität vor Augen, nahm er an, daß sich der menschliche Körper wie ein Magnet durch eindeutige Polaritäten auszeichnet, und daß deshalb

---

[4] Eeman: »Cooperative Healing«, S. 17. Alle Anmerkungen zu diesem Buch beziehen sich auf die Ausgabe von 1947.

alle Menschen positiv und negativ an verschiedenen Körperregionen geladen sein müßten. Er sann darüber nach, diese »menschliche Polarisierung« könne auf elektrischen Potentialen beruhen und daß sich die Lebensenergie (die Eeman X-Kraft nannte), um zu einem Potentialausgleich zu gelangen, von einem Potential zum anderen hin bewege. Eeman nahm an, daß sein Entspannungs-Energiekreis einen Strom lebendiger Energie zwischen diesen entgegengesetzt geladenen Körperenden ermögliche. Er vermutete, daß durch die Verbindung von Körperregionen mit unterschiedlichen Ladungen mittels eines durchlässigen Mediums ein Entspannungs-Energiekreis erzeugt werden könne, und umgekehrt, durch die Verbindung von Regionen gleichgerichteter Ladungen entstehe dann ein Anspannungs-Energiekreis.

Von dieser Hypothese ausgehend, begann Eeman eine Serie von Experimenten sowohl mit Tieren als auch mit Menschen, die er über sieben Jahre fortsetzte. Sein Ziel war es, eine Karte von Polaritätsmustern des Körpers anzufertigen, um auf diese Weise seine Experimente mit Entspannungs-Energiekreisen unter kontrollierten Bedingungen durchführen zu können.

Bei diesen Polaritäts-Experimenten benutzte er dünne Scheiben aus Kupferfolie statt Matten aus Kupfergeflecht, weil sie überall am Körper angelegt werden konnten. Bei einem Experiment verband er die linke Hand mit der Oberlippe und die rechte Hand mit dem Kinn. Dieses Experiment zeigte Eeman eine senkrechte Polaritätsachse. Wenn die linke Hand mit einer Stelle verbunden wurde, die näher zum Gehirn lag als diejenige, mit der die rechte Hand verbunden wurde, entstand ein Entspannungs-Energiekreis, andernfalls kam ein Anspannungs-Energiekreis zustande.

Um 1925, nach Tausenden von Polaritäts-Tests, kam Eeman zu dem Schluß, daß der menschliche Körper in drei Haupt-Richtungen »elektromagnetische Gegensätze« aufweist: Senkrecht,

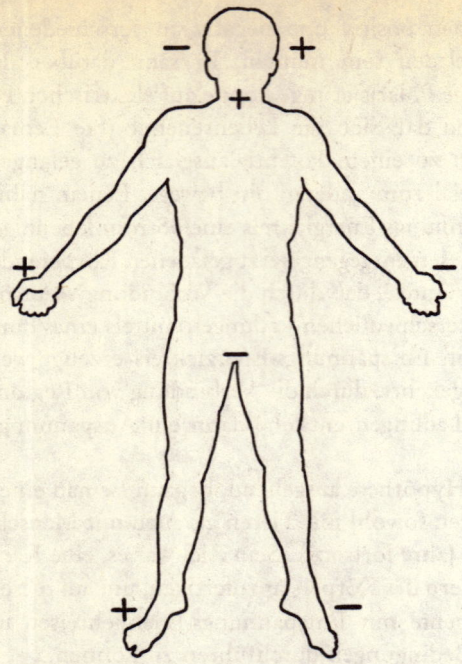

Abbildung 2: Übersichtskarte der Körperpolaritäten nach Eeman

vom Kopf zu den Füßen, waagerecht von rechts nach links und von hinten nach vorne. Er nannte die rechte Hand positiv und die linke Hand negativ; den Kopf positiv, die Wirbelsäulenbasis negativ und entlang der letzten Hauptachse den Rücken positiv, die Vorderseite negativ. Er stellte fest, daß die Vorne-Hinten-Dimension eindeutig schwächer war als die Oben-Unten-Dimension oder die Links-Rechts-Dimension. Eeman begrenzte deshalb seine Untersuchungen auf die zwei stärkeren Achsen (siehe Abbildung 2).

Die Experimente zeigten, daß die Wirbelsäule ein Hauptkanal darstellt und daß sowohl die Hände als auch die Füße sehr stark

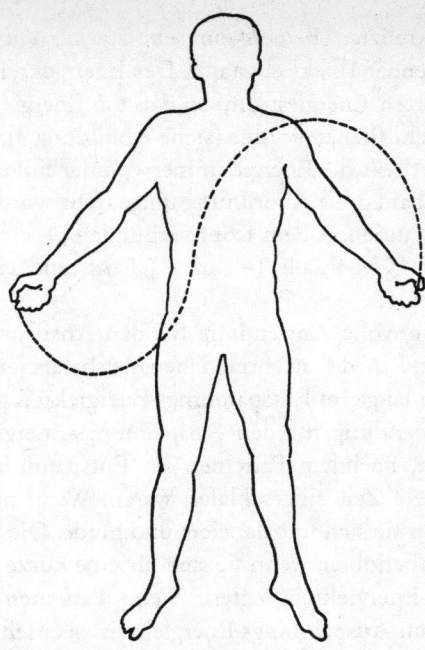

Abbildung 3: Bei einem Rechtshänder besteht eine eindeutige Polung für den Energiekreis von der linken zur rechten Hand.

geladene Körperregionen sind. Für die weitere Erforschung des Energiekreises entschied Eeman, sich ausschließlich auf diese fundamentalen und stark geladenen Energieregionen des Körpers zu konzentrieren. Intuitiv hatte er genau diese Bereiche für seine ersten Experimente ausgewählt, mit denen er 1919 begonnen hatte. Doch nun konnte er auf der Basis dieser Experimente ein tieferes Verständnis von der Logik und der verborgenen Wissenschaft entwickeln, die hinter seinem Energiekreis stand. Er erfuhr, warum durch Kupfermatten und -verbindungen als leitfähige Medien und durch die Verbindung des Kopfes mit der linken und der Wirbelsäule mit der rechten Hand bei mit an den

Knöcheln gekreuzten Beinen ein sehr starker entspannender und balancierender Effekt entstand. Der Energiekreis sorgte für einen ungestörten Energiestrom, so daß die Energie wie in der Form einer Acht fließen konnte (siehe Abbildung 3). (Bei einem Rechtshänder fließt die Energie immer von der linken zur rechten Hand.) Sobald diese Anordnung umgedreht wurde (d. h., die rechte Hand wurde mit dem Kopf verbunden [+ an +] und die linke mit der Wirbelsäule [– an –]), entstand ein Anspannungs-Energiekreis.

Die einzige sinnvolle Anwendung für den Anspannungs-Energiekreis bestand in der nachträglichen Ausbalancierung, wenn der Körper zu lange im Entspannungs-Energiekreis gelegen hatte. Diese Anwendung für den Anspannungs-Energiekreis entdeckte Eeman, nachdem Patienten im Entspannungs-Energiekreis für längere Zeit eingeschlafen waren. Wenn man sie aufweckte, fühlten sie sich unbalanciert und müde. Diese Irritation wurde schnell behoben, wenn sie sich für eine kurze Zeit in den Anspannungs-Energiekreis legten. Wenn Patienten vom Entspannungs- zum Anspannungs-Energiekreis wechselten, dauerte es immer sehr viel länger, bis sich die unerwünschten Wirkungen des Anspannungs-Energiekreises einstellten, als dies bei der alleinigen Anwendung des Anspannungs-Energiekreises der Fall gewesen wäre. Wenn Patienten von der anspannenden zur entspannenden Anordnung wechselten, ließ sich die Wirkung sofort beobachten. Die Reaktion war normalerweise von einem erleichterten Seufzer begleitet.

Ab und zu begegnete Eeman Patienten, bei denen der Anspannungs-Energiekreis eine Entspannung bewirkte. Dies geschah, über die gesamte Zeit seiner Praxis gesehen, bei nur etwa einem Prozent seiner Patienten. Alle Patienten, für die der Anspannungs-Energiekreis anfangs zu einer Entspannung führte, die also »spiegelverkehrt polarisiert« waren, begannen einige Tage später (nach durchschnittlich vier halbstündigen An-

Bei einer öffentlichen Demonstration meiner kooperativen Heilungstechnik in Gruppen beginne ich immer mit etwas Theorie über den Entspannungs- und den Anspannungs-Energiekreis und über Rechts- und Linkshändigkeit. Dann fordere ich vier Zuhörer aus dem Publikum auf, sich als Freiwillige zur Verfügung zu stellen, um sich auf meinen vier Sofas in den Entspannungs-Energiekreis zu legen. Unter denen, die nach vorne kamen, war auch einmal ein schlanker Mann, nicht mehr sehr jung, mit sehr höflichen und verbindlichen Manieren, der sich als Mediziner vorstellte. Mit liebenswürdiger Freundlichkeit versicherte er mir, daß er zu einem praktischen Test nicht nur bereit, sondern geradezu begierig danach sei, obwohl mein Vortrag vollständig im Widerspruch zu allen seinen Fachkenntnissen stünde. Ich stellte den Entspannungs-Energiekreis mit meinen vier Freiwilligen zusammen, und eine Viertelstunde lang ruhten sie offensichtlich in schönstem Frieden. Dann kehrte ich den Energiekreis, für sie unbemerkbar, um. Danach begannen alle vier eindeutig Zeichen von Ruhelosigkeit und Anspannung zu zeigen, und binnen einer Minute warf der höfliche Mediziner seine Handgriffe wütend fort, sprang vom Sofa und rief: »Nein, das halte ich nicht aus!«[5]

wendungen), den normalen Entspannungs-Energiekreis zu bevorzugen.
Eeman experimentierte auch damit, einfach einen Schalter umzulegen, der den Energiekreis umpolte, was die liegende Person allerdings nicht verfolgen konnte.

[5] Ebenda, S. 25

Eeman wollte dann die Reaktionen der Patienten verfolgen. In jedem einzelnen Fall verlangte der Patient nach kurzer Zeit von Eeman, damit aufzuhören, was immer er auch gerade getan hätte. Er benutzte diese Methode auch, um Patienten aus tiefem Schlaf aufzuwecken (siehe Kasten).

Der Entspannungs-Energiekreis erwies sich demgegenüber in vielerlei Hinsicht als wohltuend. Man kann sagen, daß es Eemans Lebenswerk war, immer weitere mögliche Anwendungen für diesen Energiekreis zu erforschen. Seine frühesten Forschungen schlugen sich in verschiedenen Regeln nieder, die er zur Benutzung des Energiekreises aufstellte. Die erste und wichtigste Regel lautet: Wer im Energiekreis liegt, sollte sich völlig entspannen. Ohne eine völlige Entspannung, so Eeman, könnten sich die wohltuenden Wirkungen entweder nicht einstellen oder in ihr Gegenteil verkehren.

Er fand weiter heraus, daß die Matten aus Kupferdrahtgeflecht nicht in direktem Kontakt zur Haut stehen müssen. Der Energiekreis kommt auch durch Kleider, Decken und selbst Kissen hindurch zustande.

Auch die Dauer der Anwendung des Entspannungs-Energiekreises erwies sich als wichtig. Sie sollte mindestens zehn Minuten betragen; Anwendungen von einer halben Stunde und länger erbrachten aber bessere und überzeugendere Ergebnisse. Bei der Behandlung spezieller Krankheiten verordnete Eeman eine Reihe von wöchentlichen Behandlungen bis zu einer Stunde Länge in Fortführung einer speziellen Anwendung, bei der er selbst mit im Energiekreis des Patienten lag. Durch eine nur wenige Minuten dauernde Anwendung des Anspannungs-Energiekreises konnte eine zu lange Verweildauer im Entspannungs-Energiekreis leicht korrigiert werden.

Eeman sammelte sorgfältig alle Äußerungen von Patienten über ihre Erfahrungen im Energiekreis. Er stellte fest, daß sie einem bestimmten Muster folgten. Am Anfang standen meist verstärkt körperliche Symptome, es kamen auch emotionale Entladungen wie Lachen oder Weinen vor, und starke Energieströme, die den Körper in Zuckungen versetzten, wurden spürbar. Manchmal kam es auch zu keinen besonderen Reaktionen.

Dann begann eine zweite, davon scharf abgegrenzte Phase. Sie zeichnete sich meist durch tiefen Schlaf oder zumindest eine sehr tiefgehende Entspannung aus. Diese Phase hatte dann stets ein deutlich wahrnehmbares Ende. Die Anwender erwachten von sich aus oder bekamen intuitiv mit, daß sich nichts Besonderes mehr ereignete. Ein ausgiebiges Sichausdehnen und Gähnen begleitete dann die Aufwachphase. Eeman interpretierte diese Dehnungs- und Lösungsbereitschaft des Körpers als ein Mittel, die physischen Ursachen für unbewußte Spannungen (wie z. B. ein Überschuß an Milchsäure in den Muskeln) abzubauen oder um einen Teil der Energie, der sich während der Anwendung aufgebaut hatte, wieder zu verausgaben. Die Schlafphase im Energiekreis war in mehrfacher Hinsicht bemerkenswert. Stets meinten die Patienten, daß der im Energiekreis erfahrene Schlaf dem normalen Nachtschlaf überlegen sei, weil sie sich in kürzerer Zeit sehr viel erholter fühlten. »Schlaf ist nicht nur Ausruhen, sondern auch Arbeit; Reparaturarbeit, Wiederherstellung, Stoffwechsel.«[6] Eeman stellte die Theorie auf, der Entspannungs-Energiekreis ermögliche dem Körper den Anschluß an ein Energiereservoir, das für seine Wiederherstellung gebraucht werde, und daß dann die Energien im Energiekreis überreichlich fließen würden, genug, um Muskelverspannungen, nervöse Erregungszustände oder mentale Angstzustände zu beheben. Er nahm an, daß der Prozeß genau dann zu einem Ende käme, wenn die maximale Aufladung mit frischer Energie erreicht und die funktionalen Bedürfnisse des Körpers befriedigt wären. Zu dieser Zeit wachten die Anwender dann regelmäßig von selbst wieder auf.

[6] Ebenda, S. 183

Ende der zwanziger Jahre hatte Eeman zwei Bücher herausgebracht: »The Unconscious Made Conscious« und »Self and Superman«. Er hatte damit den Grundstein für zwei Jahrzehnte weiterer Forschungen gelegt.

In den dreißiger Jahren dehnte Eeman seine Forschungsarbeiten sowohl qualitativ als auch quantitativ beträchtlich aus. Während dieser Zeit schuf Eeman die Grundlagen für den »kooperativen Energiekreis« und formulierte eine Reihe grundlegender Prinzipien für die Arbeit mit Bioenergiekreisen. (Auf den kooperativen Energiekreis wird in Kapitel 12 näher eingegangen.)

Für seine weiteren Arbeiten war es sehr wichtig, daß sich ein Netzwerk von intensiven Kontakten zu anderen Forschern herauszubilden begann. Seine Arbeiten wurden von führenden Persönlichkeiten auf dem neuen Gebiet der Lebensenergieforschung zunehmend aufmerksam registriert. Unter ihnen waren Oscar Brunler und Dr. W. Guyon, die sich beide von Eemans drittem Buch »How Do You Sleep?« beeindruckt zeigten.

1935 begann Eeman einen Briefwechsel mit J.B. Rhine von der Duke-Universität in Nord-Carolina, dem zu dieser Zeit führenden Forscher auf dem Gebiet der außersinnlichen Wahrnehmung. Dieser Briefwechsel wiederum brachte Eeman in Kontakt mit J. Cecil Maby, der für seine Forschungen zum Phänomen der Wünschelrute bekannt geworden war. Rhine beschrieb Maby als »einen sorgfältigen und gewissenhaften Experimentator, der bestens geeignet sei zu bewerten, was wirklich stichhaltig ist an (Eemans) Beobachtungen, und der mit wissenschaftlichen Methoden und Geräten dabei helfen könne, die richtigen quantitativen Messungen vorzunehmen«.[7] Maby und Eeman arbeiteten später eng zusammen. Schon nach wenigen Monaten

---

[7] Ebenda, S. 72

ihrer Bekanntschaft testete Maby den Eemanschen Entspannungs-Energiekreis mit solchen Apparaten wie Herzkurvenschreibern, Atemmeßgeräten, elektrischen Hautwiderstands- und Muskelwiderstandsmeßgeräten. Vier Jahre lang führte Maby diese Messungen durch, und bei diesen Untersuchungen ergab sich eindeutig, daß die Phänomene, die Eeman beobachtet hatte, nicht auf Suggestion beruhten, sondern unabhängig davon auftraten. Maby schreibt in der Einführung zu »Cooperative Healing«:

Es ist für mich völlig eindeutig, daß Eeman meistens unter Ausschaltung aller suggestiven Komponenten beweisbare radiästhetische Wirkungen bei seinen Patienten erzeugt, die im Kurzwellenbereich des elektromagnetischen Spektrums liegen. Wenn ich sage, meistens, dann weil, wie Eeman selbst erkennt, für einen Praktiker wie ihn psychische Effekte praktisch nie völlig auszuschließen sind. Die Strahlungsfelder können eindeutig meßbar nachgewiesen werden, sie können von Lebewesen ausgesendet und empfangen werden und beeinflussen besonders stark das Nervensystem.[8]

Zehn Jahre nach ihrem ersten Zusammentreffen — Eeman schrieb an seinem Buch »Cooperative Healing« — war Maby immer noch damit beschäftigt, einige subtile Phänomene zu entschlüsseln, die im Energiekreis auftraten.

In diesen Jahren konnte Eeman mit der Unterstützung durch Maby seine Untersuchungen mit den verschiedensten Anordnungen von kooperativen Energiekreisen vervollständigen. Ebenfalls von Maby unterstützt, der sich auch selbst in vielen Fällen als Versuchsperson zur Verfügung stellte, erforschte Eeman die Wirkung von Arzneimitteln und anderen Substanzen, die in den Energiekreis eingebracht wurden.

[8] Ebenda, S. 5

In den dreißiger Jahren widmete sich Eeman umfangreichen Experimenten zu telepathischen Phänomenen, er verbesserte seine Anleitungen zur Tiefenentspannung (Myognosis) und zu suggestiven Methoden. Diese beiden Verfahren sind zwar schon in Eemans früheren Büchern erklärt und beschrieben worden, jedoch nicht mit dieser Tiefe und Präzision.

Eemans optimaler Energiekreis

Seinen ursprünglichen Energiekreis, bei dem die rechte Hand mit der Wirbelsäulenbasis und die linke mit dem Kopf verbunden wurde, hatte Eeman mehr als zwanzig Jahre lang getestet. 1942 war er sich sicher, eine noch bessere Anordnung für den Energiekreis entdeckt zu haben. Während vorher die X-Kraft in Form eines S durch das zentrale Nervensystem floß[9] (siehe Abbildung 3), verband er nun die beiden Matten unter Kopf und Wirbelsäulenbasis direkt mit einer Leitung, die unter dem Patienten entlang seiner gesamten Wirbelsäule verlief. Diese Anordnung »taucht die gesamte Wirbelsäule in das Feld der X-Kraft, die zwischen der linken und der rechten Hand fließt« (siehe Abbildung 4). Dieser neue Energiekreis wurde anfangs nur von Eeman und seiner Assistentin Mary Cameron »blind« getestet. Er erwies sich schließlich als überlegen.

Eeman führte seine »Blind«-Versuche mit dem neuen Energiekreis bei vielen seiner Patienten durch. Alle meinten, einen Unterschied zwischen der alten und der neuen Anordnung verspürt zu haben, und bestätigten dem neuen Energiekreis eine größere Wirksamkeit. Interessanterweise ist dieser verbesserte Energiekreis in den USA nie erwähnt worden. Die Informationen, die in den USA über Eemans Werk verbreitet worden waren, stamm-

[9] Ebenda, S. 80

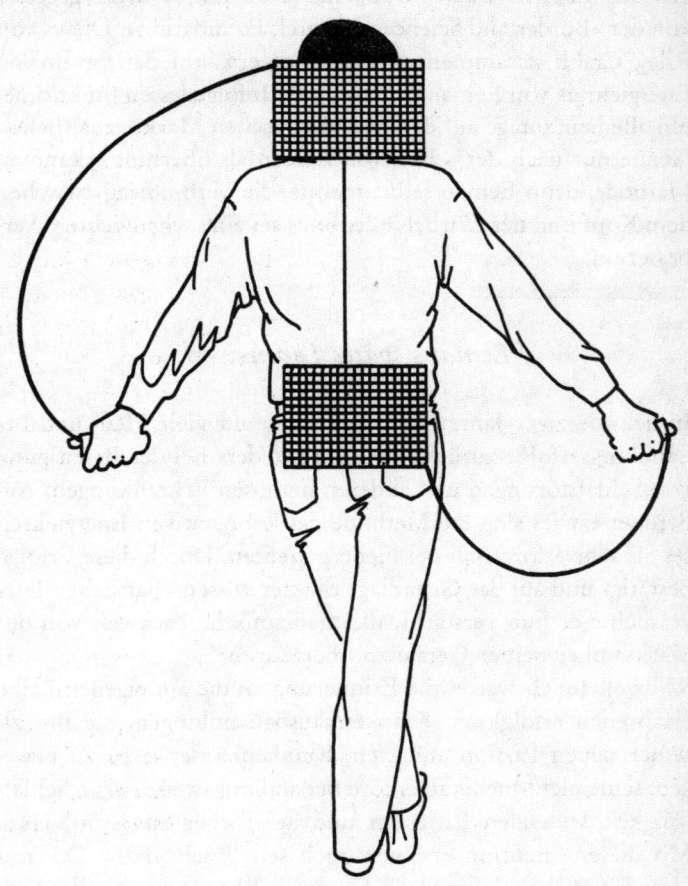

Abbildung 4: Der optimale Energiekreis nach Eeman

ten fast alle aus einem achtunddreißigseitigen Heft mit Auszü-
gen aus Eemans Buch »Cooperative Healing«, herausgegeben
von der »Borderland Sciences Research Foundation«. Dieses von
Riley Crabb zusammengestellte Werk erwähnt den optimalen
Energiekreis von Eeman jedoch nicht. Infolgedessen funktionie-
ren alle heutzutage auf dem amerikanischen Markt erhältlichen
Geräte nur nach der schon von Eeman als überholt erkannten
Methode, denn Eeman selbst meinte, die Verbindung zwischen
dem Kopf und der Wirbelsäulenbasis sei eine sehr wichtige Verbesserung.

Eemans spätes Lebenswerk

In den vierziger Jahren konnte Eeman auf viele Heil- und Be-
handlungserfolge zurückblicken, besonders bei der Beseitigung
von Schlafstörungen und anderen nervösen Erkrankungen. Außerdem erwies sich die Methode des kooperativen Energiekreises als sehr erfolgreich bei Fieberpatienten. Durch diese Erfolge
bestätigt und auf der Grundlage exakter wissenschaftlicher Tests
versuchte er nun verstärkt, die medizinische Fachwelt von der
Wirksamkeit seiner Geräte zu überzeugen.
Wahrscheinlich war es die Erinnerung an die am eigenen Leibe
erfahrenen erfolglosen Krankenhausbehandlungen, die ihn zu
seiner neuen Passion aufriefen, Krankenhäuser dazu zu bewegen, seine nicht-medikamentöse Behandlungsweise bei an Schlaflosigkeit leidenden Patienten und bei Fieber auszuprobieren.
Mit dieser Intention erschien auch sein Buch »How Do You
Sleep?« (»Wie schlafen Sie?«) Es wurde überwiegend sehr skeptisch aufgenommen, obwohl eine wachsende Zahl von Medizi-
nern seine Bemühungen durchaus akzeptierten und seine Leistungen anerkannten.
Um den Skeptikern entgegenzutreten, lud Eeman oft Praktiker

zu Vorstellungen mit seiner Methode in seine Räume in der Baker Street 24 ein, bei denen er Arzneimittel in einen Energiekreis mit vier Personen einbrachte. Diese Demonstrationen ließen zwar durch ihre meistens zu beobachtenden Wirkungen viele Mediziner schwankend werden, aber normalerweise wurden seine Behauptungen mit dem Argument kritisiert, seine Schlußfolgerungen seien unhaltbar, weil die beobachteten Wirkungen durch Suggestion und telepathische Phänomene ausgelöst worden sein könnten.

Eeman widmete »Cooperative Healing«, das Buch, in dem er seine Erfahrungen zusammenfaßte, den »Forschenden in den Krankenhäusern Londons«. Es dokumentierte in sehr verständlicher Form seine fünfundzwanzigjährige Forschungsarbeit. Die erhoffte medizinische Anerkennung blieb aber bis zuletzt aus. Obwohl das Buch erst 1947 erschien, bewältigte Eeman die Hauptarbeit zu »Cooperative Healing« in der Kriegszeit entweder in ruhigen Nächten oder in den Pausen zwischen Luftangriffen in einem Luftschutzbunker.*

Wenn auch die etablierten Mediziner in England seinen neuen therapeutischen Geräten die Anerkennung bis zum Schluß verweigerten, interessierten sich doch zunehmend im Bereich der Naturheilkunde Tätige, die meist schon an Homöopathie, Radiästhesie und Radionik interessiert waren, für seine Entdeckungen. Diese drei Heilmethoden befassen sich ja von sich aus schon mit den je einzigartigen Vibrationsfrequenzen, die zum Energiefeld eines jeden lebenden Organismus gehören. Die mit den Methoden dieser Systeme vertrauten Praktiker können durch die Entschlüsselung oder Beeinflussung der entsprechenden feinstofflichen Energien die natürlichen Selbstheilungskräfte des Körpers in Gang bringen bzw. aktivieren.

---

* Die vollständige Fassung von »Cooperative Healing« ist erst seit 1987 wieder in einer Neuauflage vom Verlag »Health Research« (Molekumne Hill, Kalifornien) erhältlich.

Es ist wahrscheinlich auf Mabys Einfluß zurückzuführen, daß Eeman Mitglied der »British Society of Dowsers« (Wünschelrutengänger) wurde und dort oft Vorträge hielt. Als die Gesellschaft 1946 ihre erste Versammlung durchführte, war er Gründungsmitglied und wurde sieben Jahre später zu ihrem Vizepräsidenten gewählt. Er behielt dieses Amt bis ein Jahr vor seinem Tode im Jahre 1958.

In London wurden anfangs der vierziger Jahre aufregende Entdeckungen auf dem Gebiet der Radionik gemacht. Vor allem durch die von George und Marjorie de la Warr entwickelten empfindlicheren Meßinstrumente kamen die Forschungen auf diesem Gebiet wesentlich voran. Eeman nutzte die neuen Meßinstrumente, um die Wirkungen seines Energiekreises genauer zu beobachten. Marjorie de la Warr selber nahm als eine von drei Freiwilligen an Messungen teil, die den Nachweis von Veränderungen in der Drüsensekretion vor, während und nach der Anwendung des Energiekreises erbrachten. Er konnte deutliche Unterschiede feststellen, ob nun allopathische Arzneimittel oder homöopathische Substanzen in den Energiekreis eingebracht wurden. Der erste Kongreß für Radionik und Radiästhesie, der 1950 in London stattfand, sah Eeman als einen seiner Referenten und Organisatoren.

1947 fand ein erstes Zusammentreffen statt mit dem bekannten Naturheilarzt Aubrey Westlake, dem Autor von »The Pattern of Health« (dt. Ausgabe: Medizinische Neuorientierung). Das Lebenswerk dieses Mediziners (tätig von 1938—1985) bestand in einer umfassenden Erforschung der ganzheitlichen Gesundheit einschließlich ihrer energetischen und feinstofflichen Aspekte. Er wurde schließlich zu einem der wichtigsten Verfechter für einen ganzheitlichen Gesundheitsbegriff und alternative Heilweisen. Er bereicherte Eemans Werk nicht nur durch wichtige Hinweise, sondern trug auch wesentlich dazu bei, daß es durch seine ausdrückliche Billigung und durch die Anwendung des Entspannungs-Energiekreises bei seinen eigenen Patienten für die Öffentlichkeit annehmbar wurde.

Westlake stellte Eemans Pionierarbeit auf dem Gebiet der Erforschung der Lebensenergie in eine Reihe mit den Arbeiten von Oscar Brunler und Wilhelm Reich. »Eeman hat, so wie ich es sehe, in einzigartiger Weise das ›Handauflegen‹ wiederentdeckt und angewendet.(...) Es bleibt zu hoffen, daß Eemans Werk nicht übersehen oder vergessen wird, weil Eeman einen sehr wichtigen Beitrag für alle die Therapien geliefert hat, die im körperlichen, geistigen und emotionalen Bereich arbeiten.«[10]

Wenn auch viele Naturheilkundige Eemans Entspannungs-Energiekreis in ihrer Praxis anwendeten, war doch Westlake der erste Arzt, der Eemans Methode therapeutisch nutzte, indem er Heilsubstanzen in den Energiekreis brachte.

Eeman fand auch bei den Homöopathen wachsende Anerkennung. Der bekannte englische Homöopath Eric Powell entwickelte mit Eemans Erlaubnis ein Gerät, mit dem auf einfache Weise homöopathische Substanzen in einen Eemanschen Energiekreis gegeben werden konnten. Auch Eeman selbst begann dadurch angeregt, Versuche mit der Hinzufügung von homöopathischen Substanzen in den Energiekreis.

1954 hielt Eeman im Rahmen der »British Society of Dowsers« einen Vortrag mit dem Titel »Zwischenbericht nach fünfunddreißig Jahren Forschungsarbeit«. Daraus sollte seine letzte bekannte Publikation entstehen.

1955 zog Eeman endlich von der Baker Street 24 in ein größeres Haus in einem Londoner Vorort um, in dem er plante, sowohl zu wohnen als auch seine umfangreiche Forschungspraxis unterzubringen. Aber bevor er das Haus in dieser Weise nutzen konnte, erkrankte er schwer. Die Autoren dieses Buches konnten die Diagnose der Erkrankung nirgendwo ausfindig machen. Eeman

---

[10] Westlake: »Speech Before the Radionic Congress«, 1950, S. 18

hat sich nie wieder davon erholt. Er starb 1958 nach langer Krankheit im Alter von neunundsechzig Jahren.

Übereinstimmend mit Westlake, in Anbetracht Eemans robuster Vitalität und seines allgemein guten Gesundheitszustands, ist sein früher Tod »wahrscheinlich auf die Tatsache zurückzuführen, daß er durch einen zu extensiven Gebrauch des kooperativen Energiekreises zu viele Krankheiten seiner Patienten auf sich selbst gezogen hatte«.[11]

---

[11] Westlake: The Pattern of Health, S. 67. Deutschsprachige Ausgabe: Medizinische Neuorientierung. Von der Huna-Philosophie zu den Orgon-Experimenten. Origo Verlag, Zürich 1963 (2. Aufl. 1990)

KAPITEL 2

Die Verwendung von Seide
im Bioenergiekreis
und der Beitrag von Peter Lindemann

Die Idee, Seide für den Bioenergiekreis anzuwenden, wurde
L. E. Eeman zuerst von Dr. Aubrey Westlake vorgeschlagen.
Schon 1938 beendete Westlake eine aussichtsreiche Karriere als
Arzt für Allgemeinmedizin in englischen Krankenhäusern, um
seine ganze Kraft der Frage zuzuwenden, was eigentlich genau
verantwortlich für den Heilungsprozeß ist und wie dieser Prozeß beschleunigt werden kann.

Vis medicatrix naturae (die Heilkraft der Natur) war das »goldene Vlies« der Heilkünste seit dem Altertum, und allein um die
Entschlüsselung dieser Kraft ging es Westlake. Welche geheimnisvolle Kraft war da am Werke, die »letztlich« den Körper heil-
te? Bei dieser Suche, die ihn von der Bachschen Blütentherapie
über Radionik bis hin zu Reichs Orgontheorie führte, bewegte
ihn die immer gleiche Frage: »Ist die Heilkraft, die bei all diesen
ganz unterschiedlichen Methoden angewendet wird, wirklich
immer die gleiche?« Die Antwort von Westlake war: »Ja!« Die
von den Urvätern der Medizin so benannte Kraft war in allen diesen äußerlich völlig verschiedenen Methoden gleichermaßen
wirksam.

Als er mit Eeman in den späten vierziger Jahren zusammentraf,
war er von dessen Forschungsergebnissen verblüfft und tief beeindruckt. Die entscheidende und wirksame Kraft war auch
hier, davon war Westlake überzeugt, die gleiche. Um diese Idee
zu überprüfen, machte er den Vorschlag, Seide für den Energiekreis zu verwenden. Westlake stützte sich bei diesem Vorschlag
auf die Forschungen von zwei Männern, die sich mit dieser all-

umfassenden Kraft beschäftigt hatten: Baron Karl von Reichenbach und Dr. Oscar Brunler.

Anfang des neunzehnten Jahrhunderts erarbeitete sich Baron Karl von Reichenbach ein Vermögen in der Eisen- und Stahlindustrie. Er war Industrieller und Chemiker, entdeckte das Kreosot und das Paraffin. Ab 1839 widmete er sich nur noch der wissenschaftlichen Forschung und zog sich völlig aus dem Geschäftsleben zurück. Seine Versuche mit Lichtwellen und Magnetfeldern, deren Eigentümlichkeiten er in ausgedehnten Experimenten erforschte und beschrieb, führten ihn schließlich auf eine geheimnisvolle Grundkraft, die er Odyle oder kurz Od nannte. Nicht mit Licht, Wärme, Elektrizität oder Magnetismus verwandt, war sie, wie er feststellen konnte, eine Kraft, die ihren eigenen Gesetzen gehorchte, genau wie es schon im Altertum geheißen hatte. Od besaß eine eindeutige Polarisierung (Reichenbach legte die Polarität der linken Hand als positiv, die der rechten als negativ fest) und konnte durch so verschiedene Materialien wie Metall, Glas, Harz, Seide und Wasser weitergeleitet werden.

Von Oscar Brunler, der in diesem Jahrhundert lebte, wurde der Ausdruck »biokosmische Energie« verwendet. Die biokosmische Energie wird von jedem Ding abgestrahlt und durchdringt alles. Sie kann ebenfalls weitergeleitet werden. Dafür waren alle elektrischen Nichtleiter gut geeignet, wie Glimmererde (Mica), Keramik und Seide.

Beide Forscher hatten Seide als einen guten Leiter für diese unterschiedlich bezeichnete Energie genannt. Dies wiederum hatte Westlake herausgefunden. Deshalb schlug er Eeman vor, er solle versuchen, Seidenkissen anstelle der Matten aus Kupfergeflecht und Seidenkordel anstelle der Kupferleitungen zu verwenden. Wenn damit die gleichen Wirkungen erzielt werden könnten, das war die Überlegung von Westlake, dann war, weil Seide keinen Strom leiten kann, damit bewiesen, daß die wirksame Kraft nicht die Elektrizität sein konnte.

Eeman kam durch seine Arbeiten zu der Vermutung, die Kraft, mit der er umgehe, sei zwar nicht die Elektrizität selbst, ihr aber doch sehr verwandt. In »Cooperative Healing« bezeichnete er die X-Kraft als »quasi-elektromagnetisch«, seit klar wurde, daß sie der elektromagnetischen Energie weit überlegen war. Zum Beispiel funktionierte ein Energiekreis auch dann noch, wenn eine Leitung unterbrochen war und die Lücke mit einem Stück Glas überbrückt wurde. Das Glas leitete also die Energie weiter. Aber Eeman wollte diese Phänomene nicht weiterverfolgen, weil er sich zur sorgfältigen Erforschung der wahren Natur dieser Energie für nicht kompetent genug hielt. Er verwendete weiterhin zur Beschreibung der beobachteten Phänomene die Terminologie des Elektromagnetismus, weil er letztlich davon überzeugt war, daß sie in ihren Wirkungen sehr ähnlich waren. Nach manchem Nachfragen von seiten Westlakes fand er sich aber 1949 doch dazu bereit, den Test mit Seide zu machen, wollte aber eine sehr viel aufwendigere und beweiskräftigere Testreihe durchführen, als Westlake vorgeschlagen hatte.

Der Energiekreis funktionierte, auch wenn Seide verwendet wurde. Das war das erste Untersuchungsergebnis von Eeman und Cameron. Dann machte er an sechs Patienten kontrollierte Versuche mit Medikamenten, die er in den Energiekreis aus Seide hineingab. Sie zeigten genau die gleichen Reaktionen, wie sie bei der Verwendung von Kupfer zu erwarten gewesen wären. Das überzeugte Eeman völlig davon, daß die X-Kraft in keinem Fall die Elektrizität sein konnte. Tatsächlich schrieb Eeman später, »(Baron von Reichenbach wies nach), daß Seide ein besserer Leiter für die X-Kraft ist als Kupfer ...«[1] Westlake erinnert sich in »Pattern of Health«, diese Tests hätten ihn »völlig überzeugt und meine Vermutung bekräftigt: Die geheimnisvolle Kraft ›vis

[1] Eeman: »Interim Report After Thirty-five Years of Research«, S. 9

medicatrix naturae‹ war, welcher Natur sie auch sonst sein mochte, jedenfalls nicht elektrisch.«[2]

Unglücklicherweise kam diese Entdeckung von der Wirksamkeit der Seide als ein die Lebensenergie leitendes Medium erst relativ kurz vor dem Tod Eemans zustande. Eeman führte die durch Westlake angeregten Versuche weiter und erhärtete dabei noch die These von der Brauchbarkeit von Seide als Leiter der X-Kraft. Aber leider war er nicht mehr in der Lage, seine Versuche mit Seide weiter zu systematisieren und zu verallgemeinern. So sind auch seine Aufzeichnungen dazu sehr spärlich. Er erwähnt sie nur zweimal. Einmal in einem 1950 gehaltenen Vortrag beim Kongreß für Radionik und Radiästhesie und noch einmal in einem weitgehend unbekannten Vortrag von 1954, der später im Journal of the British Society of Dowsers (Zeitschrift der englischen Rutengänger) erschien. Es bedurfte wohl noch eines weiteren Forscherlebens in der Tradition von Eeman und Westlake, um den Bioenergiekreis aus Seide zu erforschen und anzuwenden.

Peter Lindemann, der moderne Erforscher des Bioenergiekreises

Nach seinem Tode wurden die umfangreichen Forschungsarbeiten von Leon Ernst Eeman bis auf ganz wenige Ausnahmen völlig ignoriert. Da er auch keine Schüler hinterließ, gab es auch niemanden, der seine Erfindungen und seine Untersuchungen über den Entspannungs-Energiekreis vor dem Vergessen bewahrte. In den nachfolgenden drei Jahrzehnten wurde zwar eine Menge Forschungsarbeit zur Bioenergie geleistet, die Polaritäten des

[2] Westlake, 1950: »Rede vor dem Kongreß für Radionik und Radioästhesie« und »The Pattern of Health«, S. 68

menschlichen Organismus wurden genauer untersucht, die elektromagnetische Ladungen quantifiziert, und es wurden auch Geräte zur Intensivierung, Weiterleitung, Vergrößerung, Ausbalancierung und Beobachtung des menschlichen Energiefeldes entwickelt. Es gab aber jahrelang niemanden, der die grundlegenden Forschungen von L.E. Eeman zum Energiekreis wirklich ernsthaft weitergeführt hätte.

Als ich meine Nachforschungen zu Eemans Werk begann, schien es so, als stünde es immer noch völlig allein auf weiter Flur da, denn nirgends stieß ich auf ähnlich einfach handhabbare, nichtelektrische Geräte, die in der Lage waren, die Körperenergien weiterzuleiten und auszubalancieren. Ich traf zwar auf viele Personen, die von Eemans Geräten und Forschungen wußten, und alle, die selbst damit gearbeitet hatten, bestätigten ihre Wirksamkeit: »Der Energiekreis von Eeman funktioniert«, antworteten sie auf meine Nachfragen, und: »Es sind wirklich bemerkenswerte und nützliche Geräte«, aber niemand hatte sie, soweit ich erfahren konnte, an vielen Menschen getestet und seine Forschungen damit weitergetrieben.

Infolgedessen war ich sehr überrascht und erfreut, als mir von Tom Brown, dem Direktor der »Borderland Sciences Research Foundation« (Herausgeber der verkürzten Version von Eemans »Cooperative Healing«) vorgeschlagen wurde, mich mit Peter Lindemann in Verbindung zu setzen, einem Forscher, der sich angeblich schon seit über zehn Jahren intensiv mit Eemans Energiekreis beschäftigte. Das wenige, was Peter Lindemann zu seinen Forschungen mit dem Energiekreis veröffentlicht hatte, war im »Journal of Borderland Sciences« erschienen.

Schon bei unserem ersten Telefongespräch bekam ich den Eindruck, daß Peter Lindemann ein sehr ernsthafter und intelligenter Forscher sein mußte. Kurz danach traf ich ihn in seinem Haus in Santa Barbara. Es wurde eine sehr wichtige Begegnung. Ich hatte mir schon einiges Wissen über Eemans Leben und

Werk angeeignet, als ich nun erfreut und überrascht merkte, daß ich mit dem wirklich bedeutendsten Forscher auf dem Gebiet des Bioenergiekreises seit Eeman sprach. Seine größtenteils noch unveröffentlichten Entdeckungen waren eine große Hilfe dabei, eindeutig festzulegen, was unter einem Bioenergiekreis zu verstehen ist.

Genau wie Eeman entdeckte auch Lindemann den Energiekreis, als er auf der Suche nach einem Mittel für seine eigene »unheilbare« Krankheit war. Bei Lindemann war es ein Fall von Herpes simplex mit schweren Symptomen. Er begann 1976 damit, die Matten regelmäßig anzuwenden. Damals lebte er auf Hawaii. »Herpes hat mit Streß zu tun, und die Matten zogen eine Menge Streß aus meinem Nervensystem. Es zeigte sich immer eine unmittelbare Wirkung, wenn ich mich auf die Matten gelegt hatte. Es genügte aber einfach noch nicht.«[3]

Wie konnte er die positiven Wirkungen verstärken, die offensichtlich durch die Benutzung der Matten auftraten? Das war die Ausgangsfrage für Lindemanns eigene Experimente. Schließlich, nach sehr vielen ausgeklügelten Experimenten mit dem Eemanschen Energiekreis, schaffte er es, seinen Herpes simplex soweit auszukurieren, daß ihm diese Erkrankung keine Probleme mehr bereitete.

Im Lauf des Prozesses seiner Selbstheilung entwickelte er sich zu einem exzellenten Theoretiker der Bioenergiekreis-Methode. Zum ersten Male seit Eeman ergänzte er die Theorie des Bioenergiekreises durch neue Erkenntnisse. Er ist damit zum bedeutendsten Erforscher der Bioenergiekreis-Methode geworden.[*]

---

[3] Alle Zitate, die in diesem Buch von Lindemann aufgeführt werden, stammen aus Interviews, die die Autorin mit ihm geführt hat. Der Abdruck erfolgt mit freundlicher Genehmigung von Peter Lindemann.

[*] Der weite Bereich, den Lindemanns Arbeiten abdecken, wird ausführlich im 11. Kapitel dargelegt.

Lindemann und die Verwendung von Seide

In den späten siebziger Jahren arbeitete Lindemann in einer Klinik auf Hawaii mit einem anderen Therapeuten zusammen, der ihm dabei half, einen Bioenergiekreis in einen verstellbaren Lehnstuhl einzubauen. Er entwickelte auch ein Schaltpult, das es ihm ermöglichte, den Bioenergiekreis nach Belieben in verschiedener Weise anzuordnen und mit zusätzlichen Apparaten zu verbinden. Die Entwicklung dieses Lehnstuhls war ein wichtiger Abschnitt in Lindemanns Forschungsarbeiten.

Lindemann erzählte mir, wie er zahllose Experimente mit den verschiedensten Materialien durchführte, um die unterschiedlichen Auswirkungen zu testen. »Zuerst arbeitete ich mit Matten aus Aluminium«, meinte er. »Diese hatten einen ganz guten Effekt, bis sich jemand auf den Stuhl setzte, der sehr empfindlich auf Aluminium reagierte. Der konnte es schon nach fünf Minuten absolut nicht mehr auf dem Stuhl aushalten. Das brachte mich zu der Einsicht, daß ich besser nicht mehr mit Metallen arbeiten sollte.«

Jedes Material, das Lindemann für den Bioenergiekreis verwendete, bestimmte nicht nur das subjektive Gefühl, mit dem man die Energie empfand, sondern übertrug auch eine spezielle Energie auf das Energiefeld des Körpers.* Selbst kleine und kleinste Teilchen, die sich im Bioenergiekreis befanden, wie z. B. eine Niete aus Aluminium, konnten den Energiekreis stören und zu unliebsamen Einflüssen führen. Infolgedessen war es sehr wichtig, die Materialien, die man für den Bioenergiekreis verwendete, mit großer Sorgfalt auszuwählen. Lindemann fuhr fort:

Sich selbst zu heilen ist eine natürliche Fähigkeit des Körpers. Das Verlagern von Energie von einer Körperregion

---

* Dies bestätigt Eemans ausgedehnte Forschungen mit Medikamenten, die in den Bioenergiekreis eingebracht werden können, und die späteren Arbeiten des Homöopathen Eric Powell, dem Erfinder des »Autonormalisers«. Näheres dazu im 5. Kapitel.

zur anderen hilft dem Körper bei diesem Prozeß. Wenn ich meine Hände so hinlege (er legt die rechte Hand auf die Kreuzbeingegend und die linke Hand hinter seinen Kopf), kann ich das schon allein mit Hilfe meines eigenen Körpers erreichen. Natürlich wird das nach einiger Zeit ziemlich anstrengend. Aus diesen und anderen Gründen haben wir damit angefangen, energieleitende Materialien zu benutzen. Und wenn man einmal damit angefangen hat, diese körperfremden Materialien zu benutzen, verändert jedes Material im Energiekreis die Energie in der ihm eigenen Weise. Man kann gar nicht genau genug sein und muß wirklich fast übertrieben genau auf jedes Material schauen, das man im Energiekreis verwendet, denn jede Änderung des Materials verändert auch den Energiekreis!

Diese Einsicht war der Ausgangspunkt für die späteren Arbeiten von Lindemann am Energiekreis aus Seide.

1979 stieß Lindemann auf Westlakes Buch »The Pattern of Health«. Die Schilderung der Versuche Eemans durch Westlake beflügelten Lindemann und lieferten ihm den Schlüssel zu eigenen, noch umfangreicheren Versuchen mit seinem eigenen Bioenergiekreis. Es gab also einen nicht-metallischen Stoff, der imstande war, die Lebensenergie weiterzuleiten. Trotzdem war er erst ab 1985 in der Lage, Seiden-Energiekreise von hoher Qualität herzustellen.

Ich merkte erst langsam, daß die Verwendung der Seide etwas ganz anderes im Bioenergiekreis bewirkte, als das, was die bisherigen Energiekreise mit Metall erbrachten. Zuallererst war auffällig, daß die Wirkungen »reiner« waren und subtiler. Wir erkannten, nachdem wir keine Metalle mehr verwendeten, daß Energiekreise aus Seide sowohl tiefere als auch feinere Wirkungen hervorbrachten.

Warum Seide eigentlich als leitendes Medium funktioniert, ist immer noch nicht richtig geklärt; das wichtigste dabei scheint jedoch die besondere Beschaffenheit der Seidenfaser zu sein. Wilhelm Reich kam bei seinen Versuchen zu dem Schluß, daß alle Stoffe in mehr oder weniger ausgeprägter Form die Lebensenergie entweder reflektieren oder absorbieren. Nach diesen Erkenntnissen baute Reich 1940 seine Orgon-Akkumulatoren. Er bezeichnete organische Materialien als absorbierende und Metalle als reflektierende Stoffe. Reflektierende Materialien konnten als Leiter und absorbierende Materialien als Isolatoren der Orgon-Energie gebraucht werden.

Obwohl Seide organischen Ursprungs ist, verhält sie sich doch wie ein Metall und kann die Lebensenergie reflektieren. Der Seidenwurm produziert die Seidenfaser, indem er sie durch eine dreieckige Öffnung herauspreßt. Eigentlich ist die Seide eine Flüssigkeit, die aber sofort fest wird, wenn sie mit der Luft in Berührung kommt. Beim Trocknen entsteht auf diese Weise eine langgestreckte, gleichförmige Faser mit dreieckigem Querschnitt. Die Oberfläche dieser Faser reflektiert sehr gut, was man auch an dem natürlichen Seidenglanz erkennen kann. Dieses Reflexionsvermögen ist wahrscheinlich der entscheidende Grund dafür, warum sich die Seide in dieser Hinsicht wie ein Metall verhält. Dazu sagt Lindemann:

Ich wußte, daß sich jedes Material im Bioenergiekreis anders verhält, und ich habe gemerkt, daß sich sogar jede verschiedene Seidenart im Bioenergiekreis anders anfühlte. Schon die Farbe der Seide machte einen Unterschied. Meine Aufgabe war es nun, eine Seide zu finden, die sich möglichst »neutral« anfühlte, d. h. diejenige herauszufinden, die die Energie am besten leitete und sie dabei am wenigstens veränderte. Schließlich wurde deutlich, daß es sogar eine Rolle spielte, was der Seidenwurm zu fressen bekommen hatte.

Nachdem ich diese Untersuchungen abgeschlossen hatte, merkte ich, daß ich einen wichtigen Schritt vorwärts gekommen war.

Lindemann hat als erster Forscher verschiedene Seiden auf ihre Tauglichkeit für den Bioenergiekreis geprüft. Er brauchte mehrere Jahre dafür, um herauszufinden, welche Seide die Lebensenergie am besten leitete. Die Seidenart, die Farbe und auch die Art des Gewebes, alles war bedeutsam und wirkte sich unterschiedlich aus. Natürlich war es auch wichtig, daß die Seide unbehandelt und nicht chemisch gefärbt war. Als er den Energiekreis dann noch weiter verfeinerte, bemerkte er, daß selbst das Nähmaterial eine Rolle spielte, da es verschiedene Wirkungen hervorbrachte. Er arbeitete mit unterschiedlichen Fasern, Appretierungen, Farben und Isolationsmaterialien. Außerdem fügte er die Seiden zu einer ganzen Reihe unterschiedlich angeordneter Bioenergiekreise zusammen.

Lindemann hat die entscheidenden Vorarbeiten dafür geleistet, daß heute Bioenergiekreise in hoher Qualität überhaupt möglich sind. Westlake regte zur Verwendung von Seide an, und Eeman bestätigte durch seine Experimente Westlakes Vermutung. Aber nur durch Lindemanns Arbeiten wurde es möglich, die Seiden-Energiekreise so zu verfeinern, daß sie auch für bestimmte Experimente zur Verfügung standen. So fußen alle Berichte über Seiden-Energiekreise in diesem Buch ausschließlich auf Erfahrungen, die mit den Exemplaren gemacht wurden, die mir von Peter Lindemann zur Verfügung gestellt worden sind.

Lindemanns symmetrischer Energiekreis

Nachdem Lindemann jahrelang Eemans Anordnung für den grundlegenden Entspannungs-Energiekreis angewendet hatte, merkte er an einem gewissen Punkt, daß er dessen Möglichkeiten ausgeschöpft hatte. Wenn er bessere Wirkungen erzielen wollte, mußte er eine Veränderung im Aufbau des Energiekreises vornehmen. Er fing damit an, andere Möglichkeiten auszuprobieren:

> Ich hatte bemerkt, daß die Energie des Bioenergiekreises sich hauptsächlich an den Fußballen sammelte. Durch das Kreuzen der Beine, wie es Eeman den Leuten vorschrieb, wird zwar ein bestimmter Energiefluß erreicht, dieser war aber gewiß noch nicht optimal. Die wirklichen Kraftzentren des Körpers sind die Schädelbasis, das Kreuzbein, die Handflächen und die Fußballen. Die Wirkungen des Energiekreises, so war meine Überlegung, könnten dadurch verbessert werden, daß man die Kontaktmedien an diese Stellen legte.

Lindemann wollte auch die beste Konstellation für einen »universellen Entspannungs-Energiekreis« finden, der für jeden gleichermaßen optimal sein sollte, ungeachtet seiner oder ihrer individuellen Polarisierung. »Beim ersten universellen Entspannungs-Energiekreis, den ich entwickelte, wurden einmal die beiden Hände, dann die beiden Füße miteinander verbunden, und eine dritte Leitung verband das Kreuzbein mit dem Kopf. Dies war eine Verbesserung gegenüber dem Energiekreis, wie ihn auch noch Powell benutzte, der die Füße nur durch das Kreuzen der Beine in Höhe der Knöchel miteinander verband.«
Die Arbeiten von Eric Powell, dem Erfinder des Autonormalisers, einer Vorrichtung, mit der man Arzneimittel in den Eemanschen Entspannungs-Energiekreis einbringen kann, wurden

von Lindemann intensiv studiert. Powell gebrauchte eine Anordnung, bei der der Kopf mit dem Kreuzbein verbunden wird und die Leitungen von den beiden Händen aus in ein Gerät führen, in dem sich die Substanzen befinden.

Bis zu diesem Zeitpunkt, meinte Lindemann, hatten Eeman, Powell und Westlake immer nur einfach die Beine in Höhe der Knöchel übereinanderlegen lassen. Ich habe eine ganze Reihe von Experimenten gemacht, bei der die Fußballen in den Energiekreis direkt einbezogen wurden. Das erbrachte einen dreifachen Energiekreis. Sobald ich die Fußballen direkt in den Energiekreis einfügte, merkte ich sofort, daß die Energiewirkungen größer wurden.

Ich dachte mir ein Schaltpult aus, mit dem ich alle möglichen Kombinationen von Verbindungen erzeugen konnte, die zwischen den sechs größeren Polen des Körpers (Kopf, Kreuzbein, linke und rechte Hand, linker und rechter Fußballen) möglich sind, und testete damit alle Kombinationen aus. Sehr bald hatte ich herausgefunden, welche Kombination ich bevorzugte. Sie bestand in der Verbindung der Kreuzbeinmatte mit der des Kopfes und in je einer Verbindung von jeder Hand zum jeweils entgegengesetzten Fuß (siehe Abbildung 5).

Dieser universelle, d. h. für alle gleichermaßen anzuwendende Entspannungs-Energiekreis ist genau wie der erste von ihm entwickelte »vollkommen symmetrisch«. Die Anwender brauchen sich also nicht darum zu kümmern, welche speziellen Polaritäten bei ihnen persönlich vorliegen oder welche Unterschiede überhaupt zwischen ihrer linken und rechten Körperhälfte bestehen.

Der universelle Energiekreis ist dem Hand-zu-Hand- und Fuß-zu-Fuß-Energiekreis deshalb überlegen, weil bei letzte-

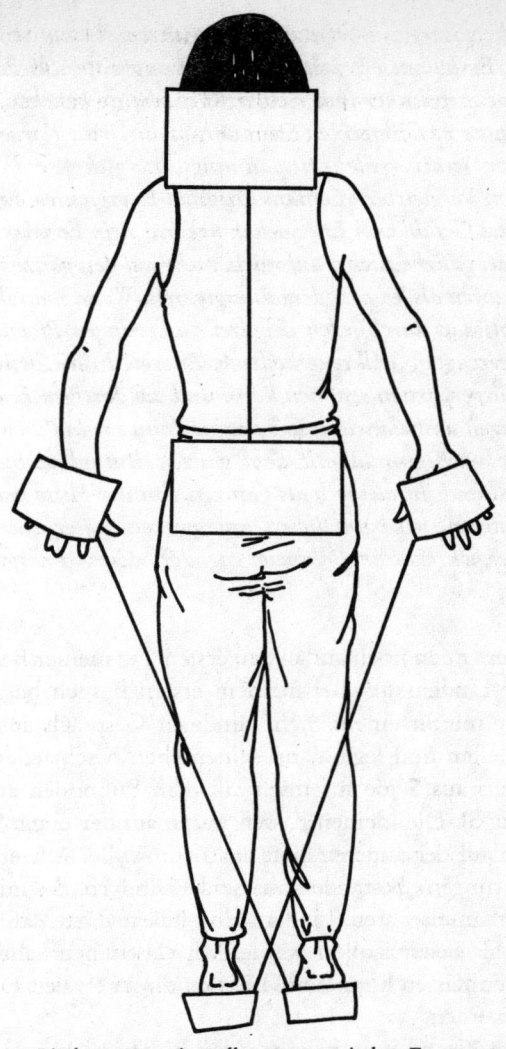

Abbildung 5: Lindemanns universeller, symmetrischer Entspannungs-Energiekreis

*rem die Energie nicht durch den ganzen Rumpf strömen
kann. Er balanciert zwar die Spannungsunterschiede aus,
die zwischen linker und rechter Körperhälfte bestehen, aber
erzeugt keine senkrechten Strömungen durch die Körpermit-
te. Der »universelle Entspannungs-Energiekreis« brachte
auch im Vergleich zu Eemans Original-Energiekreis ein verändertes Gefühl von Energiebalance mit sich. Er wirkt einfach viel ganzheitlicher auf mich, mehr auf den ganzen Körper bezogen als jeder andere Energiekreis. Wenn man davon
ausgeht, daß durch jeden der drei durch diesen Bioenergiekreis erzeugten Teilkreise heilende Energie in die betreffenden Körperpartien strömen kann und die dortigen Energiestörungen ausbalanciert, so ist es hier nun so, daß diese Teil-
ströme noch einmal mit dem ganzen Rumpf verbunden
werden und ihn deshalb als Ganzen von der Mitte her ausbalancieren. Ich habe diesen Energiekreis später auch den
Bioenergiekreis zur Balancierung der »Core«-Energie genannt.*

Ich erinnere mich noch gut an den ersten Tag meiner Begegnung
mit Peter Lindemann. Bei meinem ersten Besuch bei ihm beschrieb er mir in einem mehrstündigen Gespräch ausführlich
seine Arbeiten und legte dann seinen eben beschriebenen Bioenergiekreis aus Seide für mich auf dem Fußboden aus (siehe
Abbildung 5). Die kleinen Kissen waren auf der einen Seite aus
Seide und auf der anderen Seite aus Baumwolle. Alle erforderli-
chen »Leitungen« bestanden aus Seidenbändern, die mit Baumwolle ummantelt waren. Lindemann erklärte dazu, daß dadurch
die Seide als Leiter isoliert werde. Mit elastischen Schnüren an
den kleinen Kissen konnten die Kissen direkt an den Fußballen
befestigt werden.
An diesem Nachmittag habe ich den Bioenergiekreis aus Seide
zum ersten Mal etwa dreißig Minuten lang ausprobiert. Ich hätte

aber leicht noch wesentlich länger in diesem Energiekreis liegen können.

Lindemann gab mir ein Exemplar zur Anwendung des universellen Energiekreises mit nach Hause. Terry und ich experimentierten dann die nächsten Monate damit. Außerdem haben ihn einige unserer Freunde ausprobiert. Wir konnten jetzt also Lindemanns universellen symmetrischen Energiekreis ausprobieren und die beiden von Eeman entwickelten Bioenergiekreise. Jeder meiner Freunde machte ganz eigene Erfahrungen damit. Aber wer sich in welcher Anordnung auch immer mit den Seidenkissen und -bändern befaßte, die Erfahrungen lassen sich so zusammenfassen: Die Seide war in ihren Wirkungen subtiler, sie fühlte sich reiner, frischer und sanfter an.

KAPITEL 3

Die Alchimie von Kupfer und Seide

Theoretisch gäbe es eine große Auswahl an Stoffen, mit denen man einen Bioenergiekreis herstellen könnte. Bis jetzt waren allerdings nur solche Versuche erfolgreich, bei denen entweder Kupfer oder Seide verwendet worden sind. Jeder der beiden Stoffe hat bestimmte Vorteile. Ganz allgemein gesprochen, scheint Kupfer die Lebensenergie auf einer groberen Ebene zu beeinflussen, Seide auf einer feineren. Es kommt auf die speziellen Bedürfnisse des Benutzers an, welches Material für ihn besser ist. Bei mir z. B. ist es so, daß ich für meine tägliche Übung mit dem Bioenergiekreis Seide verwende. Seide hat eine ganze Reihe von Vorteilen gegenüber Kupfer. Ich finde, daß Seide die Lebensenergie reiner und angenehmer weiterleitet als Kupfer. Manchmal merke ich bei der Verwendung von Kupfer auf einer sehr subtilen energetischen Ebene eine gewisse unangenehme Irritation, die bei der Verwendung von Seide nie auftritt. Die Wirkungen des Bioenergiekreises sind darüber hinaus lebendiger, schärfer und reiner. Obwohl der energetisierende Effekt der Seide subtiler ist, ist er dennoch genauso stark.

Andererseits nehme ich, wenn ich die Wirkungen des Bioenergiekreises am meisten brauche, manchmal doch die Geräte aus Kupfer zur Hand, weil deren balancierende Wirkungen stärker und einfach überzeugender sind. Durch Kupfer wird der physische Körper und der relativ grobstoffliche ätherische Anteil der Lebensenergie ausbalanciert. Dieser Teil der Lebensenergie hat sehr direkt mit den körperlichen Prozessen zu tun. Ein Vergleich mit einer Stereo-Musikanlage kann das vielleicht verdeutlichen: Es ist, als ob durch Kupfer die »Bässe« sehr gut und kräftig, dagegen durch Seide die »Höhen« verzerrungsfrei und sauber wiedergegeben würden. Weil die Wirkungen beim Kupfer eindeutiger wahrzunehmen sind, empfehle ich dieses Material meistens allen, die mit dem Bioenergiekreis zu experimentieren beginnen.

Viele Anwender ziehen die feinstofflichen Energien der Seide denen des Kupfers vor. Seide balanciert Störungen auf der emotionalen Ebene genauso gut aus wie solche auf der rein körperlichen oder der energetischen Ebene. Einige Anwender berichten auch, daß sie auch auf der Herzebene wirksamer sei; sie stelle nicht nur die vitalen Lebensenergien wieder her, sondern führe bei ihrer Anwendung auch zu einer größeren emotionalen Offenheit. Eine kleine Gruppe, die bei der Verwendung von Kupfer kaum eine Wirkung verspürt, reagiert sehr positiv auf Seide als Leitungsmaterial.

Seide ist auch sehr gut für eine kontinuierlich tiefergehende Entspannung geeignet. Bei Seide führt der Energieaustausch nicht zu einem bestimmten Punkt, an dem keine Energien mehr ausbalanciert werden, wie dies bei Kupfer der Fall ist. Deswegen ist Seide besonders für Bewußtseinsarbeit geeignet, bei der es um persönliches Wachstum und die Entwicklung medialer Fähigkeiten geht. Ein längerer Aufenthalt im Seiden-Energiekreis ermöglicht eine größere Öffnung den eigenen Gefühlen gegenüber und eine stärkere Entfaltung eigener medialer Kräfte. Weil Seide feinstofflicher wirkt und feinstoffliche Veränderungen die Basis für Umgestaltungen im Grobstofflichen sind, können durch Seide auch eher mehr Dimensionen der Einheit von Körper, Geist und Seele erreicht werden. Das könnte auch der Grund dafür sein, warum einige Anwender, allerdings nicht die Mehrheit, stärkere Wirkungen bei der Anwendung von Seide als bei der von Kupfer spüren.

Nichtsdestoweniger bleibt Kupfer weiterhin für bestimmte Zwecke geeigneter. Es balanciert die Lebensenergien auf der ätherischen Ebene sehr gut aus und wirkt damit direkt auf die körperliche Ebene und das elektromagnetische Energiefeld. Infolgedessen kann es die vitalen ätherischen Körperenergien mit dem physischen Körper in einzigartiger Weise ausbalancieren. Kupfer scheint auch kräftiger die Muster zu beeinflussen, in denen der Körper für gewöhnlich seine Energieströme verteilt. Die Seide wirkt da feiner, sie läßt die grundlegenden Energiemuster des Körpers unangetastet. Die besten Erfahrungen kommen bei Verwendung von Seide dann zustande, wenn der Anwender bewußt mit den Energieströmen umgeht, die durch den Bioenergiekreis erzeugt werden; bei der Verwendung von Kupfer kommt es sehr viel weniger auf die bewußte Präsenz des Anwenders an. Es ist kräftig und unmißverständlich in seinen Wirkungen. Deshalb ist Kupfer so effektiv, selbst dann, wenn jemand mit den erzeugten Energieströmen bewußtseinsmäßig noch nicht umgehen kann oder einfach einmal nicht umgehen will; das bedeutet auch, daß Kupfer hier Wirkungen vollbringt, zu der es bei der Verwendung von Seide nicht kommen würde.

Kupfer bietet also eine sehr kräftige, balancierende Wirkung und stellt Lebensenergie in relativ undifferenzierter und bewußtseinsunabhängiger Ausprägung zur Verfügung. Das ist besonders dann sehr wirkungsvoll, wenn sich jemand von Verletzungen oder von einer akuten Erkrankung erholen möchte. Besonders zu empfehlen ist Kupfer auch allen denjenigen, die gerade damit anfangen, sich mit der Lebensenergie zu beschäftigen und sie zu erspüren. Jemand, der bei der Verwendung von Seide nichts wahrzunehmen vermag, wird eher die Energieströme wahrnehmen, die durch die Verwendung von Kupfer ausgelöst werden.

Bei mir war einmal die Verwendung von Kupfer angebrachter als die von Seide, nachdem ich mich anläßlich einer medizinischen Untersuchung eine Stunde lang dem Energiefeld eines extrem starken Elektromagneten habe aussetzen müssen. Dieser Test hatte mein elektromagnetisches Energiefeld stark durcheinandergebracht. Ich fühlte mich danach nervös und unausgeglichen. Ich hatte mich zuerst in einen Seiden-Energiekreis gelegt, aber die Kraft, die notwendig gewesen wäre, mein stark gestörtes Energiefeld auszubalancieren, kam einfach nicht zustande. Ich wechselte also zu einem Kupfer-Energiekreis in der Eemanschen Anordnung über. Ich blieb in ihm länger als anderthalb Stunden liegen. Das war die längste Zeit, die ich je in einem Kupfer-Energiekreis verbrachte, ohne daß ich irgendeine negative Begleiterscheinung dabei bemerkte. Zu Beginn gab mir der Kupfer-Energiekreis eine große Menge an ätherischer Energie, was zu einer ganz außergewöhnlichen Erfahrung führte, vergleichbar eigentlich nur mit einer großen Seinserfahrung während einer Meditation. Aber der Kupfer-Energiekreis brachte nicht nur dieses intensive Glücksgefühl hervor, sondern stellte auch mein gestörtes Energiegleichgewicht wieder her (wozu der Seiden-Energiekreis zu schwach gewesen wäre), und ich fühlte mich vollständig erholt.

Zusammenfassend kann ich den Kupfer-Energiekreis allen denen, die mit der Bioenergiekreis-Methode beginnen, zur Streßauflösung und zur Tiefenentspannung nur bestens empfehlen. Er ist auch sehr gut geeignet, sensitiver für die Lebensenergie zu werden. Mit diesem Energiekreis können wir die Energien auf der ätherischen Ebene mit dem physischen Körper und seinem elektromagnetischen Energiefeld ausbalancieren. Der Seiden-Energiekreis ist denjenigen zur Streßauflösung und Tiefenentspannung zu empfehlen, die schon sensitiver geworden sind für feinere Energien; er ist sodann geeignet für Menschen, die subtilere Dimensionen ihrer Wahrnehmung entdecken wollen und feinere Energieerfahrungen suchen. Schließlich empfiehlt sich der Seiden-Energiekreis auch in Verbindung mit anderen Methoden, hier besonders bei selbsthypnotischen Verfahren, Visualisation, Meditation, Subliminal-Kassetten, Brain-Machines, außerkörperlichen Erfahrungen u. a.

Irritation oder Stimulation:
Was fühlen wir eigentlich im Energiekreis?

Den Unterschied zwischen Kupfer- und Seiden-Energiekreis sieht Peter Lindemann vor allem in der unterschiedlichen relativen Reinheit der beiden Materialien:

»Bei der Verwendung von Metall ist der Effekt beeindruckender, aber das liegt m. E. auch daran, daß Metall in subtiler Weise eine leicht irritierende Wirkung auf den Körper ausübt. Es ist zum größeren Teil eher diese Irritation als der Fluß der Lebensenergie selbst, die wir im Kupfer-Energiekreis verspüren. Viele Menschen sind noch nicht sensitiv genug, um den Unterschied zwischen Irritation und Stimulation zu erkennen.«

Lindemann spricht hier über einen sehr subtilen Effekt. Die Wirkung des Kupfer-Energiekreises ist jedoch in erster Linie sehr positiv, streßauflösend und nicht irritierend, wie Lindemann selbst sagt. Seine Äußerungen bekommen erst für die Menschen einen Sinn, die schon sensitiver geworden sind.

Lindemann meint, daß der Bioenergiekreis Empfindungen von strömender Lebensenergie — zumindestens teilweise — deshalb hervorruft, weil ein bestimmter Bezugsrahmen für sie hergestellt wird. Der Energiestrom wird also in bezug auf das Strömen der Energie durch die Kupfer- oder Seidenverbindungen wahrgenommen. Weil nun Seide ein reinerer Leiter als Kupfer ist, stellt sie auch einen feineren Bezugsrahmen für die Energie dar, die durch die Seide weniger gestört wird. Infolgedessen sind die Empfindungen während einer Bioenergiekreis-Anwendung bei einem weniger reinen Medium stärker als bei einem reineren.

Lindemann geht davon aus, daß der ungehinderte Fluß der Lebensenergie eigentlich ohne spürbare Symptome vonstatten gehen müßte. Weil die Lebensenergie aber bei niemandem immer völlig störungsfrei fließt, leben wir folglich mit gewissen Imbalancen — zu starke Energiekonzentration oder aber Energiemangel in den verschiedenen Bereichen. Die Imbalancen stellen Hindernisse für die Lebensenergie dar und erzeugen bestimmte Symptome, wenn sie die normalerweise frei fließende Lebensenergie blockieren. Mit dem Bioenergiekreis wird der freie Fluß der Lebensenergie wiederhergestellt. Wo die Blockierungen den Fluß zurückhielten, bewegt sich die Lebensenergie jetzt durch diese Widerstände hindurch. Was wir wahrnehmen, wenn wir im Bioenergiekreis liegen, sind verschiedene Symptome der Blockierung, die die Energie in einer bestimmten Weise verändern. Unser Eindruck, daß da »etwas passiert«, ist die Wahrnehmung der sich wieder bewegenden Lebensenergie, aber immer bezogen auf die vorherigen Imbalancen und Blockierungen.

Ich habe schon oft festgestellt, daß ich im Bioenergiekreis genau dann am wenigsten bemerkte, daß da »etwas passiert«, wenn ich mich rundherum gut und ausgeglichen fühlte; eine Beobachtung, die mir von vielen anderen bestätigt worden ist. Die wirklichen Verbesserungen in Richtung größere Ausgeglichenheit und Wohlbefinden mögen jedoch genauso groß oder sogar noch größer gewesen sein. Die Energie fließt dann ohne meine bewußte Wahrnehmung, aber störungsfrei, und kann dadurch meine Lebensenergie auch auf feinstofflicheren Ebenen harmonisieren und verstärken.

Diese Beobachtung führt zu einer interessanten Frage. Einige fühlen überhaupt nichts, wenn sie das erste Mal in einem Bioenergiekreis liegen. Kommt das daher, weil sie dem Fluß der Lebensenergie gar keine oder nur sehr geringe Widerstände entgegensetzen? Vielleicht, aber sehr wahrscheinlich ist dies nicht. In den meisten Fällen sind die betreffenden Personen noch nicht feinfühlig genug, um ihre eigenen Blockaden wahrzunehmen. Ich habe beobachtet, daß die meisten Menschen erst ein bestimmtes Maß an Empfindsamkeit für die Lebensenergie entwickeln mußten (genauso erging es mir auch). Dann erst werden die »Symptome« bzw. Widerstände spürbar.

Seide: Die perfekte Welle

Weil mit Seide tiefere und zeitlich ausgedehntere Erfahrungen im Bioenergiekreis möglich sind, zieht Peter Lindemann sie Kupfer vor.

Ähnlich wie Eeman beobachtete er, daß der Energiefluß im Bioenergiekreis immer wieder an- und abschwellend verläuft, bevor er schließlich ganz aufhört. Eeman nahm an, die Energie würde sich durch den Bioenergiekreis in »Wellen« bewegen. Patienten, die in einem kooperativen Energiekreis zusammengeschlossen waren, reagierten spontan und gleichzeitig auf diese »Wellen« freigesetzter Energie, »als ob sie ein und dem selben Einfluß (unterlägen), der für sie von außen zu kommen schien und sich doch ganz eindeutig in ihnen selbst vollzog«.[1] Eeman bemerkte dazu, daß diese »Wellen« sich zuerst in Richtung auf einen entspannteren und schlaffördernden Zustand hinbewegten und später zu »muskulären Kontraktionen und zum Erwachen« führten.

»Mit der Seide«, meint Lindemann, »wird die Wirkung abwechselnd mal stärker und mal schwächer, aber sie hört nie ganz auf. Es gibt Zeitabschnitte größerer und geringerer Intensität, die sich anscheinend zyklisch wiederholen, aber ich habe es noch nie erlebt, daß der Effekt völlig zum Stillstand gekommen wäre.«

Der Grund für diesen Unterschied, so glaubt Lindemann, besteht darin, daß der Körper selbst irgendwann einmal zu dem Schluß kommt, es entstünden jetzt durch die Kupfergeräte zu viele nachteilige Effekte im Verhältnis zu ihrer Entspannungswirkung, und den Energiefluß stoppt, während er es bei der Verwendung von Seide niemals für nötig befindet, den Energiestrom anzuhalten, weil die nachteiligen Wirkungen von Seide zu gering sind. Lindemann meint, daß diese Argumentation die sub-

[1] Eeman: »Cooperative Healing«, S. 184

jektive Empfindung erklärt, warum es beim Kupfer-Energiekreis irgendwann ein »Ende« gibt, mit Seide dagegen nicht.

Der menschliche Körper ist einerseits Quelle der Lebensenergie, andererseits gibt es Blockaden gegen den freien Fluß der Energieströme im Körper. Der Bioenergiekreis unterstützt den Energiefluß, und das führt im Inneren des Körpers zu einem geringeren Widerstand gegen diesen Fluß. Wenn dieser Widerstand unter das Niveau gesunken ist, das die Kupfergeräte ermöglichen, wird der Energiekreis unterbrochen, und die Wirkungen hören auf.

Dies braucht bei Verwendung von Seide sehr viel mehr Zeit — und es hat meines Wissens nach noch niemand gegeben, der so lange im Bioenergiekreis aus Seide gelegen hätte, daß dies eingetreten wäre. Lindemann: »Das ist meine eigene Hypothese, aber sie wird dadurch bestätigt, daß ich von allen Leuten, die ich mit Seiden-Energiekreisen versorgt habe, immer wieder höre, daß die Wirkungen bei Seide tatsächlich nicht zu einem Ende kommen.«

In dem Kasten auf Seite 94 gibt es noch einen weiteren Erfahrungsbericht zu Kupfer- und Seiden-Energiekreisen.

Die Beobachtungen eines medial begabten Heilers

Ich war neugierig darauf, wie jemand, der Energieströme »sehen« kann, die unterschiedlichen Auswirkungen von Kupfer und Seide im Bioenergiekreis beschreiben würde. Besonders interessant fand ich, was ein Hellsichtiger zu den sehr subtilen Auswirkungen bei der Anordnung mit Seide gegenüber der eher groben Kraft bei Verwendung von Kupfer sagen würde. Ich fand jemanden, der das »zweite Gesicht« hat, und bereitete ein Experiment vor.

Der in Budapest geborene Thomas Hirsch ist mit einer ungewöhnlichen Seherkraft begabt. Durch jahrelange Übungen, zeitweise unter Anleitung eines Lehrers, hat er diese Fähigkeiten in einem hohen Maß entwickelt. In den letzten fünf Jahren hat

Die Erfahrungen eines
Bioenergiekreis-Anwenders mit Kupfer und Seide

Ich arbeite seit ungefähr zwanzig Jahren mit spirituellen Techniken und habe mich besonders intensiv mit speziellen Übungen aus dem Yoga beschäftigt, bei denen Energie durch den Körper geleitet wird. Dabei setze ich den Bioenergiekreis aus Kupfer ein, um die körperliche und psychische Entspannung vor der Meditation zu erhöhen. Ich habe herausgefunden, daß die Bioenergiekreis-Methode für meinen Zweck am hilfreichsten ist und am schnellsten wirkt.

Durch meine langjährigen Erfahrungen mit Körper-Geist-Integrationsmethoden und höheren, über den physischen Körper hinausgehenden feinstofflichen Prozessen wurde mir klar, daß die Verwendung des Kupfer-Energiekreises den menschlichen Körper in ein ausbalancierteres Verhältnis zu dem Feld von ätherischer Lebensenergie bringt, das ihn umgibt. Der Kupfer-Energiekreis hilft dabei, Verkrampfungen und Blockaden der Energie aufzulösen. In ziemlich kurzer Zeit erreicht er dann eine Energiebalance, und das funktioniert so gut wie immer. Infolgedessen gehören die Bioenergiekreise zu den besten und nützlichsten Hilfsmitteln, die ich kenne. Wenn ich sie anwende, erfahre ich jedesmal eine tiefe und langdauernde körperliche und geistige Entspannung.

Kürzlich habe ich den Seiden-Energiekreis benutzt. Ich fand die Qualität der Seide viel subtiler als die von Kupfer; verglichen mit ihr wirkt Kupfer auf einer gröberen Ebene. Ich finde die Seide auch transparenter in ihren Wirkungen. Seide fügt von ihrer eigenen Qualität nicht soviel hinzu, wie das bei Kupfer der Fall ist.

— Hal Okun, Melbourne, Australien

er als Heiler zusammen mit seiner Frau Kathleen in San Rafael in Kalifornien gearbeitet. Kathleen, eine ausgebildete Akupunkteurin und Heilerin, erfühlt Energiestörungen durch die Pulsdiagnose und behandelt sie durch Einstechen von Akupunkturnadeln entlang bestimmter Energiemeridiane. Thomas hilft ihr dabei, indem er beobachtet und mitteilt, wie sich das Energiefeld des Patienten während der Behandlung nach und nach verändert.

Ich fragte Thomas, ob er Terry und mich während einer Bioenergiekreis-Anwendung beobachten könne, um zu sehen, wie sich die Energieströme verändern.

Zuerst lag ich im Kupfer-Energiekreis, und zwar im optimalen Energiekreis nach Eeman. Thomas beobachtete und beschrieb jede Veränderung in meinem Energiekörper, vor, während und nach der Sitzung. Dann legte sich Terry in einen Seiden-Energiekreis nach Lindemann, während Thomas wieder die Veränderungen beobachtete.

Bei den Kupfer- und bei den Seidenmatten bemerkte Thomas jeweils drei Phasen. Die erste Phase dauerte etwa fünf bis acht Minuten und war durch eine Verstärkung der Imbalancen in den Energiefeldern gekennzeichnet. Die Energie existierte in chaotischen Wirbeln und ließ keinerlei Anzeichen von Gleichförmigkeit erkennen.

In der zweiten Phase, die etwa nach zehn Minuten begann, kam ein ganz ausgeprägter Polarisationseffekt zustande. Thomas sah, wie sich die Energie an beiden Körperenden in Wirbeln um den Kopf und um die Füße herum ansammelte, wobei die Taille ungefähr den Mittelpunkt bildete. Thomas beschrieb dann »stehende Wellen« oder Energiewellen senkrecht über dem liegenden Körper mit einer Länge von zwei Metern oder etwas mehr.

In der abschließenden dritten Phase bemerkte Thomas eine gewaltige Kraftwelle. Die starken Störungen des Energiefeldes wurden allmählich immer schwächer. Der Körper schien wie auf einer ganz ruhigen Oberfläche, vergleichbar einer stillen Wasserfläche, zu liegen. Thomas beschrieb, daß wir in dieser Phase von allen äußeren elektromagnetischen Störungen abgeschirmt waren, was vielleicht das gute Gefühl erklärt, das man nach dieser dritten Phase hat.

Es gab zwischen Kupfer und Seide ganz bestimmte Unterschiede. Bei der Verwendung von Kupfer beschrieb Thomas die Energie als »grünlichblau« und die Wirkungen als deutlich mechanischer und eng umrissen. Die Seide sei für höhere oder feinere Energieformen besser leitend. Die Farbe der Energie beschrieb er dabei als bläulichweiß. Der Übergang in die zweite Phase wäre hier nicht einfach eine mechanische Polarisation. Er sei begleitet von einem Gefühl der Wärme und Leichtigkeit. Thomas erwähnte auch, daß sich die Energie durch die Seide anmutiger bewege, so als ob sie bewußter und weniger mechanisch sei und mehr in Kontakt mit ihrem eigenen Bewegungsfluß stünde. Die Veränderungen, die beim Eintritt in die dritte Phase stattfänden, wären bei der Seide noch sehr viel stärker als bei Kupfer. Der Wechsel in die dritte Phase finde hier auch auf einer höherfrequenten Energieebene statt. Der Seide entspreche eine feinstofflichere Energieform, während die Energie, die durch die Kupferleitungen fließe, auf einer eher groben und mehr mechanischen Ebene wirke. Dies war eine Bestätigung meiner eigenen Beobachtung, wonach Kupfer besser für die gröberen und mehr mechanischen Blockaden geeignet war, die Seide im Gegensatz dazu mehr für Bewußtseinsarbeit, allgemeine Balancierung bzw. Entspannung und zur Arbeit an emotionalen Blockaden gewählt werden sollte.

Die beiden Materialien sind auch von Jack Schwarz verglichen worden. Er hat sich in den letzten dreißig Jahren mit den Energiesystemen des Menschen und der bewußten Kontrolle von normalerweise unbeeinflußbaren Körperfunktionen beschäftigt und gilt als einer der besten Kenner auf diesem Gebiet. Seine eigenen paranormalen Fähigkeiten sind in der Menninger Foundation, am neuropsychiatrischen Institut Langley-Porter und am Stanford Research Institute untersucht worden. Im großen und ganzen stimmen seine Beobachtungen mit denen von Thomas Hirsch überein. Er stellte fest, daß der Kupfer-Energiekreis eine einfacher zu beobachtende Energie leite, die auf einer groberen Ebene angesiedelt sei, und daß deshalb ihre balancierenden Wirkungen einfacher zu bemerken seien. Die Wirkungen der Seide könnten jedoch, gerade weil sie auf einer feinstofflicheren Ebene wirkten, letztlich größer sein als die von Kupfer.

Einige Bemerkungen von Thomas Hirsch zur Bioenergiekreis-Methode insgesamt seien hier noch wiedergegeben: Er beobachtete, daß der Bioenergiekreis eine geschlechtliche Differenzierung begünstige — damit ist gemeint, daß durch die besonders tiefe Entspannung auch die Energie eindeutiger männlich oder weiblich werde. Des weiteren bemerkte Thomas, daß ein Energiekreis nur die vorhandene Energie ausbalanciere, und keinerlei neue Energie in das System hineingelange.[*]

Aus all dem, so Thomas Hirsch, werde deutlich, warum die Anwendung des Bioenergiekreises bei Störungen des Nervensystems, wie z. B. bei Schlaflosigkeit, nervöser Reizbarkeit und nervlich bedingten Verspannungen so nützlich sei.

Thomas bestätigte voll meine eigenen Beobachtungen und die anderer, wenngleich ich damals und auch heute noch einige weitere Unterschiede zwischen den beiden Bioenergiekreisen feststellen konnte, über die Thomas damals nichts gesagt hatte. Obwohl er meint, daß sich die für ihn sichtbaren Energien in den beiden Energiekreisen in fast gleicher Weise bewegen, erzeugen

---

[*] Dieser Kommentar bezieht sich nur auf einen einfachen Energiekreis. Wir haben weder mit dem Einbringen von Medikamenten in den Energiekreis noch mit kooperativen Energiekreisen gearbeitet, und Thomas räumte ein, daß es bei einem kooperativen Energiekreis ohne weiteres denkbar sei, daß die Teilnehmer hier zusätzliche Energien aufnehmen könnten.

die unterschiedlichen Anordnungen doch ganz bestimmte, für mich eindeutig unterscheidbare Empfindungen. Thomas' Beobachtungen erwiesen sich insgesamt als sehr genau. Sie erbrachten eine zusätzliche Bestätigung für die Wirksamkeit der Energiekreise. Er hatte über sehr einleuchtende und interessante Einzelheiten berichtet, die deutlich machten, wie die Bioenergiekreise die für ihn sichtbare Lebensenergie beeinflussen können.

KAPITEL 4

Praktische Hinweise: Auswahl, Herstellung und Benutzung eines Bioenergiekreises

Von allen Bioenergiekreis-Anordnungen, die in den letzten sechzig Jahren ausprobiert worden sind, sind besonders zu empfehlen:

1. Lindemanns universeller und symmetrischer Energiekreis
2. Der optimale Entspannungs-Energiekreis nach Eeman
3. Der allgemeine Entspannungs-Energiekreis nach Eeman.

Der Lindemann-Energiekreis

Der Lindemann-Energiekreis wirkt sehr stark auf den ganzen Körper. Er balanciert die Lebensenergie im ganzen Körper aus, sowohl von oben nach unten als auch von der linken zur rechten Seite. Er kann in gleicher Weise zur Entspannung wie zur Energetisierung gebraucht werden, weil er den Balancierungsbedürfnissen Ihres Körpers in beiden Fällen nachkommt. Ich finde ihn besonders geeignet für die Herstellung des Zustandes einer wachbewußten Trance, der für eine tiefergehende Arbeit und für Visualisierungsübungen nötig ist.

Weil es sich um einen »universellen« Entspannungs-Energiekreis handelt, ist die Handhabung für alle die gleiche, ungeachtet der Körperpolarisierung der einzelnen Person. Aus der Abbildung 6 kann man die drei Teile dieses Energiekreises ersehen: Der erste Teil verbindet die Wirbelsäulenbasis mit der Schädelbasis. Die anderen beiden Teile verbinden die Hände mit dem jeweils gegenüberliegenden Fuß — die linke Hand mit dem rechten Fuß

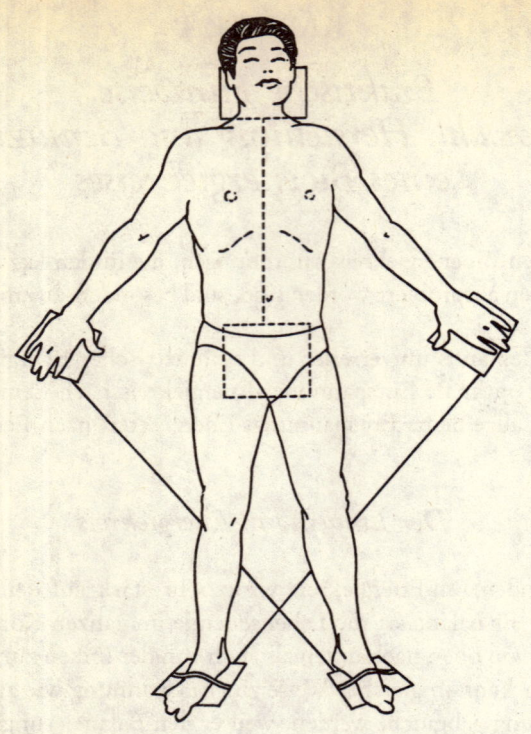

Abbildung 6: Lindemanns universeller und symmetrischer Energiekreis

und die rechte Hand mit dem linken Fuß. Zur Herstellung eines guten Kontakts werden die kleinen Kissen an den Füßen mit einem elastischen Band befestigt.

Ich wende diesen Energiekreis meistens mit Seidenkissen an. Natürlich sind die weichen Seidenkissen einfacher an den Fußballen zu befestigen als die Kupfermatten oder -platten. Aber dieser Energiekreis funktioniert auch sehr gut mit Kupfer.

Der Lindemann-Energiekreis wirkt gleichzeitig energetisierend, beruhigend und harmonisierend. Unter den drei wichtigsten

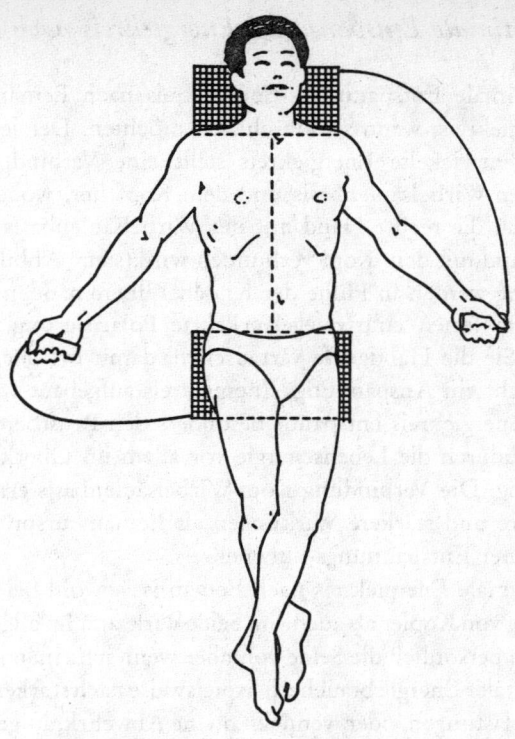

Abbildung 7: Der optimale Energiekreis nach Eeman

Bioenergiekreisen bezieht er als einziger die Füße mit ein. Dadurch wird eine sehr erdende Wirkung hervorgerufen und andererseits ermöglicht, daß der Bioenergiekreis im ganzen Körper gespürt werden kann. Die Empfindung einer Energetisierung und senkrechten Ausrichtung die ganze Wirbelsäule hindurch bis zu den Füßen hinunter ist eine ganz einzigartige und typische Erfahrung, die mit diesem Energiekreis möglich wird.

Der optimale Entspannungs-Energiekreis nach Eeman

Der optimale Entspannungs-Energiekreis nach Eeman ist der Bioenergiekreis, wenn sie einschlafen möchten. Der letzte von Eeman entwickelte Energiekreis stellt eine Verbindung zwischen der Wirbelsäulenbasis und dem Kopf her, wobei außerdem noch die rechte Hand mit der Wirbelsäulenbasis und die linke Hand mit dem Kopf verbunden wird (siehe Abbildung 7). Die Beine werden in Höhe der Knöchel übereinandergelegt.

Wenn bei Ihnen eine spiegelverkehrte Polarisierung vorliegt, müssen Sie die Handgriffe vertauschen, damit bei der Anwendung nicht ein Anspannungs-Energiekreis aufgebaut wird.

Dieser Energiekreis entspannt besonders den Brustbereich und bringt dadurch die Lebensenergie vor allem im Oberkörper in Bewegung. Die Verbindung Kopf-Wirbelsäulenbasis ermöglicht schnellere und stärkere Wirkungen als Eemans ursprünglicher allgemeiner Entspannungs-Energiekreis.

Der optimale Energiekreis nach Eeman ist sowohl bei der Verwendung von Kupfer als auch von Seide wirksam. Im allgemeinen ziehe ich persönlich die Seide vor, aber wenn ich einen kräftigen Schub vitaler Energie brauche, beispielsweise nach starken psychischen Belastungen, oder wenn ich meine Abwehrkraft gegen eine körperliche Krankheit, die sich schon in bestimmten Symptomen manifestiert hat, erhöhen will, dann benutze ich Kupfer.

Der allgemeine Entspannungs-Energiekreis nach Eeman

Der allgemeine Entspannungs-Energiekreis wird für einen milderen Bioenergiekreis-Effekt oder eine völlige Oberkörperentspannung ohne die zusätzliche Intensivierung durch die Rückgratverbindung gebraucht. Er wird sehr erfolgreich als Einschlafhilfe angewendet, besonders dann, wenn der optimale Energiekreis nach

Eeman als zu stark empfunden wird. Einige Anwender, die mit bestimmten Yoga-Techniken die Energie in der Wirbelsäule zirkulieren lassen können, empfinden fast nie einen Unterschied zwischen den beiden Eemanschen Versionen. Für die meisten anderen Anwender ist der allgemeine Energiekreis nach Eeman eine schwächere, langsamere und weniger direkte Version des optimalen Energiekreises. Wie in Abbildung 8 zu sehen ist, fehlt hier die Verbindung zwischen Kopf und Wirbelsäulenbasis bei sonst identischer Anordnung. Bei beiden Energiekreisen werden die Beine in Höhe der Knöchel gekreuzt. Personen mit spiegelverkehrter Polarisierung müssen dies hier wieder genauso berücksichtigen wie bei dem optimalen Energiekreis. Für diesen Bioenergiekreis können Seide oder Kupfer verwendet werden.

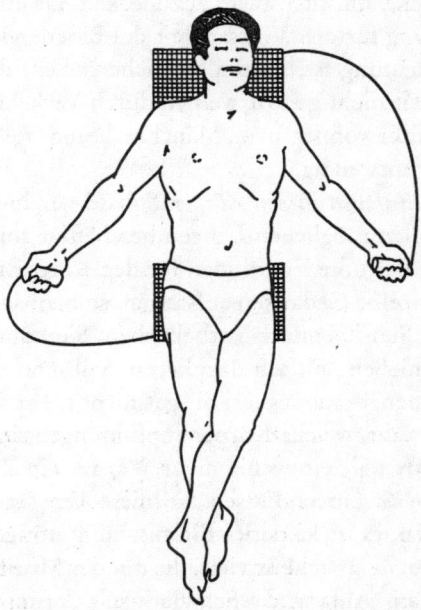

Abbildung 8: Der allgemeine Entspannungs-Energiekreis nach Eeman

Hinweise für die Anwendung des Bioenergiekreises

1. Sich ganz entspannen. Der Schlüssel für eine optimale und effektive Anwendung des Bioenergiekreises liegt in der Entspannung der willkürlich beeinflußbaren Muskulatur. Je tiefer Sie sich entspannen, um so effektiver wird die Bioenergiekreis-Methode wirken können. Es besteht keine Notwendigkeit für Sie, irgend etwas zu »tun«. Entspannen und Geschehenlassen lautet die Devise. Der Energiekreis selbst wird Ihnen bei der Entspannung sehr helfen, aber Sie sollten dabei mitwirken, wenn Sie eine wirklich tiefe Entspannung erreichen wollen.

Machen Sie es sich auf dem Boden, einem Bett, auf einer Couch oder in einem Lehnstuhl bequem. Benutzen Sie Kissen oder auch eine Decke, um sich warm zuzudecken. Da eine tiefgehende Entspannung für die Wirksamkeit des Bioenergiekreises von zentraler Bedeutung ist, sollten Sie sicherstellen, daß Sie während dieser Zeit nicht gestört werden durch Verkehrslärm, Telefonanrufe, Mitbewohner usw. Manchmal sind vielleicht sogar Ohrschützer notwendig.

2. Spürsames Einleben in den Körper. Sobald wir in unseren Gedanken mit allen möglichen Dingen beschäftigt sind, tendieren wir dazu, das bewußte Empfinden für den Körper zu verlieren. Wenn also einzelne Gedanken aufsteigen, so beobachten Sie diese und lassen Sie sie einfach vorbeiziehen. Sie können es mehr und mehr genießen, einfach dazuliegen. Selbst wenn noch Gedanken kommen, es interessiert Sie gar nicht mehr. Nehmen Sie nur spürsam wahr, welche Körperempfindungen sich einstellen. Vielleicht spüren Sie ein wenig mehr Wärme, ein Ziehen, Kribbeln oder ein Strömen. Lassen Sie diese Empfindungen von selbst kommen, es ist keinerlei Einmischung nötig.

3. Erwartungen loslassen. Für viele, die mit der Meditation beginnen, besteht am Anfang die Schwierigkeit darin, vorurteilslos wahrzunehmen und sich nicht in den Ablauf des Geschehens mit Beurteilungen einzumischen. Das gilt auch für die Bioenergiekreis-Methode. Wenn sie im Bioenergiekreis liegen, meinen einige dann entweder, es nicht zu schaffen, weil sich bestimmte Vorstellungen nicht erfüllen, oder sie glauben weiter fortgeschritten zu sein, als es in Wirklichkeit der Fall ist. Beides führt zu Irritationen. Lassen Sie statt dessen den Prozeß sich von selbst und ganz natürlich entwickeln. Nehmen Sie mit wachem Bewußtsein fühlsam wahr, was geschieht.

4. *Auch auf leiseste Empfindungen achten.* Die Reaktionen im Bioenergiekreis werden möglicherweise anfangs noch überaus sachte und noch nicht so klar und deutlich wahrzunehmen sein. Lassen Sie die Feinfühligkeit für die subtileren Vorgänge sich langsam entwickeln. Nehmen Sie spürsam auch die leisesten Empfindungen wahr, Empfindungen, die Sie vielleicht bisher vernachlässigt haben. Oft ist das im Bioenergiekreis Erspürte und Erlebte zunächst auch ganz undramatisch, das ist in Ordnung. Nehmen Sie in feinempfindender Weise wahr, was geschieht, dann wird sich auch die feinkörperliche Erfahrung mit der Zeit vertiefen.

5. *Verwenden Sie höchstens dreißig Minuten.* Nehmen Sie sich für jede Bioenergiekreis-Anwendung zwischen fünfzehn und dreißig Minuten Zeit. Zur Ausbalancierung sind mindestens zehn bis zwanzig Minuten nötig. Durch längere Anwendungen — vor allem bei Verwendung von einem Kupfer-Energiekreis — kann es zu einer Unterspannung und Schwächung des Körpersystems kommen, obwohl andererseits in besonderen Fällen eine Anwendung von bis zu einer Stunde angebracht sein kann. Wenn Sie sich wirklich durch einen zu langen Aufenthalt im Energiekreis geschwächt fühlen sollten, werden einige Minuten im Anspannungs-Energiekreis dies wieder ausgleichen (siehe auch Anhang II) können.

Oft wird das Durchströmtsein mit Energie als ein wellenförmiger Vorgang erlebt, wobei der Energiestrom zunächst anschwillt und dann wieder abnimmt. Mit jeder Welle vertieft sich diese Energieerfahrung. Die meisten Anwender bemerken beim Kupfer-Energiekreis ein deutliches Ende dieses Zyklus. Wenn das der Fall ist, sind normalerweise keine weiteren Wirkungen mehr zu erwarten. Bei der Verwendung von Seide endet die Wellenerfahrung dagegen normalerweise nie, und Sie müssen selbst entscheiden, wann Sie aufhören möchten.

6. Die Bioenergiekreis-Wirkung bewußt unterstützen. Der Bioenergiekreis ist ein sehr effektives Mittel zur Entspannung und Streßauflösung. Sie können die Wirkungsweise der Bioenergiekreis-Methode sehr gut unterstützen, wenn Sie bewußt auf Ihre Lebensweise achten. Sind beispielsweise körperliche Unruhe oder Verspannungen auf erhöhten Alkohol- oder Kaffeekonsum oder darauf, daß Sie etwas »Falsches« gegessen haben, zurückzuführen, dann kann auch die Bioenergiekreis-Methode das nicht ungeschehen machen. Sie können allerdings die Effektivität des Bioenergiekreises verstärken, wenn Sie Faktoren, wie die oben genannten, mitberücksichtigen. Sie erreichen so einen noch tieferen Entspannungszustand, und die Wirkung von Visualisierungen oder Affirmationen ist stärker.

Das sollten Sie noch beachten

1. Der Energie-Effekt kann durch Ihre Kleidung hindurchgehen. Der direkte Hautkontakt mit den leitenden Medien ist also nicht nötig. Weil der Bioenergiekreis auf der Ebene Ihres »Energiekörpers« wirkt, können die Seidenkissen oder Kupfermatten auch wenige Zentimeter von der Haut entfernt sein. Der Bioenergiekreis balanciert alle Energien aus, die durch den Körper hindurchgehen und ihn umgeben. Manchmal plaziere ich bei der Verwendung von Seide die Kissen direkt auf meiner Haut, um den Bioenergiekreis-Effekt zu verstärken, obwohl es eigentlich nicht nötig ist. Sie sollten bei einem Lindemann-Bioenergie-kreis keine Schuhe tragen.

2. Einige Menschen haben eine spiegelverkehrte Polarisierung.
Nach vielen Tausenden von Behandlungen mit dem Bioenergiekreis stellte Eeman fest, daß etwa ein Prozent derer, die er behandelt hatte, spiegelverkehrt polarisiert waren — das bedeutet: Bei ihnen hatten die linke Hand und der Kopf dieselbe Ladung (positiv oder negativ), ebenso die rechte Hand und die Kreuzbeingegend. Wenn sie mit dem Bioenergiekreis arbeiteten, entstand statt eines Entspannungs- ein Anspannungs-Energiekreis.* Menschen mit spiegelverkehrter Polarisierung sollten einfach die Handgriffe vertauschen und die rechte Hand mit dem Kopf und die linke Hand mit der Basis der Wirbelsäule verbinden. Die Möglichkeit einer spiegelverkehrten Polarisierung spielt bei der Bioenergiekreis-Anwendung nur dann eine Rolle, wenn Sie mit einem der beiden Eemanschen Energiekreise arbeiten. Wenn Sie den symmetrischen Energiekreis nach Lindemann anwenden, spielt die Polarisierung keine Rolle.

Anmerkung: Linkshänder haben normalerweise keine spiegelverkehrte Polarisierung im oben ausgeführten Sinne. Wenn Sie Linkshänder sind, besteht keine Veranlassung dazu, aus diesem Grund einen der Eemanschen Energiekreise (oder den Lindemann-Energiekreis) zu verändern. Die meisten Linkshänder haben eine durchgehend entgegengesetzte Polarisierung, das heißt, bei ihnen sind alle Ladungen entgegengesetzt polarisiert im Vergleich zu Rechtshändern. Infolgedessen wird bei der Einzelanwendung der Bioenergiekreis-Methode auf jeden Fall ein Ent-

---

* Interessanterweise, so ist bei Eeman zu lesen, hatten sich viele dieser Menschen wegen endokriner Störungen behandeln lassen müssen. Er bemerkte außerdem, daß sich nach nur vier halbstündigen Anwendungen in der Energiekreisanordnung, die für sie richtig war, die Polarisierung bei den meisten dieser Probanden normalisierte.

spannungs-Energiekreis aufgebaut. (Die Linkshänder müssen ihre durchgehend entgegengesetzte Polarisierung jedoch dann berücksichtigen, wenn sie sich zusammen mit Rechtshändern in einen kooperativen Energiekreis legen wollen.)*

Anwendungsbeispiele

Im folgenden finden Sie einige Anwendungsbeispiele für die Bioenergiekreis-Methode.

- *Vor dem Schlafengehen:* Ich wende einen der beiden Eemanschen Energiekreise meistens direkt vor dem Zubettgehen an. Wenn ich dann langsam einschlafe, ziehe ich den Bioenergiekreis unter mir weg; andernfalls wache ich nämlich meistens kurze Zeit später wieder auf und muß ihn dann entfernen. Ich tue das, um nicht die ganze Nacht auf dem Bioenergiekreis schlafen zu müssen.
- *Nach der Arbeit.* Fünfzehn bis dreißig Minuten Energiekreisanwendung nach der Arbeit ist für viele Anwender normalerweise ausreichend, um sich dann erfrischt und energetisiert den abendlichen Aktivitäten zuzuwenden.
- *Kurzschlaf.* Die Energiekreisanwendung zwischendurch ermöglicht eine tiefe Erholung in kurzer Zeit. Uns liegen Berichte von Geschäftsleuten vor, die den Kupfer-Energiekreis für einen Kurzschlaf am Nachmittag nutzen. Danach fühlen sie sich völlig regeneriert und sind wieder sehr produktiv.
- *Nach einem Flug.* Legen Sie sich nach einem Flug entweder noch am gleichen Tag mehrmals in den Bioenergiekreis oder einmal am gleichen Tag und einmal am folgenden. Bei mir

---

* Die mit Linkshändigkeit im Energiekreis und in kooperativen Energiekreisen einhergehenden Fragen werden im 12. Kapitel ausführlicher dargestellt.

wirkt das immer sehr belebend und harmonisierend. Einige wenden den Bioenergiekreis auch sehr gerne nach ausgedehnten Autofahrten an.

- *Die Wahrnehmung der feineren Energien.* Der Bioenergiekreis hilft die Sensitivität für die ätherischen und feineren Energien zu wecken. Ein besseres Gespür für die feineren Energien zu bekommen, ist für jeden Menschen sehr hilfreich, insbesondere für diejenigen, die meditieren oder mit dem feinstofflichen Körper arbeiten, beispielsweise bei Heilungen oder Massagen.
- *Das innere Potential entdecken.* Die Bioenergiekreis-Methode kann auch mit anderen Ansätzen, die persönliches Wachstum und eine Aktivierung der inneren Entwicklungsmöglichkeiten zum Ziel haben, verbunden werden. Sie erhöht die Wirksamkeit von Visualisierungsübungen, Affirmationen und Subliminal-Programmen. Außerdem ist es mit der Bioenergiekreis-Methode möglich, emotionale Störungen und tiefliegende Blockierungen zu lösen.
- *Weitere Anwendungsmöglichkeiten.* Die Bioenergiekreis-Methode wird häufig zur Vorbereitung auf eine Meditation oder eine Yoga-Übung benutzt; sie kann auch eingesetzt werden zur Steigerung der Abwehrkraft bei Krankheiten und bei allergischen Reaktionen, aber auch zur Vorbereitung auf größere körperliche Anstrengungen, wie z. B. einen Langlauf oder ein Radrennen. Sobald Sie ein Gespür für die Wirksamkeit der Bioenergiekreis-Methode entwickelt haben, werden Sie genau wissen, wann Ihnen der Bioenergiekreis guttut.

Eine wirkungsvolle Methode zur Streßauflösung

Der Bioenergiekreis ist ein ganz ausgezeichnetes Mittel zur Streßauflösung. Idealerweise sollte der Gebrauch des Bioenergiekreises Teil eines Programms für eine ausgeglichenere Lebensweise sein. Der Bioenergiekreis ist kein Allheilmittel gegen Streß. Wir müssen bei Streß auch den Einfluß von Ernährung, Arbeitsbedingungen, Schlafgewohnheiten und sozialen Beziehungen berücksichtigen.

Trotzdem ist die Bioenergiekreis-Methode hervorragend geeignet, akut vorhandenen Streß wirkungsvoll aufzulösen, was allein schon eine große Hilfe bedeutet.

So kann die Bioenergiekreis-Methode zu verschiedenen Tageszeiten zur Streßauflösung eingesetzt werden:

1. Während des Tages; als eine Möglichkeit, Streß im Körper zu verringern, sich tief zu entspannen oder einen Kurzschlaf zu halten.
2. Am Ende des Arbeitstages, als eine Möglichkeit zu tiefgehender Entspannung und Verminderung des psychophysischen Stresses, der aus der täglichen Arbeit resultiert.
3. Vor dem Schlafengehen, um einschlafen zu können.
4. Nach dem Aufstehen morgens, als eine Möglichkeit, sich vor den Tagesaktivitäten auszubalancieren und zu zentrieren. Interessant ist auch, daß durch die Anwendung des Bioenergiekreises den Erfahrungen vieler Anwender zufolge ein tiefer Nachtschlaf möglich wird, auch wenn die Anwendung nicht direkt vor dem Zubettgehen stattfindet.

Verspannungen und Streßsymptome können mit vielen Faktoren zusammenhängen, wie z.B. Koffein, Alkohol, zu reichhaltiges Essen, Medikamente, allergische Reaktionen und Schmerzen nach körperlichen Verletzungen. Die Bioenergiekreis-Methode vermag natürlich diese sehr realen chemischen bzw. physikalischen Einflüsse nicht einfach wegzuzaubern, und manchmal können diese Faktoren auch die Wirkungen des Bioenergiekreises direkt beeinträchtigen. Normalerweise ist es jedoch so, daß der Bioenergiekreis hilft, ein besseres Gespür für die eigenen Verspannungsmuster zu entwickeln.

Mir selbst passierte es, daß ich im Bioenergiekreis lag und nach zu hohem Kaffeekonsum völlig »aufgedreht« war. Trotzdem entspannte ich mich, soweit es mir möglich war, und der Bioenergiekreiseffekt setzte auch spürbar ein. Ich ging in einen wachbewußten Trancezustand, war ruhig und mit wachem Bewußtsein in dieser Trance. Aber die aufwühlende Wirkung des Koffeins war immer noch in meinem Körper zu spüren. Auf der einen Seite fühlte ich mich völlig entspannt, auf der anderen war ich sehr »aufgedreht«. Ich probierte es deshalb mit einer Visualisierung, bei der ich mir vorstellte, wie mein Herzschlag und meine Nerven sich entspannten und langsam ruhiger wurden. Ich stellte mir vor, wie das Koffein von meinem Körper schnell ausgeschieden wurde und sich meine Körperenergien wieder ausbalancierten. Nach und nach kam es dann nur durch dieses Vorstellungsbild dazu, daß die Wirkung des Koffeins merklich nachließ.

Wenn jemand erschöpft ist und sich im Zustand nervöser Anspannung befindet, kann die Anwendung des Bioenergiekreises eine tiefe Umstimmung im Organismus zur Folge haben. Nicht selten schläft dann die betreffende Person in einer einzigen Nacht zehn bis vierzehn Stunden lang sehr tief.

Mein persönlicher Umgang mit Streß geht über eine akute Streßauflösung hinaus. Ich wende die Bioenergiekreis-Methode regelmäßig an, um meine Energiesensitivität zu erhöhen, mich besser zu integrieren und um die leichteren Formen von Streß, die sich im Laufe des Tages angesammelt haben, wieder abzubauen.

- *Körperhaltung.* Die Abbildungen in diesem Buch geben eine Haltung wieder, in der die Person flach auf einer Unterlage liegt. Arme und Beine sind gerade und völlig ausgestreckt. Das ist nicht erforderlich. Es ist auch möglich, den Bioenergiekreis in einem Sessel, dessen Oberteil nach hinten verstellbar ist, oder auch in einem aufrechten Stuhl mit einer Kopfstütze anzuwenden. Sie können auch auf dem Rücken liegen und ihre Knie dabei anwinkeln und aufrichten. Wenn Sie einen der Energiekreise von Eeman anwenden, sollten Sie auch die Fußstellung variieren, indem Sie die Knie anwinkeln und sie dann nach außen fallen lassen. Dann bringen Sie entweder die Fersen bzw. die Fußsohlen gegeneinander, oder Sie kreuzen die Füße dabei. Es ist wichtig, daß Sie sich in der eingenommenen Stellung wohl fühlen und vollständig entspannen können.

- *Reinigung der Geräte.* Die Bioenergie eines Menschen hinterläßt unsichtbare feine Spuren im Bioenergiekreis. Diese Rückstände sollten von Zeit zu Zeit entfernt werden. Es gibt drei effektive Methoden zur Reinigung:

  Für Seide: Geben Sie Ihren Bioenergiekreis für zehn bis fünfzehn Minuten in einen Wäschetrockner, der auf »Kaltluft« bzw. »Knitterschutz« eingestellt ist. Benutzen Sie auf keinen Fall eine Einstellung, die das Material erwärmt, weil dadurch die Seidenfasern beschädigt werden können.

  Für Seide und Kupfer: Legen Sie den Bioenergiekreis eine Stunde lang in die Sonne; drehen Sie ihn nach einer halben Stunde um. (Achten Sie darauf, daß Ihr Seiden-Bioenergiekreis dabei nicht naß wird.)

  Für Kupfer: Spülen Sie Ihren Kupfer-Energiekreis einige Minuten mit fließend kaltem Wasser ab.

- *Wenn Sie Ihren Bioenergiekreis ausleihen.* Weil der Bioenergiekreis sich mit Ihrer Energie auflädt und sich dabei an Ihre Körperschwingungen anpaßt, sollten Sie ihn normalerweise nicht ausleihen. Wenn Sie es dennoch tun, sollten Sie ihn vor erneutem Gebrauch reinigen.

- *Das Waschen des Seiden-Energiekreises.* Beachten Sie sorgfältig die Waschanleitungen, wie sie für Seide gelten. Die Seidenfaser kann leicht beschädigt werden.

1. Wenden Sie bei Seide niemals Hitze an, weil dies die Fasern zerstört. Waschen Sie die Seide in lauwarmem Wasser und lassen Sie diese dann an der Luft ohne direkte Sonneneinstrahlung oder im Wäschetrockner mit dem Programm »Kaltluft« (oder »Knitterschutz«) trocknen. Benutzen Sie ein nicht erwärmtes Bügeleisen.

2. Behandeln Sie Seide so, wie Sie Ihr Haar behandeln, beides besteht aus Protein. Naturshampoos sind deshalb ein gutes Reinigungsmittel auch für Seide. Aber achten Sie darauf, die Seide nach dem Waschen gründlich auszuspülen. Es sollten keinerlei Waschmittelrückstände in Ihrem Bioenergiekreis verbleiben.

Kauf oder Herstellung Ihres Bioenergiekreises

Bei der eigenen Herstellung bzw. beim Kauf eines Bioenergiekreises sollte genau überlegt werden, welches Material Sie verwenden wollen. Anstelle eines Bioenergiekreises aus Kupfer können auch andere Metalle verwendet werden, vorausgesetzt, sie sind nicht giftig (giftig sind z. B. Blei, Aluminium und Quecksilber). Der besondere Charakter des jeweils verwendeten Metalls sollte genau berücksichtigt werden. Andere Metalle, die nach unserer Erfahrung geeignet sind, wären reiner Kohlenstoff, nichtrostender Stahl, Bronze (eine Legierung aus Kupfer und

Zinn), Messing (besteht aus Kupfer und Zink), Zinn und Eisen. Einige Bronze- und Messinglegierungen können etwas Aluminium enthalten, seien Sie deshalb bitte vorsichtig damit. Es ist wichtig, daß kein Lotblei und keine Aluminiumnieten für die Montage verwendet werden.

Wenn Sie einen Seiden-Energiekreis herstellen möchten, sollten Sie beachten, daß die Art der ausgewählten Seide Auswirkungen auf die Qualität der mit dem Energiekreis gemachten Erfahrungen hat. Wichtig sind unter anderem die Webart, die Farbe und die Appretierung (Glättung) der Seide. Sie können mit verschiedenen Seidenarten experimentieren, um die für Sie beste Seide zu finden.

Für Ihren Seiden-Energiekreis sollten Sie entweder ein weißes oder naturbelassenes Fabrikat wählen, wenn Sie nicht einen speziellen Effekt mit einer bestimmten Farbe erzielen möchten (theoretisch kann die Seide für Ihren Bioenergiekreis jede Farbe haben). Wir empfehlen Ihnen, alle Gewebe, die Sie verwenden wollen, vor der Verarbeitung auszuwaschen.

Materiallisten und Anleitungen

Der optimale Entspannungs-Energiekreis nach Eeman in Kupfer:

○ Zwei rechteckige Stücke enges Kupfermaschengeflecht. Jedes etwa 13×15 cm (oder ersatzweise Kupferplatten)
○ Drei Stränge isolierter Kupferleitung, jeweils 120 cm lang
○ Zwei Stücke Kupferrohr mit einem Durchmesser von 2 cm und einer Länge von 10 cm
○ Silberlot zum Verlöten der Kupferleitungen
○ Vier Endstopfen aus Plastik (passend für die Kupferrohre)
○ Vier isolierte Kabelschuhe (mit »Ringzunge«), möglichst aus Kupfer, zum Aufquetschen, ersatzweise aus Messing.

○ Vier (Pop)nieten aus Kupfer, eventuell mit Unterlegscheiben zur Verstärkung, ersatzweise vier Maschinenschrauben mit Muttern und Unterlegscheiben aus Kupfer.

○ Baumwollnähgarn, Baumwollstoßband und vier kleine Läppchen Baumwollstoff (für die Anschlußstellen)

Befestigen Sie die Kupferleitung an den Handgriffen, indem Sie die auf zwei Zentimeter abisolierten Enden der Leitung durch eine Bohrung im Stopfen führen, durch das Kupferrohr ziehen und mit dem anderen Stopfen im Kupferinnenrohr verklemmen. Zusätzlich können Sie, z. B. durch einen Knoten, am Kabel eine Zugentlastung anbringen.

Zur Befestigung des Kabels an der Kupfermatte nieten Sie die Ringzunge des Kabelschuhs mit den (Pop)nieten auf das Kupfergeflecht. Zur Verstärkung legen Sie, wenn Sie Popnieten verwenden, eine Kupferscheibe unter. Statt der Nieten können Sie auch die Maschinenschrauben aus Kupfer verwenden und damit den Kabelschuh an der Kupfermatte befestigen. Abschließend führen Sie das abisolierte Kabelende in die Quetschverbindung ein und drücken deren Flanken um das Kabel zusammen (am besten mit einer Quetschverbinderzange). Übernähen Sie jede Anschlußstelle mit dem Garn und einem Stück Baumwollstoff. Zum Schluß können Sie noch das Stoßband um die Matten herum nähen, damit Sie sich nicht am Rand der Matte verletzen. Sehen Sie bitte auf Abbildung 7 nach, an welchen Stellen die Matten mit den Leitungen verbunden werden müssen. Um optimale Verbindungen herzustellen, können Sie die Leitungen auch zusätzlich mit Silberlot verlöten (bleifrei!).

Das so hergestellte Gerät kann nur für den optimalen Entspannungs-Energiekreis nach Eeman verwendet werden. Wenn Sie alle drei Energiekreise mit Kupfer ausprobieren möchten, empfehlen wir Ihnen, eine Anordnung der Matten aus Kupfer zu bauen, die wie der auf der nächsten Seite beschriebene Seiden-Energiekreis nach Lindemann aufgebaut ist.

Der Seiden-Energiekreis nach Lindemann:

○ Sechs quadratische Flanelläppchen (100% Baumwolle, weiß), jedes von der Größe 15×15 cm

○ Sechs quadratische Seidenläppchen (100% weiße, hochwertige Seide), jedes von der Größe 15×15 cm

○ 3,60 m weißes Naht- oder Schrägband (100% Baumwolle) in drei gleiche Teile zu je 1,20 m geteilt

○ 3,60 m weißes, 1 cm breites Seidenband (100% reine Seide) in drei gleiche Teile zu je 1,20 m geteilt

○ Zwei Streifen weißes Nahtband (100% Baumwolle, 20 mm breit) zu 12 bis 15 cm Länge (der Fußgröße entsprechend)

○ Weißes Nähgarn (100% Baumwolle)

Nähen Sie aus dem Baumwollschrägband drei Tunnel zu 1,20 m Länge, durch die die drei Seidenbänder gezogen werden. Diese sind Ihre drei »Kabel«. Nun fertigen Sie die Stoffpölsterchen, indem Sie jeweils ein Flanelläppchen mit einem Seidenläppchen verstürzen. An zweien der Pölsterchen können Sie beim Nähen zwei Lücken aussparen, um die Fußriemen später mitzufassen. An jedem Kabelende befestigen Sie ein Stoffpölsterchen. Fassen Sie beim Schließen der Pölsterchen das jeweilige Kabel so mit, daß das inwendige Seidenband guten Kontakt mit dem Seidenläppchen hat. Die Fußriemen werden nun nach Maß in die zuvor ausgesparten Lücken gesteckt und festgesteppt (s. Abb. 6).
Sie haben damit den kompletten Seiden-Energiekreis nach Lindemann. Mit den drei Segmenten des Seiden-Energiekreises können Sie auch den allgemeinen und den optimalen Entspannungs-Energiekreis nach Eeman bauen. Für den optimalen Energiekreis legen Sie zusätzlich zu den beiden Segmenten, die bereits linke Hand und Kopfbereich bzw. Wirbelsäulenbasis und rechte Hand verbinden, als drittes Segment das Verbindungsstück zwischen Kopf und Wirbelsäulenbasis aus.

II

---

*Der Bioenergiekreis und
die Wahrnehmung
der feineren Energien:
Gesundheit — Lebensfreude —
Wachbewußte Trance*

KAPITEL 5

Der Substanz-Energiekreis

Arzneimittel, Heilkräuter oder andere Substanzen können in Energiekreise eingeschaltet werden, um das Energiefeld des Körpers direkt zu beeinflussen. Eeman entdeckte diese Möglichkeit zuerst, andere Forscher entwickelten diese Methode weiter bis hin zu Lindemann, der sie noch erheblich verfeinerte.*

In naher Zukunft werden sich Lindemanns Überlegungen vielleicht als sehr wichtig erweisen für Heiler und im Gesundheitsbereich Tätige. Sie können auch bei sich zu Hause schon heute einfache Substanzen problemlos und effektiv in einen Kupfer-Energiekreis einbringen und diese Methode praktisch nutzen.

Eemans Experimente mit Medikamenten

Eeman stieß zu Beginn seiner Forschungen mit kooperativen Energiekreisen auf eine Fülle von unerwarteten Phänomenen. Ende 1927 konnte Eeman im Lichte von immer mehr Testergebnissen einen ersten wichtigen Zusammenhang formulieren: Wenn bei einer Person im kooperativen Energiekreis ein »anormaler physischer Faktor« vorliegt, werden die anderen Teilnehmer in ähnlicher Weise reagieren.

Eine angetrunkene Person im kooperativen Energiekreis verursachte bei den anderen das Gefühl, selbst leicht angetrunken zu sein. Wenn eine Frau zur Zeit ihrer Menopause teilnahm und an

---

* Siehe Kapitel 11, in dem Lindemanns jüngste Arbeiten vorgestellt werden, besonders die Abschnitte »Der Energiekreis ist ein Informationsträger«, »Das Übertragen von Schwingungsinformationen« und »Gespräche mit der DNS«.

aufsteigender Hitze litt, konnten auch die anderen die auf- und abschwellenden Hitzewellen verspüren. Ein gesunder Mensch konnte einem fiebernden dabei helfen, sein Fieber zu senken, und umgekehrt merkte der gesunde eine Temperaturerhöhung in seinem eigenen Körper. Wenn sich in einem Energiekreis jemand befand, der gerade von einer bestimmten Krankheit genesen war, und ein zweiter, der gerade darunter litt, dann fiel die Temperatur eher und schneller, als wenn mit dem Kranken nur Gesunde zusammengeschlossen waren, deren Immunsystem diese Krankheit nicht abgewehrt hatte, so als ob der Genesene auf den Kranken wie ein Impfserum wirkte. Dies brachte Eeman auf die Idee, sich selbst gegen eine Krankheit impfen zu lassen und sich dann mit einem Patienten, der an eben dieser Krankheit litt, in einen gemeinsamen Energiekreis zu legen. Diese Methode drängte die Symptome der Krankheit tatsächlich zurück.

Der Energiefluß im Bioenergiekreis war also in der Lage — das mußte jedenfalls vermutet werden —, ganz verschiedenartige Einflüsse zu übertragen. Eeman stellte die Hypothese auf, daß alle Personen im Bioenergiekreis eine Art gemeinsamer Trägerwelle in den Bioenergiekreis sandten. Wenn diese Welle durch einen »anormalen Faktor« beeinflußt wurde, der durch besondere Umstände im Körper einer bestimmten Person im Bioenergiekreis hervorgerufen worden war, konnte dieser die gesamte Energie in dieser Richtung beeinflussen. Die anderen Teilnehmer des kooperativen Energiekreises bekamen dies dann zu spüren.

Alles, was in einen Energiekreis eingebracht wurde, so vermutete Eeman, konnte die an einem Bioenergiekreis teilnehmenden Personen mit seiner speziellen Frequenz erreichen, egal ob es sich um einen Vorgang im Körper eines der Teilnehmer oder um etwas Äußerliches handelte. Um dieser Vermutung nachzugehen, dachte sich Eeman etwas Neues aus. Er hatte wiederholt den Effekt mit Fieberpatienten erlebt, deren Temperatur nach einer Bioenergiekreis-Anwendung mit ihm zusammen bis auf einen bestimmten Punkt zurückgegangen war und sich dort stabilisierte, egal wie lange er sich mit den Patienten später noch im Energiekreis zusammenschloß. Nach ein paar Minuten pflegte z. B. die Temperatur von etwas unter 40° auf etwas unter 39° C zu fallen und dort stabil zu bleiben. Aber jetzt veränderte Eeman die Anordnung; er legte sich nicht mit in den Bioenergiekreis, sondern schnitt den Kupferdraht an einer Stelle durch und steckte die Enden in ein Glas mit in Wasser aufgelöstem Aspirin. Nach wenigen Minuten sank die Temperatur auf unter 38° C! Dieses Experiment war das erste seiner Art, das bewies, daß Medikamente oder andere Substanzen im Bioenergiekreis ähnlich wirksam sind wie bei der oralen Einnahme.

Beim ersten Zusammentreffen von Maby und Eeman 1936 wurde auch die Möglichkeit von kontrollierten Experimenten mit Medikamenten besprochen. Mabys bisherige Erfahrungen mit wissenschaftlichen Methoden und Instrumenten wären für die Durchführung solcher Tests eine unschätzbare Hilfe gewesen. Aber erst 1940 konnten die ersten dokumentierten Tests mit Medikamenten durchgeführt werden, da Maby noch in anderen Projekten engagiert war.

Die erste Testreihe mit verschiedenen Testsubstanzen fand an einem Wochenende im April 1940 in Mabys Haus in Bourton-on-the-Hill statt. Eeman und Maby hatten dafür einen Stuhl konstruiert, der einen Bioenergiekreis mit einer Vorrichtung verband, durch die auf einfache Weise verschiedene Substanzen eingebracht werden konnten. Maby bestand auf einer leichten Elektrisierung des Bioenergiekreises, da er meinte, die Ergebnisse würden dadurch deutlicher werden. Obwohl Eeman das Argument dagegensetzte, daß schon sein eigenes biologisches Energiefeld eine ausreichende »Trägerwelle« erzeugen würde und auch schon eine geringe Elektrifizierung die Wirkungen der Medikamente überlagern könnte, willigte er schließlich ein, weil sie zu einem späteren Zeitpunkt zusätzlich nicht-elektrische Experimente durchführen wollten.

Eeman selbst war bei diesen ersten Experimenten die Testperson. Er beschrieb genau, was er jeweils bei dem Einbringen der für ihn unbekannten Medikamente verspürte. In allen Fällen stimmte seine Beschreibung mit den Wirkungen überein, die durch eine orale Einnahme des ausgewählten Medikaments zu erwarten gewesen wären. Beflügelt durch dieses Ergebnis, beschlossen sie, sich bald wieder für die Durchführung einer neuen Testreihe zu treffen.

Durch die Ereignisse des Zweiten Weltkriegs konnten allerdings die verabredeten Zusammentreffen zwischen Eeman und Maby für einige Zeit nicht mehr stattfinden, was sich jedoch im nachhinein als eine glückliche Fügung erwies, denn in der Zwischenzeit machte Eeman die Bekanntschaft mit einem Pharmaziestudenten, der sich für Eemans Arbeiten begeisterte. Im Bioenergiekreis verabreichte Eeman ihm hintereinander zehn verschiedene Medikamente, ohne irgendeinen Hinweis darauf zu geben, worum es sich handelte. Jedes Medikament blieb für zwei Minuten im Energiekreis. Während dieser Zeit beschrieb der Student seine Empfindungen. Nach jedem Medikament zeigte Eeman ihm das jeweilige Etikett und fragte ihn: »Hätten Sie von diesem Medikament die von Ihnen erfahrenen Wirkungen erwartet?« In den ersten neun Fällen erwiderte der Student »Ganz genau!«, und Eeman war begeistert.

Aber beim letzten Medikament im Energiekreis war Eeman sehr enttäuscht. Die Beschreibungen waren dem genau entgegengesetzt, was Eeman erwartet hätte. Es handelte sich um Koffein, und der junge Mann beschrieb nur, daß er friedfertig und ruhig geworden wäre. Als ihm Eeman das Etikett mit den Worten zeigte: »Nun, das ist es wohl nicht gerade, was Sie von dieser Substanz erwartet hätten«, wurde der junge Pharmakologe seinerseits sehr aufgeregt und erwiderte, daß es im Gegenteil ganz genau die Wirkung wäre, da er eine »paradoxe Reaktion« auf Koffein zeige und dieses immer beruhigend auf ihn wirke. Für den Pharmakologen war dieser letzte Test der überzeugendste, weil seine Reaktionen genau entgegengesetzt zu den Erwartungen Eemans waren, was jeden Gedanken an eine Suggestion ausschloß.[1]

Der Pharmakologe verabredete mit Eeman daraufhin, ihm eine größere Auswahl von Medikamenten zu schicken. Kurze Zeit darauf erhielt Eeman ein Paket mit achtundzwanzig verschiedenen Fläschchen, jedes mit einem oder zwei Buchstaben versehen. Der Pharmakologe half Eeman dabei, eine objektive Versuchsanordnung zu entwickeln, bei der jedes Medikament von Eeman und Mary Cameron und einige von Maby getestet wurden. Das Medikament verblieb mindestens zwei Minuten lang im Energiekreis, in einigen Fällen auch bis zu fünf Minuten, wenn so schnell keine Wirkungen zu spüren waren (siehe Ab-

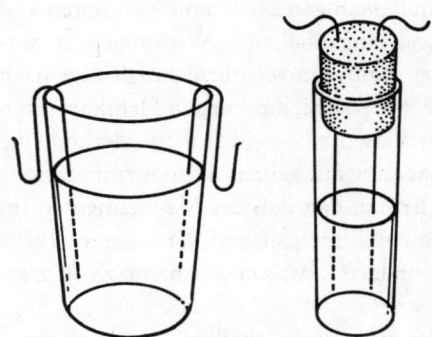

Abbildung 9: Eemans einfache Methode bei der Einbringung von Medikamenten in den Entspannungs- Energiekreis. Das Medikament wurde entweder in Wasser aufgelöst, oder die Probe wurde verdünnt, und die beiden Drähte wurden mit den Leitungen verbunden, die zu den Kupferplatten führten.

[1] Eeman: »Cooperative Healing and Reaction of the Human Body to the Frequencies of Drugs«, S. 14

bildung 9). Die einzelnen Namen der Medikamente waren Eeman und Cameron nicht bekannt. Nur der Pharmakologe wußte Bescheid. Er hatte außerdem einige Medikamente dazugegeben, deren Wirkung er auch nicht genau kannte, um jeden telepathischen Effekt auszuschließen!

Während mehrerer Wochen wurden einundsiebzig Blindversuche von Eeman, Cameron und Maby in der beschriebenen Weise durchgeführt. Dabei wurden sowohl die Aussagen der getesteten Person als auch die Anmerkungen des jeweiligen Beobachters vermerkt. Das gesamte Material wurde daraufhin an den Pharmakologen gesandt. Erst nachdem die Testreihe in dieser Weise abgeschlossen war, informierte der Pharmaziestudent Eeman, welche Medikamente er ihnen geschickt hatte und wie weit die Reaktionen der Testpersonen mit den bekannten Wirkungen der Medikamente übereinstimmten.

Erstaunlich war, daß die Reaktionen sehr nahe und manchmal ganz genau bei den erwarteten Wirkungen lagen, die man durch orale Applikation erreichte. Die wenigen Abweichungen schienen dadurch erklärlich, daß einige Tests zu kurz hintereinander ausgeführt worden waren und die Reaktionen auf die Stoffe sich dadurch verwischt hatten. Bei einigen Medikamenten waren ausgesprochen eindeutige und langanhaltende Wirkungen zu verzeichnen; besonders Mary Cameron verspürte einige Tage nach den Tests noch zahlreiche Symptome, die von den Medikamenten herrührten, was allen Beteiligten bewies, daß diese Methode die Wirksamkeit eines Medikaments in keiner Weise verminderte.

Zusammenfassend legte Eeman dar, daß bei Medikamenten im Bioenergiekreis im allgemeinen die gleichen Wirkungen erzielt werden können wie bei oraler Gabe, mit Ausnahme von zwei Punkten:

1. Die Reaktionen fanden immer innerhalb von zwei Minuten statt — sehr viel schneller, als es meist bei einer oralen Einnahme der Fall ist.

2. Die Wirkungen waren stärker. Die gegebenen Dosen lagen alle bei weniger als einem Zehntel einer vorgeschlagenen Normaldosierung für Erwachsene. In einigen Fällen wurden die verringerten Dosen auch noch auf vier oder mehr Erwachsene aufgeteilt. Die Wirkungen, die dann innerhalb von zwei Minuten durch die energetische Übertragung ausgelöst wurden, waren trotzdem so stark wie bei einer vollen Dosierung für einen Patienten.

Eric Powell und der Substanz-Energiekreis

Die Bedeutung der obigen Versuche lag klar auf der Hand: Wenn dem Körper allopathische Medikamente mit Hilfe des Bioenergiekreises zugeführt werden konnten, dann war damit zu rechnen, mit Naturheilmitteln genauso gute Wirkungen zu erzielen. Der erste Arzt, der sich für seine Patienten die Erkenntnisse von Eeman zunutze machte, war Aubrey Westlake. Der Homöopath Eric Powell verbesserte jedoch durch seine eigenen Versuche die Methode Eemans am meisten. Eric Powell entwarf einen Substanz-Energiekreis, den er »Autonormaliser« nannte. Mit diesem Gerät wurde die Einbringung von Stoffen in den Energiekreis sehr vereinfacht.

Powell, der mit Homöopathie und Radionik eine Heilpraxis betrieb, hatte den optimalen Eemanschen Energiekreis in seiner Praxis schon jahrelang benutzt, um seine Patienten zu entspannen. In seiner Praxis bewährte sich die Anwendung vor allem bei der Therapie von Schlaflosigkeit, Bauchschmerzen, Verdauungsstörungen, Erschöpfungszuständen und bei mentalen Problemen, die durch Übererregtheit, Ruhelosigkeit und starke Gefühlsschwankungen gekennzeichnet waren.

Als Powell von den Medikamentenversuchen Eemans erfuhr, begann er mit eigenen Experimenten. Seine Erfahrungen deckten sich mit denen von Eeman dahingehend, daß die Wirkungen bei der Eingabe in den Energiekreis schneller eintraten, als wenn die Medikamente eingenommen worden wären. Powell führte das auf den reineren Weg der Anwendung zurück, denn im Energiekreis konnte die Substanz durch nichts in ihrer Wirksamkeit gestört werden. Oral eingenommene Medikamente müssen durch verschiedene chemische Prozesse hindurchgehen, ehe sie vom Körper aufgenommen werden können, und mögliche Beeinträchtigungen ihrer Wirksamkeit sind die Folge.

Homöopathische Arzneien sind für Beeinträchtigungen durch Verunreinigungen oder Antidotierung durch orale Aufnahme besonders anfällig, bis hin zur Wirkungslosigkeit. Powell kam zu der Ansicht, daß diese negativen Effekte durch die Eingabe in den Entspannungs-Energiekreis vermieden werden konnten. Die Medizin erreichte den Körper direkt als feinstoffliche Schwingung, da keinerlei Verdauung oder Assimilation zu ihrer Aufnahme notwendig war. Homöopathische Behandlung fußt auf der Anwendung extrem geringer Dosen von Substanzen, die in größerer Dosierung genau jene Krankheitssymptome hervorrufen würden, gegen die die Arznei gerichtet ist. Extrem verdünnte Wirkstoffe heilen genau diese Symptome; entsprechend lauten die zwei wichtigsten Grundsätze der Homöopathie »Gleiches heilt Gleiches« und »weniger ist mehr«.

Powell entwarf den Substanz-Energiekreis, um die Eingabe homöopathischer Substanzen in den Bioenergiekreis zu vereinfachen. Später wurde dieses Gerät von Bruce Copen, einem hervorragenden Forscher und Neuerer auf den Gebieten der Homöopathie und der Radionik, noch weiter verbessert. Sowohl Powell wie Copen gebrauchten das Gerät jahrelang sehr erfolgreich in ihren privaten Praxen und stellten es auch für den Verkauf her. Obwohl er das Gerät nicht länger vertreibt, ist Bruce Copen immer noch voll und ganz von der Effektivität des Eemanschen Entspannungs-Energiekreises und des Substanz-Energiekreises überzeugt.

Ein Vorteil des Substanz-Energiekreises war die leichte Handhabung. Der Apparat bestand aus einem einfachen Energiekreis, der an einen Kasten angeschlossen wurde, in dem ein austauschbares Gefäß mit der gewünschten Arznei stand. Zu den ursprünglich zwei Leitungen bei Eeman kam noch eine dritte hinzu, die er erdete, weil er davon ausging, daß durch die Erdenergie noch zusätzliche Heilkraft beigesteuert wurde. Außerdem benutzte er eine etwas andere Anordnung als Eeman. Wie in Abbildung 11 zu sehen ist, sind die Matten unter dem Kopf und der Wirbelsäu-

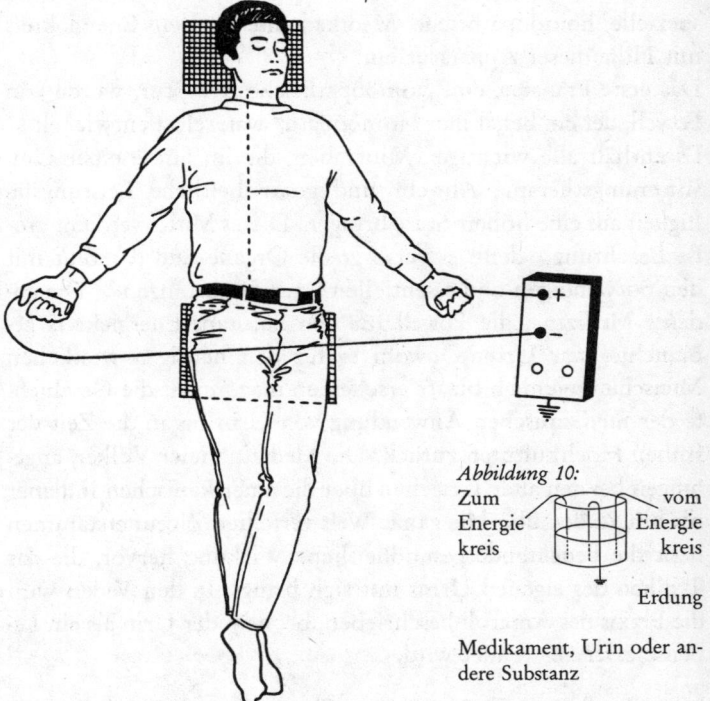

Abbildung 10:
Zum Energie kreis — vom Energie kreis

Erdung

Medikament, Urin oder andere Substanz

Abbildung 11: Substanz-Energiekreis (Autonormaliser) nach Eric Powell. Rechts unten ist das Gefäß, das im Autonormaliser steht, vergrößert abgebildet.

lenbasis miteinander verbunden, während die Hände über Handgriffe mit zwei Anschlüssen des Apparates verbunden sind. Alle drei Leitungen enden in dem Gefäß, das mit reinem Wasser gefüllt ist und in dem das Medikament zur Auflösung gebracht wird.

Powell gebrauchte seinen Substanz-Energiekreis vor allem für zwei bestimmte, medizinisch sehr wirkungsvolle Präparate: erstens für ein Arzneimittel, das er speziell für den allgemeinen Gebrauch entwickelt hatte, und zweitens für den Urin der betreffenden Person. Außerdem schaltete er gelegentlich Zellsalze und spezielle homöopathische Medikamente in den Energiekreis mit Hilfe dieser Apparatur ein.

Das erste Präparat, eine homöopathische Rezeptur, wurde von Powell, der ein bekannter Homöopath* war, selbst entwickelt. Es enthält alle wichtigen Mineralien, die im Sinne einer Umstimmungstherapie Abwehr und gesundheitliche Leistungsfähigkeit auf eine höhere Stufe bringen. Dieses Mittel verdient große Beachtung, »denn es versorgt die Organe und das Blut mit den notwendigen und essentiellen Energiesubstanzen«.[2] Die andere »Medizin«, die Powell für den Substanz-Energiekreis gebrauchte, war Urin. Obwohl es für den heutigen westlichen Menschen reichlich bizarr erscheinen mag, reicht die Geschichte der medizinischen Anwendung von Urin bis in die Zeit der frühen Hochkulturen zurück. Die Medizin vieler Völker, angefangen bei den alten Griechen über die amerikanischen Indianer bis hin zu den über die ganze Welt verteilten Zigeunerstämmen hebt die bedeutende gesundheitliche Wirkung hervor, die das Trinken des eigenen Urins mit sich bringt. In den Veden wird die Praxis des Amaroli beschrieben, bei dem der Urin als ein Lebenselexier verwendet wird.

* Eric Powells Buch »The Natural Home Physician« war ein Klassiker auf dem Gebiet der Homöopathie; es ist auch heute noch erhältlich und weit verbreitet.
[2] Powell: »Healing by Auto-Induction«, S. 12—13

Urin enthält eine Menge Hormone, Mineralien, Vitamine und Enzyme, die vom Körper normalerweise ausgeschieden werden, bei oraler Einnahme jedoch wie ein Stärkungsmittel wirken sollen. Auch heutzutage wird Urin erfolgreich angewendet. Er soll eine weite Palette von Krankheiten erfolgreich heilen, z. B. Herz- und Nierenbeschwerden, Erkältungen, Unregelmäßigkeiten bei der Menstruation und Fieber. Die Wirkung ist aus homöopathischer Sicht folgendermaßen erklärbar: Urin ist in seiner Zusammensetzung direkt von den Körpervorgängen abhängig. Er enthält sehr geringe Mengen all der Toxine, die bei Störungen und Schwächen des Körpers produziert und ausgeschieden werden. Wenn Urin oral eingenommen wird, wirken diese geringen Giftmengen wie eine homöopathische Rezeptur, die diese Störungen lindert oder heilt. Deswegen wird Urin auch als eine vom Körper selbst hergestellte homöopathische Rezeptur angesehen.

Die meisten Menschen finden allein die Vorstellung, den eigenen Urin zu trinken, abstoßend, so daß diese Idee nicht so richtig populär wurde. Powell meinte, dieses Problem gelöst zu haben, indem er den Urin einfach über den Bioenergiekreis verabreichte. Dadurch konnte der Körper mit den heilenden feinstofflichen Schwingungen des Urins über den Energiekreis in Kontakt kommen. Er war sich sicher, daß dieses Vorgehen wirksamer sei, als den Urin wirklich zu trinken.

Lindemanns Farbenexperimente

Eeman und Powell haben bei ihren Experimenten mit Medikamenten ein wichtiges Prinzip entdeckt: der Entspannungs-Energiekreis kann feinstoffliche Schwingungsinformationen in das Energiefeld des Körpers übertragen. Tatsächlich ist der Bioenergiekreis ein besonders reines und unbelastetes Medium, mit dem eine solche Übertragung gut möglich ist. Das ist natürlich nur dann richtig, wenn der Bioenergiekreis selbst nicht mit Toxinen belastet ist; wird ein Bioenergiekreis aus toxischem Material wie Blei oder Aluminium gebildet, so werden die Schwingungsinformationen dieser toxischen Metalle ebenfalls übertragen. Diese Tatsache konnte zwar indirekt aus Eemans Arbeiten abgeleitet werden, kam aber nicht explizit in seinen Büchern vor. Die Wichtigkeit der Verwendung von reinen Materialien wurde erst durch Peter Lindemanns Experimente mit Seide klar. Die von ihm dabei erarbeiteten Grundlagen sind entscheidend für seine späteren Arbeiten zur »Übertragung von Schwingungsinformationen«.

Aber bevor Lindemann neue Materialien ausprobierte, machte er eine wichtige Entdeckung: Die in den Bioenergiekreis eingebrachten Substanzen beeinflußten nicht nur das Energiefeld des Körpers, sondern wurden auch direkt wahrgenommen.

Lindemanns allererste Experimente mit dem Bioenergiekreis befaßten sich mit der Wirkung von Farben.

»Ich trug einfach zwischen zwei Kupferplatten etwas Schminkfarbe auf und habe diese dann in den Bioenergiekreis eingeschaltet. Die Farbe, die für mich am entspannendsten war und die mich am meisten von Streß und Unausgeglichenheit befreite, war Magenta, ein intensives Rot. Deshalb habe ich mir einen Bioenergiekreis hergestellt, in dem ich Magenta übermittelt bekam, während ich mich gleichzeitig mit dieser Farbe direkt bestrahlen ließ. Dies hat meinen Streß bedeutend vermindert und ließ die Ausbrüche von Herpes immer seltener werden.«

Während seiner Experimente mit Farbe arbeitete Lindemann mit einem weiteren Forscher, Marty Martin, zusammen:

Bei dem System, das ich baute, konnte ich durch einen Schalter eine andere Farbe in den Bioenergiekreis einbringen. Zum Beispiel konnte eine grüne Schwingung in den Fluß

der Energie des Bioenergiekreises eingebracht werden. Nach-
dem ich soweit fertig war, legte sich Marty Martin in den
Energiekreis. Ich sagte zu ihm: »Ich kann spüren, welche Far-
be sich im Bioenergiekreis befindet, weil sich in ihm jede an-
ders anfühlt. Ich möchte sehen, ob du das auch kannst.« Ich
schaltete für ihn verdeckt die Farben ein und war dadurch
in der Lage zu testen, ob er die Farben, die ich in den Bio-
energiekreis einbrachte, auch fühlen konnte.

Um es vorwegzunehmen, Marty identifizierte jede einzelne
Farbe, wobei er keinen einzigen Fehler machte, und sagte
mir jedes Mal ganz genau die Farbe, die ich in den Bioener-
giekreis eingebracht hatte. Ich schaltete zwei Farben auf ein-
mal in den Bioenergiekreis, Rot und Violett, und er sagte
»Magenta«. Genau das war es! Um das zu überprüfen, mach-
te ich später den Versuch und schaltete Grün ein und eine
Viertelminute später noch einmal »Grün«. Er irrte sich nie.
Manchmal antwortete er sofort. Er meinte, daß er die Far-
ben in seiner Vorstellung sähe. Das bestätigte mich darin,
daß jede Farbe ihre ganz spezielle Gefühlsqualität hat. Es be-
wies nicht nur, daß es relativ einfach war, Farbenergien mit
dem Bioenergiekreis zu übermitteln, sondern auch, daß die
einzelnen Qualitäten relativ leicht bewußt wahrgenommen
werden können. Das wiederum zeigte, daß die durch den
Bioenergiekreis übermittelten Informationen nicht nur
rein physischer Natur waren.

Anleitung zur Anwendung des Substanz-Energiekreises

Es ist sehr einfach, Substanzen in den Bioenergiekreis einzubringen, die sicher und wirkungsvoll sind. Für die Erhaltung und
Verbesserung der Gesundheit ist das ein ganz wunderbares Mittel. Trotzdem ist Vorsicht geboten. Es ist leicht möglich, daß

man die Substanzen nicht mehr ernst nimmt, weil sie ja nicht eingenommen werden. Machen Sie es sich zur Grundregel, niemals eine Substanz über den Bioenergiekreis anzuwenden, die Sie nicht auch einnehmen würden.

Am häufigsten wende ich persönlich den allgemeinen Entspannungs-Energiekreis nach Eeman an, wenn ich mit Substanzen arbeite, da die Wirkung milder ist. Für stärkere Mittel ist der optimale Entspannungs-Energiekreis nach Eeman zu empfehlen. Lindemann empfiehlt dafür seinen symmetrischen Energiekreis, wobei er die Substanz in das Verbindungsstück zwischen Kopf und Wirbelsäulenbasis einbringt.

Sie können sich mit wenig Aufwand selbst einen Substanz-Energiekreis aus Kupfer für den Hausgebrauch herstellen (Seide ist ungünstig, weil sie nach jedem Gebrauch gereinigt werden muß): Schneiden Sie eine der Leitungen des Bioenergiekreises durch und entfernen Sie die Isolierung auf einer Länge von zwei bis drei Zentimetern.* Um Ihre Substanz nun in den Energiekreis einzubringen, ist es am einfachsten, sie in einem Glas Wasser aufzulösen. (Bestimmte Substanzen, z. B. Urin, brauchen nicht in Wasser aufgelöst werden, aber die meisten Substanzen liegen in fester oder sehr konzentrierter Form vor und müssen verdünnt werden.) Nachdem Sie die Substanz durch die Auflösung oder Verdünnung vorbereitet haben, tauchen Sie die beiden blanken Enden so hinein, daß sie sich gegenseitig nicht berühren.

Bedenken Sie bitte, daß Sie relativ wenig von der Substanz benötigen, um eine ausreichende Wirkung zu erzielen. Fangen Sie mit sehr geringen Dosen an und erhöhen Sie sie langsam Ihren Erfahrungen entsprechend. Da bei dieser Methode die feinstofflichen Schwingungen der Substanz direkt in Ihr Energiefeld übergehen, seien Sie bitte behutsam bei der Auswahl der Substanzen.

* Sie können auch kleine Kupferplatten an die Enden der beiden Leitungen anbringen.

Denken Sie auch daran, die Zeit zu begrenzen, in der Sie die fein-stofflichen Schwingungen aufnehmen. Die Substanzen können sehr stark wirken, wenn Sie sie über den Bioenergiekreis auf-nehmen. Normalerweise sind fünf bis zehn Minuten völlig aus-reichend, aber das hängt auch von der Substanz und Ihren per-sönlichen Reaktionen auf sie ab. Ich persönlich finde es gut, so lange im Energiekreis zu liegen, bis ich mich ausbalanciert fühle, dann nehme ich die Substanz aus dem Energiekreis heraus und bleibe noch einmal etwa fünf Minuten im Energiekreis liegen. Wenn Sie irgend etwas im Substanz-Energiekreis stört, sollten Sie den Energiekreis umgehend verlassen! Vertrauen Sie dabei Ih-rem Gefühl!

Im folgenden habe ich aus meinen Erfahrungen mit dem Sub-stanz-Energiekreis für Sie einige Hinweise zusammengestellt:

- *Die Auswahl der Substanz.* Fast jede natürliche Substanz, die Sie normalerweise einnehmen würden, ist für den Gebrauch im Energiekreis geeignet. Insbesondere gilt das für Vitamine, Urin, Heilkräuter und homöopathische Rezepturen.

- *Vitamine.* Vitamin C ist sehr wirksam und heilkräftig, wenn man es über den Bioenergiekreis wirken läßt. Meine erste Er-fahrung war fast ein Schock, denn es wirkte so stark, wie ich es niemals für möglich gehalten hatte. Dieses Vitamin läßt meinen Energiepegel buchstäblich nach oben schnellen. Ich habe beobachtet, daß es zur Vorbeugung und Behandlung von Erkältungskrankheiten gut geeignet ist. Außerdem habe ich bemerkt, daß die Wirkung von Vitaminen noch ver-stärkt werden kann, wenn sie kurz vor der Aufnahme durch den Bioenergiekreis zusätzlich noch oral genommen wer-den. Es sieht so aus, als würde der Energiekreis dem Körper ein Signal geben, das, was oral eingenommen worden ist, be-sonders gut aufzunehmen.

- *Urin.* Diese körpereigene Substanz wird auch das vollkommenste, auf den einzelnen Menschen genau abgestimmte, Lebenselexier genannt. Urin enthält viele Informationen über unseren Stoffwechsel und unsere energetischen Disharmonien. Durch die Eingabe meines eigenen Urins in den Energiekreis — ich halte diese Praktik für völlig unbedenklich — habe ich sehr gute Erfolge erzielen können. Urin braucht nicht verdünnt zu werden. Hinduistische Texte aus der Tradition des Yoga empfehlen »das mittlere Drittel« des morgendlichen Urins. Das heißt, man läßt das erste Drittel ungenutzt, fängt nur das zweite Drittel auf und läßt das letzte Drittel wieder weg. Der Morgenurin gilt als der wirkungsvollste, und von diesem wiederum ist das mittlere Drittel am reinsten und effektivsten.

- *Heilpflanzen.* Kräuterauszüge in flüssiger Form sind natürlich einfacher zu handhaben als getrocknete Kräuter. Geben Sie nach Anleitung einige Tropfen des Konzentrats in ein Glas mit klarem Wasser. Eine andere Möglichkeit ist das Aufbereiten als Tee. Bringen Sie auch Heilkräuter in den Bioenergiekreis, nachdem Sie diese vorher eingenommen haben. Der Bioenergiekreis erhöht die Wirkung von Heilpflanzen, indem er dem Körper Signale gibt, bestimmte Wirkstoffe besser aufzunehmen. Vor allem aber seien Sie vorsichtig! Kräuter können eine sehr starke Wirkung haben, und wenn Sie die falschen zu sich nehmen, kann eine ernstliche Erkrankung die Folge sein. Wir empfehlen Ihnen deshalb, Kontakt aufzunehmen zu Therapeuten, die mit Heilpflanzenkunde arbeiten.

- *Homöopathische Substanzen.* Sie sind von ihrer ganzen Anlage her offensichtlich am geeignetsten für die Verwendung im Substanz-Energiekreis, weil sie schon so weit verdünnt bzw. potenziert worden sind, daß nur die feinstofflichen Schwingungen der Ursubstanzen wirksam geblieben sind. Wenn sie nicht schon in flüssiger Form vorliegen, brauchen Sie sie nur in klarem Wasser aufzulösen. Beachten Sie dabei:

Homöopathische Rezepturen sind Medikamente! Sie sollten daher vorsichtig und dosiert angewendet werden. Nicht umsonst haben Homöopathen eine jahrelange Ausbildung zu absolvieren, um entsprechend dem Typ und der Konstitution des Patienten in der Lage zu sein, eine passende homöopathische Rezeptur zu erstellen. Der unbesonnene Gebrauch von homöopathischen Mitteln kann sich negativ auswirken.

- *Allopathische Medikamente.* Alle allopathischen Medikamente sollten nur begrenzt und vorsichtig angewendet werden, sowohl im Bioenergiekreis als auch bei anderer Anwendung. Sie können extrem starke Wirkungen hervorrufen. Sie sollten sie bei einer Anwendung auf alle Fälle nur für kurze Zeit in Ihren Bioenergiekreis einschalten. Eeman fand zwei bis fünf Minuten am wirkungsvollsten. Setzen Sie die angegebene orale Dosierung auf etwa ein Viertel herab. Ich habe Aspirin im Bioenergiekreis getestet und herausgefunden, daß es im Energiekreis sehr wirksam bei Kopfschmerzen ist.

- *Farben.* Farben sind Licht unterschiedlicher Wellenlänge. Die Wirkung von Farben auf den Körper kann durch den Gebrauch des Bioenergiekreises verstärkt werden. Jede Farbe besitzt eine ganz bestimmte eigene »Gestalt«, Wirkungsweise und Gefühlsqualität. Besonders wenn Sie sie zu Heilzwecken einsetzen wollen, müssen Sie sich erst über die genaue Wirkungsweise erkundigen, die Farben auf den Organismus ausüben. Ich empfehle Ihnen, einen ausgebildeten Farb-Therapeuten zu konsultieren oder sich durch Bücher zur Farbtherapie gründlich zu informieren (in der Bibliographie finden Sie die Bücher von Amber, Birren, Gimbel und Hunt).

Zum Schluß möchte ich noch erwähnen, daß Sie die Farbexperimente von Peter Lindemann auf einfache Weise bei Ihnen zu

Hause nachvollziehen können. Es gibt dabei verschiedene Möglichkeiten:

1. Geben Sie beispielsweise Schminkfarbe zwischen zwei Stückchen Seide (oder Kupfer, wenn das Ihr bevorzugtes Medium ist) und schalten Sie diese in den Bioenergiekreis ein. Sie können sich während der Anwendung zusätzlich von der gleichen Farbe bestrahlen lassen.
2. Lassen Sie sich einfach von einer Lampe mit einer bestimmten Farbe bestrahlen, während Sie im Bioenergiekreis liegen.
3. Sie verwenden »gefärbtes Wasser«, d. h., Sie nehmen reines Wasser, stellen es für etwa eine Stunde in einem getönten Glas der Farbe, die Sie anwenden wollen, in die Sonne und benutzen es dann im Substanz-Bioenergiekreis.

Sie können alle drei Methoden beliebig miteinander kombinieren. Welche Methode Sie auch anwenden, die Verwendung des Bioenergiekreises wird die Wirkung der Farbtherapie erhöhen und intensivieren.

KAPITEL 6

Der wachbewußte Trancezustand und der feinstoffliche Körper

Durch den Bioenergiekreis wird sehr schnell ein ganz eigener Entspannungszustand erreicht. Wie Eeman ausführte, ist der durch den Bioenergiekreis erzeugte Schlaf besonders erholsam und »erfrischender als normaler Schlaf«. Lindemann nennt den durch den Bioenergiekreis hervorgerufenen Zustand auch den »Übergangsbereich«, ein Zustand, der in der Mitte zwischen tiefem Schlaf und normalem Wachbewußtsein angesiedelt ist. Ich habe den Begriff »wachbewußte Trance« eingeführt, um diesen tiefen Entspannungszustand genauer zu kennzeichnen.

Der wachbewußte Trancezustand wirkt sowohl auf der körperlichen wie auf der geistigen Ebene und ist gekennzeichnet durch eine größere Durchlässigkeit der ansonsten relativ klaren Grenzen zwischen Körper, Geist und Emotionen. Es gibt für die feinstoffliche Anatomie eine ganze Menge nützlicher Modelle, sowohl aus verschiedenen spirituellen Traditionen als auch aus heutiger Zeit. Diese ermöglichen es, ein klareres Verständnis für die emotionalen, geistigen und spirituellen Dimensionen der Realität zu gewinnen. Um einen Bezugsrahmen für die folgenden Ausführungen zu haben, möchte ich ein vereinfachtes Modell der feinstofflichen Anatomie des Menschen voranstellen.

Esoterische Modelle des menschlichen Energiefelds

Die meisten früheren Kulturen teilen die Überzeugung, daß verschiedene Energiekörper den Menschen und alle anderen lebenden Organismen umgeben. Schamanistische Kulturen in allen

Teilen der Welt haben z. B. sehr genaue Vorstellungen über das Kraftfeld subtiler Energien, das den Menschen umgibt. Schon in vorbiblischer Zeit, wie auch noch heute in der Volksmedizin vieler Länder, gab und gibt es das Heilen durch Handauflegen. Auch alle vergangenen Hochkulturen, von den Mayas in Amerika bis zu den Ägyptern, besaßen eine große Sensitivität für immaterielle, mit dem bloßen Auge nicht wahrnehmbare Energieströme, und sie wendeten ihr Wissen sowohl in den Heilkünsten wie auch bei religiösen Praktiken an.

Ayurvedische und chinesische Medizin basieren auf fünftausend Jahre alten praktischen Erfahrungen mit Energiebehandlungen. Beide verstehen Gesundheit im Zusammenhang mit dem Vorhandensein und dem Zusammenspiel verschiedener feinstofflicher Energieebenen. Beispiele dafür sind Akupunktur, Tai-Chi und Yoga, Praktiken, die die feinstofflichen Energieströme anregen und die verschiedenen Energieebenen harmonisieren. Die folgende Beschreibung der Energiekörper stützt sich in ihrer Terminologie auf die hinduistische Tradition. Obwohl die einzelnen Traditionen die feinstoffliche Anatomie auf verschiedene Weise beschreiben, ist das Modell, das ich hier vorstelle, in seinen Grundelementen sowohl im japanischen und chinesischen Bereich als auch in anderen östlichen Kulturen[1] wiederzufinden. Einige sehr differenzierte Modelle der feinstofflichen Körper unterteilen die hier dargestellten Ebenen noch einmal in mehrere Abschnitte. Peter Lindemann: »Es ist letztlich ein Erfahrungskontinuum, in dem man von einer Schwingungsebene zur anderen in immer feinstofflichere Bereiche vordringt.« Um der größeren Klarheit willen benutzen wir hier ein vereinfachtes Modell.

---

[1]   Die vereinfachte Anatomie der subtilen Energiekörper, wie sie hier dargelegt wird, basiert in etwa auf der Darstellung von Da Free John. Genaueres dazu in: *The Illusion of Relatedness*. Wenn Sie an einer genauen Beschreibung dieser Zusammenhänge aus moderner westlicher Sicht interessiert sind, empfiehlt sich R. Gerber: Vibrational Medicine.

Die transzendentale Konstitution des Menschen läßt sich als eine Energiehierarchie von grobstofflichen bis hin zu feinstofflichen Anteilen beschreiben. Diese Anteile sind von verschiedener Dichtigkeit und im feinstofflichen Bereich von unvorstellbarer Feinheit. Das Bewußtsein bringt die Lebensenergie hervor, diese wiederum belebt den Körper. Nicht die elektrochemischen Vorgänge im Körper »erzeugen« also das Bewußtsein, sondern genau umgekehrt, die feinstofflichsten Ebenen sind die ersten und entscheidenden.

In den verschiedenen Traditionen werden die Energieebenen als Körper, Hülle oder Vehikel bezeichnet. Der innerste Kern ist das Bewußtsein, das sich gleichsam in Schleier von mentaler und astraler Materie hüllt. Auch der physische Körper ist ein Vehikel für das Bewußtsein, eine weitere Hülle um seinen Kern. Der grobphysische Körper ist zugleich die allermateriellste Schicht.

Welche Energieebenen werden durch den Bioenergiekreis angesprochen? Es ist anscheinend so, daß alle Ebenen daran teilhaben. Der Bioenergiekreis hat Zugang zum gesamten Kontinuum der Energie, die wir sind. Unserer Erfahrung nach wird durch eine Anwendung der Bioenergiekreis-Methode relativ grobstoffliche ätherische Energie angesprochen, aber bestimmte andere Phänomene, die dabei auftreten, müssen auch mit höheren astralen Ebenen zu tun haben.

Der Ätherkörper

Der menschliche Ätherkörper stellt die gröbste Ebene der feinstofflichen Energien dar; er ist der unsichtbare Teil des physischen Körpers und die erste feinstoffliche Ebene. Zugleich ist er völlig transparent, beginnt direkt an der Körperoberfläche und geht nur wenige Zentimeter über sie hinaus. Als der erste und dichteste Bestandteil der sehr differenzierten Erscheinung, die wir Aura nennen, ist er auch mit dem uns umgebenden elektrischen Energiefeld eng verbunden.

Der Ätherkörper ist die entscheidende Wirkungsebene für den Bioenergiekreis. Der ätherische Aggregatzustand hat einen großen Einfluß auf die Aufnahme, Assimilation und Umformung der Vitalitätsströme im physischen Körper. Er leitet die Gedanken- und Gefühlsschwingungen vom astralen zum sichtbaren, dicht-physischen Körper. Insbesondere durch den Atem können wir sowohl im emotionalen als auch energetischen Bereich auf diese Seinsebene einwirken.

Im Bioenergiekreis spüren wir den ätherischen Aggregatzustand in Form von quasi-elektromagnetischen Veränderungen, die mit Empfindungen von sich bewegenden Energieströmen sowie Emotionen und Veränderungen in unseren Atemmustern einhergehen.

Der Astralkörper

Der menschliche Astralkörper ist feinstofflicher als der Ätherkörper. Der Gedanken- und Gefühlsbereich ist hier von besonderer Bedeutung. Zum Gefühlsbereich werden auch das normale Wachbewußtsein sowie das Vorbewußte und das Unbewußte gerechnet. Die höherfrequente, mehr verstandesmäßige Schicht ermöglicht spirituelle Einsicht, mystische Erfahrungen, und sie schafft die Grundlage für das sich verkörpernde Ego und unseren Willen. Nach Aussage von guten Hellsehern durchdringt und erfüllt der Astralkörper den gesamten physischen Körper sowie den Ätherkörper.[2] Im Unterschied zum Ätherkörper hat

[2] Saraswati: Science of Soul, S. 83—183

der Astralkörper eine Ausdehnung von bis zu einem oder zwei Metern über den physischen Körper hinaus und setzt sich außerdem aus den unterschiedlichsten, sich ständig verändernden Farben und Farbtönungen zusammen. Einige Bioenergiekreis-Phänomene haben Einfluß auf den Astralkörper. Die Teilchen des Astralkörpers befinden sich bedingt durch ihre Nähe zu bestimmten Gedankenformen und Gefühlen fortwährend in einer fließenden, wirbelnden Bewegung. Im Astralkörper haben viele Phänomene wie Telepathie, Astralreisen und Visionen ihren Ursprung.

Die astralen Energiephänomene lassen sich auf zwei Ebenen beobachten. Die niedrigere Astralenergie wird in Form von Erinnerungen, Vorstellungen (sowohl visuell als auch auditiv), neuen Informationen und in bestimmten Geisteshaltungen erfahren. Auf der höheren astralen Ebene können alle Arten von paranormalen Erscheinungen auftreten. Das reicht von medialen über telepathische Fähigkeiten bis hin zu den höchsten mystischen Seinserlebnissen, Visionen und der direkten Erfahrung des Überraumzeitlichen, kosmischen All-Bewußtseins.

Der Kausalkörper

Der höchste Körper in dieser Hierarchie ist der Kausalkörper, auch Körper der höchsten Glückseligkeit genannt. Dort ist die eigentliche Heimat der menschlichen Individualität, des Bewußtseins und der Seele. Dieser Körper ist sehr schmal und eng begrenzt und liegt neben dem Zentrum des Körpers, dem physischen Herz.

An dieser Stelle nehmen die verschiedenen Energiekörper ihren Ursprung. Der Kausalkörper bildet die eigentliche Quelle des

Lebens, was gleichbedeutend ist mit Atma, der Bewußtheit schlechthin, es ist die wahre Natur jedes Wesens[3]. Auf dieser Ebene gibt es keine Dualität und deshalb keine Erfahrungen.

Die Bedeutung des wachbewußten Trancezustands

Die tiefe Entspannung, die durch den Bioenergiekreis erreicht wird, ist nicht allein auf den geistigen Bereich begrenzt. Die wachbewußte Trance ermöglicht eine tiefgehende Harmonisierung von Körper und Geist. Wenn sich eine Person im Bioenergiekreis entspannt, wird das Strömungsbewußtsein zum entscheidenden Erlebnis, und in diesem Moment werden auch die emotionalen, geistigen oder grobstofflichen Empfindungen nicht mehr gesondert voneinander wahrgenommen.

Im normalen Wachbewußtsein sind diese verschiedenen Ebenen relativ scharf voneinander getrennt und gut unterscheidbar. Psychotherapeuten wissen, daß es in aller Regel nicht so leicht ist, Erinnerungen und Emotionen, die mit einer körperlichen Verspannung oder Krankheit in Verbindung stehen, wieder ins Bewußtsein zu heben. Dennoch ist es jeweils die gleiche Energie, die den geistigen, emotionalen und physischen Prozessen zugrunde liegt. Diese Prozesse sind nicht vollständig voneinander getrennt und letztlich auch gar nicht auseinanderzuhalten. Wenn die Lebensenergie stärker fließt, sie gleichsam der dominierende Faktor im Erleben wird — z.B., wenn wir im Bioenergiekreis liegen —, sind die Blockierungen, die diesem Fließen in Form von verdrängten Erinnerungen, Gefühlen oder körperlichen Spannungen entgegenstehen, leichter auszumachen. Sind diese einmal erkannt, ist es auch wesentlich einfacher, sie wieder loszulassen.

[3] Da Free John: The Illusion of Relatedness, S. 105

Mehr als alles andere ist die teilweise Aufhebung der Trennung der körperlichen, geistigen und emotionalen Prozesse das hervorstechendste Merkmal des wachbewußten Trancezustands im Bioenergiekreis.

Der Fluß der Lebensenergie vereinigt dabei die verschiedenen Ebenen unserer Persönlichkeit, wir sind in diesem Zustand besser integriert, und die übliche Trennung von Körper und Geist, Emotionen und Körper, Gedanken und Emotionen und zwischen Wachbewußtsein und höheren psychischen Fähigkeiten ist aufgehoben. Das eröffnet neue Möglichkeiten für Kreativität, Selbsterfahrung und persönliches Wachstum.

Der wachbewußte Trancezustand kann uns also helfen, die Grenzen zwischen geistiger, emotionaler und körperlicher Seinsebene zu überwinden. Das ist ein wichtiges Charakteristikum für menschliche Kreativität. Seit Jahrhunderten haben die Künstler und Dichter, aber auch kreative naturwissenschaftliche Forscher von plötzlichen Eingebungen berichtet, die ihnen in einem veränderten Bewußtseinszustand zukamen. Elmer Green, einer der Pioniere der Biofeedbackforschung, hat festgestellt, daß gerade Grenzzustände des Bewußtseins und hypnagoge oder traumähnliche Bilder künstlerische bzw. wissenschaftliche Kreativität sowie persönliches Wachstum und außergewöhnliche Leistungen erst ermöglichen.[*]

Der durch den Bioenergiekreis herbeigeführte wachbewußte Trancezustand schafft ein verändertes Bewußtsein, das ein multidimensionales Gewahrwerden und ein bewußtes Einleben in

---

[*] Alyce und Elmer Green schreiben: »Reverie (eine Art Halbschlaf), hypnagoge Erlebnisse, Träume und die menschliche Kreativität sind aufs engste miteinander verbunden. Für den Zustand, den wir Reverie nennen, wurden die verschiedensten Bezeichnungen gewählt — z.B. ›Grenzzustände des Bewußtseins‹ (James, 1950), das ›Vorbewußte‹ (Kubie, 1958), das ›Außerbewußtsein‹ sowie das ›transliminale Bewußtsein‹ (Rugg, 1963) und ›Grenzerfahrung‹ (MacKinnon, 1964).« Elmer and Alyce Green, »Beyond Biofeedback«, New York, Delacorte Press, 1977, o. S.

sonst verschlossene Existenzebenen erlaubt. Wenn wir diese verschiedenen Erlebnisebenen zulassen, bewegen wir uns in Bereiche medialer Fähigkeiten hinein, die unserem normalen Wachbewußtsein nicht zugänglich sind. Solch eine Arbeit erfordert naturgemäß stets eine disziplinierte Herangehensweise. Der Bioenergiekreis kann den Weg dahin erleichtern. Mit seiner Hilfe können wir einfacher in Kontakt mit Dimensionen unseres Seins kommen, zu denen wir gewöhnlich keinen Zutritt haben. Der Bioenergiekreis ist also zweifelsohne ein wichtiges Hilfsmittel, um außerordentliche Bewußtseinszustände zu erreichen. Der tschechisch-amerikanische Forscher Stanislav Grof betont die Bedeutung veränderter Bewußtseinszustände als potentiell »förderlich für die emotionale und psychosomatische Heilung, für eine tiefgreifende Transformation unserer Persönlichkeit und für die Entwicklung unseres Bewußtseins«.[4] Grof hat diese veränderten Bewußtseinszustände dreißig Jahre lang erforscht. Er begann mit psychedelischen Drogen und widmet sich in neuerer Zeit zunehmend therapeutischen Methoden, die ohne Drogen zu entsprechenden Bewußtseinszuständen führen können. Zusammen mit Christine Grof systematisierte er die Therapietechniken, die ohne Einsatz psychedelischer Drogen zu außergewöhnlichen Bewußtseinszuständen führen. Besonders wichtig dabei sind die Atmung und der Einsatz von Musik bzw. Imagination.

Die Bioenergiekreis-Methode ist geeignet, den Zugang zu Grenzzuständen des Bewußtseins zu erleichtern. Grof hat diese Bewußtseinszustände umfassend klassifiziert und teilt sie ein in solche, die mehr »perinataler« Natur sind, d. h., Ereignisse, die bei der Geburt von Wichtigkeit waren, und solche, die nur mit »transpersonalen« Kategorien zu erfassen sind. Mit dem Bioenergiekreis kann auf sehr existentielle Weise gearbeitet werden,

[4] Grof, Stanislav: The Adventure of Self-Discovery, S. 3

144

was den Zugang zu Grofs »perinataler« Erfahrungsebene erleichtert. Auf dieser Ebene ist der Mensch mit emotionalen Urerlebnissen konfrontiert, was ihn zu einem nochmaligen Durchleben der Ereignisse während seiner Geburt und sogar seiner Existenz im Mutterleib führt. Das ist nicht selten mit sehr intensiven Schmerzen, aber auch mit überaus beglückenden Gefühlen verbunden.

Die Bioenergiekreis-Methode kann hier wieder zum spürsamen Einleben in außersinnliche Wahrnehmungsbereiche beitragen, mediale Fähigkeiten erweitern und dazu verhelfen, mystische Zustände zu erreichen, die Grof als »transpersonal« bezeichnet. Unter diesem Begriff faßt er alles, was gemeinhin unter »mystischen« oder »spirituellen« Erlebnissen verstanden wird. Beispiele dafür sind Erfahrungen des »universalen Eins-Seins mit allen Formen des Lebens und der gesamten Schöpfung«, die »Erlebnisse früherer Inkarnationen« und »Besuche in anderen Welten oder anderen Universen und Kontaktaufnahme mit deren Bewohnern«. Diese Erlebnisse werden zumeist als sehr positiv und euphorisierend erlebt, schmerzhafte oder negative Erlebnisse stellen Ausnahmen dar.

Grof stellt diese beiden Erfahrungsmöglichkeiten unserem »normalen« Bewußtsein gegenüber und verweist auf das Potential solcher Erfahrungen, die als Katalysator und Beschleuniger des persönlichen Wachstums wirken. Er setzt sich für die Beachtung von solchen tiefgehenden Erfahrungen auf dem Gebiet von Psychotherapie und Supervision ein, und vertritt dabei die Ansicht, daß sowohl die perinatal-individuelle als auch die transpersonal-überindividuelle Erfahrungsweise ihren Platz darin haben müssen. Mag die individuelle Erfahrung positiv oder negativ erlebt werden, in jedem Fall sieht Grof die das normale Bewußtsein überschreitenden Erfahrungen als sehr bedeutsam für existentielle Veränderungen an und hält sie für weit effektiver als die nur verbal arbeitende Psychoanalyse.

Verglichen mit anderen Methoden, die auch auf veränderte Bewußtseinszustände abzielen, wie z. B. psychedelische Drogen, Hyperventilationsatmung, sensorische Deprivation (extremer Reizentzug), wirkt die Bioenergiekreis-Methode äußerst sanft. Sie fördert eher ein langsames und kontinuierliches Hinübergleiten von gewöhnlichen hin zu außergewöhnlichen Bewußtseinszuständen, als daß sie mit radikalen Methoden eine dramatische Zuspitzung herbeiführen würde. Das macht ihren besonderen Wert aus. Die Bioenergiekreis-Methode kann uns lehren, in einem umfassenderen Kontinuum des Bewußtseins zu leben, innerhalb dessen die Barrieren zwischen gewöhnlichen und außergewöhnlichen Erfahrungsbereichen überschritten werden. Das gilt unabhängig davon, ob die Bioenergiekreis-Methode in Verbindung mit anderen Methoden oder allein angewendet wird.

Eine Visualisierungsübung zur Entspannung

Die folgende Visualisierungsübung ist eine ausgezeichnete Möglichkeit, um aus einem Zustand innerer Unruhe herauszukommen und das Einschlafen zu erleichtern. Sie können diese Übung natürlich auch ohne Verwendung des Bioenergiekreises machen, aber der Bioenergiekreis wird die Wirkungen vertiefen. Bioenergiekreis und Visualisierung verhelfen nicht nur zu schnellerem Einschlafen, sie vertiefen auch den Schlaf auf eine sehr erholsame Weise. Sie kommen mit der Bioenergiekreis-Methode in einen Schlafzustand, der genau zwischen Wachbewußtsein und Tiefschlaf liegt. Das ist der wachbewußte Trancezustand, der typisch für den Bioenergiekreis ist.

1. Sie entspannen von den Zehen bis zum Kopf alle Körperpartien.

a) Sie beginnen mit den Zehen. Fühlen Sie, wie sich die Zehen entspannen und locker lassen. Lassen Sie alle Anspannungen aus den Zehen herausfließen. Sie können sich auch innerlich vorsprechen: »Meine Zehen entspannen sich vollkommen ... sie lassen locker ... sie sind völlig gelöst und entspannt.« Während Sie dies sagen, leben Sie sich spürsam in die Zehen ein und fühlen Sie die Entspannung in Ihren Zehen und wie die Zehen loslassen können.

b) Gehen Sie auf diese Weise in einem »wahrnehmenden Spaziergang« in Ihrem Körper aufwärts. Nach den Zehen folgen die Füße, die Fußgelenke, die Waden, Knie, Oberschenkel, die Leisten, das Becken mit den Genitalien, der Bauch, die Brust, die Schultern, die Arme mit Händen und Fingern, der Nacken, Kiefer und Kinn, der Mund mit den Lippen, die Nase, die Wangen, die Augen und die Augenbrauen, die Stirn, schließlich der gesamte Kopfbereich. Ein wohltuendes Gelöstsein breitet sich aus. Sie stellen sich vor, wie sich alle Körperbereiche immer noch weiter entspannen. Wenn das für Sie zu schwierig sein sollte, benutzen Sie wieder positiv unterstützende Leitsätze wie »mein ... entspannt sich völlig, mein ... ist völlig gelöst und entspannt« usw., oder Sie verbinden Vorstellung und positiv unterstützende Leitsätze (Affirmationen) miteinander.

2. Jetzt ist Ihr Körper ganz gelöst und entspannt und kann sich völlig der Schwerkraft überlassen. Stellen Sie sich vor, wie er von der Energie, die ihn umgibt, getragen wird. Lassen Sie ihn sich immer noch mehr lockern und entspannen. Stellen Sie sich vor, daß Ihr Körper völlig von Energie durchflutet wird.

3. Sie leben in einem Meer von Energie und werden von ihm getragen und durchflutet. Sie lenken Ihre Aufmerksamkeit

jetzt auf die Energie selbst. Sie ist wie ein goldenes Licht, das alles durchdringt und Ihren ganzen Körper umspült. Stellen Sie sich dieses Licht bildlich vor und fühlen Sie seine Wärme. Sie spüren jetzt, oder stellen es sich vor, wie Ihr Körper selbst dieses Licht ist. Der Atem kommt, geht und kommt wieder, und mehr und mehr dieser Lichtenergie strömt in Ihren Körper. In diesem Zustand atmender Gelöstheit bemerken Sie, wie der Körper auch selbst diese Lichtenergie auszustrahlen beginnt. Sie mögen ein kleines Kribbeln verspüren, es kann auch sein, daß Sie Ihren Körper gar nicht mehr wahrnehmen und das Gefühl haben, selbst ein Energiewesen in einer Welt der Energie zu sein. Bleiben Sie gesammelt im Körper anwesend und spüren Sie nach, was Sie jetzt empfinden.

Eine Atemübung im Bioenergiekreis

Der Atem spielt eine große Rolle bei der Bioenergiekreis-Erfahrung. Der Atemvorgang sollte wie jede Bewegung nicht willentlich geführt, sondern ausgelöst werden. Im allgemeinen genügt es, sich des Atems gewahr zu werden und die Veränderungen, die während des Atemgeschehens auftreten, achtsam zu beobachten. Da das Atemgeschehen den ätherischen Körper direkt beeinflußt, kann auf diesem Wege auch die Bioenergiekreis-Erfahrung intensiviert werden. Durch eine einfache Atemübung wird das Strömungsempfinden im Energiekreis wesentlich erhöht.
Die vorgeschlagene Atemübung ist sehr sanft. Sie geht von unserem normalen Atemgeschehen aus und führt uns zu einer tieferen Atmung. Sie wirkt harmonisierend und balancierend auf unser gesamtes Körpersystem und sensibilisiert uns für die Energieströme im Körper.

Vorbereitung

Suchen Sie sich ein ruhiges Plätzchen, wo Sie für einige Zeit ungestört im Bioenergiekreis bleiben können. Machen Sie die Atemübung nur bei frischer Luft, entweder im Freien (aber nicht in der prallen Sonne) oder bei geöffnetem Fenster. Weiterhin achten Sie bitte darauf, Atemübungen nur mit leerem Magen durchzuführen. Legen Sie also eine Pause von wenigstens einer Stunde nach der letzten Mahlzeit ein, damit Ihre Lebensenergie dem ganzen Körper zur Verfügung steht und nicht hauptsächlich mit der Verdauung beschäftigt ist. Sie können diese Übung auch ohne den Energiekreis durchführen, dann aber in sitzender Position mit möglichst geradem Rückgrat.

Die Zunge sollte am Oberkiefer anliegen und an die Vorderzähne leicht anstoßen. Das ermöglicht eine bessere Zirkulation der Lebensenergie in Ihrem Körper. Sie sollten während des Atemvorgangs ruhig und ohne Anstrengung gleichmäßig durch beide Nasenlöcher atmen. Der letzte und wichtigste Punkt: Wir stellen uns vor, daß der ganze Körper, der physische, der ätherische, der mentale und der spirituelle, von Lebensenergie umgeben ist und von ihr durchflutet wird.

Führen Sie anfangs die Atemübung ohne den Bioenergiekreis durch, damit Sie die Übung zunächst kennenlernen. Wenn Sie dann mit ihr vertrauter sind, können Sie sie mit dem Bioenergiekreis kombinieren. Achten Sie darauf, welche Unterschiede sich einstellen, wenn Sie die Übung mit bzw. ohne Bioenergiekreis durchführen.

Die Übung

1. Entspannen Sie den ganzen Körper, während Sie im Bioenergiekreis liegen. Sie spüren, wie Ihr Körper von einem Kraftfeld der Lebensenergie umgeben ist.

2. a) Atmen Sie langsam ein und nehmen Sie mit Ihren Lungen, ohne sich dabei anzustrengen, soviel Luft auf, wie Sie können.

b) Lenken Sie den Luftstrom gegen den hinteren Bereich Ihrer Kehle. Dieser Teil sollte entspannt und ganz offen sein. Es ist oft hilfreich, wenn Sie das Kinn ein wenig sinken lassen, um die Luftröhre noch weiter zu entspannen.

c) Atmen Sie von Ihrem Herzen abwärts zum Zentrum der Lebenskraft, das sich um den Bauchnabel herum befindet.

d) Feinfühlig beobachten Sie, wie sich mit der Einatmung der ganze Körper langsam auszudehnen beginnt. Sie nehmen wahr, daß sich insbesondere das Zentrum der Lebenskraft um den Bauchnabel herum ausdehnt, wobei der Solarplexusbereich etwas nach oben geschoben wird. Ihr ganzer Körper wird schließlich vom Atemgeschehen erfaßt von der Kehle bis zur Darmgegend. Im Einatmen weitet sich der Körper mehr und mehr. Sie können die Atembewegung bis in die Hände, Füße und in die Kopfregion hinein spüren. Lassen Sie den Einatem kommen und forcieren Sie nichts.

3. Sie bleiben gelöst, während Sie einatmen, und stellen sich vor, wie der ganze Körper von der Lebensenergie durchströmt wird. Jetzt halten Sie den Einatem für einige Sekunden an, aber nur so lange, wie es für Sie natürlich und unverkrampft möglich ist. Genießen Sie in dieser Atemstille nach dem Einatmen die Kraft der Lebensenergie. Seien Sie ganz gegenwärtig und beobachten Sie, welche Empfindungen sich einstellen. Haben sich Ihre Empfindungen durch die Anwendung des Bioenergiekreises verändert; sind sie eventuell spürbarer geworden? Gibt es vielleicht Anzeichen für ein stärkeres Strömungsempfinden der Energie im Körper, z. B. Energie, die die Wirbelsäule hinaufsteigt,

im Brustbereich kreist oder zu den Zehen hinabsteigt? Gibt es ein Kribbeln oder Wärmeempfinden?

4. Lassen Sie langsam den Körper im Ausatem wieder zurückschwingen, indem Sie die ganze Luft, die Sie durch beide Nasenlöcher eingeatmet haben, wieder entlassen.

a) Nehmen Sie fühlsam wahr, wie Sie jetzt mit dem Ausatem nicht nur Schlackstoffe, sondern gleichzeitig auch emotionale Blockierungen, Negativität, körperliche Fehlspannungen und Krankheiten loslassen.

b) Atmen Sie etwa genauso lange und etwa genauso viel aus, wie Sie eingeatmet haben.

c) Werden Sie am Ende der Ausatmung für ein paar Sekunden in der natürlichen Atempause, bevor der zarte Sog der Einatmung wieder beginnt, Ihres Atems bewußt. Seien Sie wieder ganz aufmerksam für das, was Sie nun im Bioenergiekreis erspüren. Sind die Energieempfindungen bei der Ausatmung und der Einatmung die gleichen oder andere? Oder ist die Energieerfahrung mit dieser Methode einfach nur stärker geworden? Oder gibt es keinerlei Veränderungen in Ihren körperlichen Empfindungen?

5. Wiederholen Sie diesen Atemzyklus zehn bis fünfzehn Minuten lang. Seien Sie ganz gegenwärtig in diesem Prozeß, ohne sich in ihn einzumischen. Einatem und Ausatem sollten als zwei gleichberechtigte Teile des Atemgeschehens deutlich spürbar sein, bei dem der Körper als ein feinfühliger Beobachter beteiligt ist.

6. Während der Übung treten die verschiedensten Wahrnehmungen auf. Es kann sein, daß Sie mit der Übung aufhören möchten, weil die Energie zu intensiv wird oder Sie an alte schmerzliche Erfahrungen erinnert werden oder zu viele Gefühle auf einmal in Ihnen wachgerufen werden. Aber geben Sie jetzt bitte nicht auf. Entspannen Sie sich einfach noch mehr und bleiben Sie bei Ihrem Prozeß. Es

kann auch sein, daß Sie keine negativen emotionalen Reaktionen dabei haben und sich im Gegenteil ganz gelöst fühlen, oder daß Sie auch überhaupt nichts Besonderes wahrnehmen. Wie auch immer, bleiben Sie einfach bei dem, was Sie empfinden und nehmen Sie es spürsam wahr.[5]

[5] Da Free John: Conscious Exercise, S. 200 ff.

KAPITEL 7

Die Vorstellungskraft phantasievoll nutzen

Haben Sie schon einmal den Wunsch gehabt, mit Ihrem Körper zu sprechen, so wie Sie es mit einem anderen Menschen auch tun? Wenn Ihr Körper Sie hören könnte, wäre es vielleicht möglich, ihm begreiflich zu machen, daß er in Wirklichkeit z. B. keine Süßigkeiten oder Zigaretten braucht. Sie könnten ihm zeigen, wie er sich auch bei größeren Anstrengungen entspannt und anmutig bewegen kann, oder wie er in Situationen, wo er Krankheiten abwehren muß, mutig und selbstbewußt vorgeht. Der Bioenergiekreis schafft einen Zugang zu den tieferen Ebenen des Bewußtseins. Wir können mit ihm die Wirksamkeit verschiedener Methoden zur positiven Selbstbeeinflussung erhöhen, angefangen von Hypnotherapie über Biofeedback bis hin zu den verschiedensten Visualisierungs- und Affirmationstechniken.

Die bildhafte Vorstellung und ihre Anwendung in verschiedenen Traditionen

Der Westen hat seit einiger Zeit die Kraft der kreativen Vorstellung wieder für sich entdeckt. Es ist ein großes Interesse an dieser Methode entstanden, doch hat sie schon in prähistorischen Zeiten bei schamanastischen Praktiken eine Schlüsselrolle gespielt. Seit uralten Zeiten sind bildhafte Vorstellungen ein wichtiger Bestandteil östlicher Meditationspraktiken. Die esoterischen Schulen des Ostens, wie Taoismus, Tantra, viele Yoga-Systeme und die Tradition der Siddhas haben schon viel früher die Kraft der kreativen Visualisation genutzt.

Die Wirksamkeit der bildhaften Vorstellung ist nach Eemans Tod in eindrucksvoller Weise bestätigt worden. Unter den heutigen Anwendern von Visualisierungsübungen und Imaginationsverfahren sind vor allem die Vertreter der humanistischen Psychologie und unter ihnen besonders der Italiener Roberto Assagiolo zu erwähnen. In seinem System der Psychosynthese ist die Vorstellungskraft von besonderer Bedeutung für die geistige und emotionale Selbstverwirklichung des Menschen.

Um das Verhalten auch im physischen Bereich zu ändern und zum Beispiel die Abhängigkeit von der Zigarette zu überwinden, benutzen Psychologen, die mit der kognitiven Verhaltenstherapie arbeiten, Vorstellungsbilder in großem Umfang. Auch gibt es sehr eindrucksvolle Erfahrungen mit Krebspatienten, die mit der bildhaften Vorstellung ihr Immunsystem beträchtlich stärken konnten. Sogar das Programm, mit dem US-Marinesoldaten zu Höchstleistungen getrimmt werden, enthält Visualisierungsübungen. Ganze Serien von Video-Bändern, die in letzter Zeit für das Training von Sportlern in steigender Zahl kommerziell vertrieben und eingesetzt werden, beruhen auf der Wirkung der sogenannten passiven Visualisierung. Verschiedene Olympia- und Profisportler haben die Visualisation zu einem wichtigen Teil ihres Trainingsprogramms gemacht, da sie ihre Effektivität bewiesen hat.

Die »bewußte Suggestion« nach Eeman

Durch die Arbeit mit seinen Patienten und dem Entspannungs-Energiekreis erkannte Eeman, daß die Vorstellungskraft für die Verbesserung des körperlichen Wohlbefindens von großer Bedeutung ist. Sein therapeutisches System von Visualisierungstechniken nannte er »bewußte Suggestion«.

Eeman regte in seinen Kursen dazu an, die körperliche Gesundheit durch bestimmte Vorstellungsbilder zu stärken. Er glaubte, daß diese Technik die emotionale und psychische Seite direkt ansprechen und so das körperliche Wohlbefinden verbessern könne. Für Eeman war es schon länger klar, daß diese drei Ebenen untrennbar miteinander verbunden sind, seit er erkannt hatte, daß die Gesundheit von der Energiemenge abhängig ist, die dem physischen Körper zur Verfügung steht. Energie, die in geistigen oder emotionalen Blockaden festgehalten wird, reduziert das Energieniveau des Körpers.

Eemans Instruktionen waren für den Gebrauch in einem Einzel-Energiekreis bestimmt. Dennoch bevorzugte er wegen des zur Verfügung stehenden größeren Vorrats an Energie die Anwendung im kooperativen Energiekreis. Im Energiekreis lag z. B. eine Person, die krank war, zusammen mit einer Gruppe von sechs oder mehr gesunden Menschen. Alle Teilnehmer konzentrierten sich auf das gleiche Vorstellungsbild, zum Beispiel: Die betreffende Person ist bester Gesundheit — läuft an einer warmen, sonnigen Küste entlang und überholt dabei ganz locker fünf hervorragende Sprinter.

Eeman betonte, daß jedes Vorstellungsbild möglichst viele Details enthalten solle. Erfolgreiche Visualisierungen, das war seine These, beruhen gerade auf vielen Details, aus denen sich ein Bild zusammensetzt. Das Vorstellungsbild sollte sodann drei Kriterien erfüllen. Erstens muß es einen Wunsch zum Ausdruck bringen und praktisch erreichbar sein. Zweitens muß der klare Wunsch spürbar sein, das jeweilige Ziel auch erreichen zu wollen. Drittens — und dieser Faktor ist nach Eeman von besonderer Bedeutung — sollte das Vorstellungsbild äußerst spezifisch, detailliert und lebendig sein und dabei so viele Sinne und physiologische Funktionen einschließen wie nur irgend möglich. Wenn die Übung dann entspannt im Bioenergiekreis durchgeführt wird, würde sich auch die Energie einstellen, die zur Umsetzung der visualisierten Bilder nötig ist.

Eeman zufolge könnte diese Methode mit der Unterstützung, die durch die anderen gegeben wird, den einzelnen dazu befähigen, den eigenen Gesundungsprozeß voranzutreiben. So kann jemand, der nicht so gut visualisieren kann, durch die anderen Teilnehmer im Bioenergiekreis unterstützt werden. Menschen mit ähnlichen Schwierigkeiten wurden deshalb nicht in den gleichen Bioenergiekreis zusammengelegt. Aber die Teilnahme einer Person, die besondere Stärken hat (z. B. ein sehr guter Läufer), kann, so meinte Eeman, die Effektivität der bewußten Suggestion sehr verstärken.

Durch die Kontrolle der Atmung, der Pulsfrequenz und der Körpertemperatur konnte Eeman die Wirkung der bewußten Suggestionen auf der körperlichen Ebene direkt verfolgen. Bei bestimmten Visualisierungsaufgaben, die Eeman den Personen im Bioenergiekreis gab (z. B., sie würden schwimmen, schnell laufen oder andere körperlich sehr fordernde Tätigkeiten verrichten), stellten sich die entsprechenden Veränderungen bei der Herz- und Lungentätigkeit, in der Haut und im Blutdruck usw. ein. Es waren genau die Veränderungen, die man normalerweise bei einer solchen Anstrengung erwarten würde. Manchmal spannten sich sogar die betreffenden Muskeln an, die für die visualisierte Tätigkeit gebraucht worden wären. Wurde der Energiekreis wieder unterbrochen, dann hörten diese Aktivitäten auf.

Das verleitete Eeman zu der offensichtlich falschen Schlußfolgerung, daß nämlich Visualisierungsübungen nur dann körperlich effektiv seien, wenn die betreffende Person im Bioenergiekreis liege. Heute wissen wir, daß z. B. die Visualisierung einer fehlerlosen Turnübung ganz erstaunlich gute Wirkungen auf die spätere Wettkampfübung hat. Aber die zentrale These von Eeman ist ganz bestimmt richtig: Der Energiekreis verbessert die Aufnahmefähigkeit des Körpers für die Wirkungen einer Visualisierung ganz erheblich.

Im Vergleich zur Hypnose hat die bewußte Suggestion, so Eeman, stärkere, besser integrierbare und länger andauernde Wirkungen, vor allem weil sie die bewußte Teilnahme der betreffenden Person erfordert.

Bioenergiekreis und Biofeedback

Der Leiter des Instituts für Biofeedback am St. Lukas Hospital in Bethlehem/Pennsylvania, Dr. George Fritz, benutzt die Bioenergiekreis-Methode (er nennt die Geräte Polaritäts-Platten) bei seiner Arbeit mit Biofeedback. Im Mittelpunkt seiner Bemühungen steht die Behandlung von streßabhängigen Erkrankungen mit körperlicher Symptomatik, als deren Ursache nervöse Spannungen diagnostiziert werden. Durch die verschiedensten Biofeedback-Übungen hilft Dr. Fritz seinen Patienten dabei unter streßauslösenden Umständen, ihre individuelle Streß-Reaktion zu kontrollieren. Manchmal fordert er seine Patienten auch dazu auf, sich bei ihren Übungen in einen Bioenergiekreis zu legen. Nach seiner Meinung wirkt der Bioenergiekreis »bei der Behandlung von Einschlafstörungen und Verspannungen wie ein Verstärker«.[1]

Bei den letzten Kongressen der »Biofeedback Society of America« benutzte Dr. Fritz für die Vorführung des Biofeedback-Effekts den Bioenergiekreis. Er führte sie mit Freiwilligen aus dem Auditorium durch, das sich aus Mitgliedern dieser Vereinigung zusammensetzte. Die Experimente, die Dr. Fritz vorführte, wurden teils mit, teils ohne die Unterstützung durch den Bioenergiekreis vorgenommen. Auf ihre Reaktionen hin befragt, versicherten die Teilnehmer übereinstimmend, daß ihre Erfahrungen bei den Biofeedback-Übungen intensiver waren, wenn sie

[1] Dr. George Fritz in einem Telefongespräch mit der Autorin

den Bioenergiekreis hinzunahmen. Der Forschungsbericht von Dr. Fritz belegt auch die Behauptung von Eeman, daß der Bioenergiekreis die Wirkung von Visualisierungsübungen verstärkt. Durch den Bioenergiekreis, so die Hypothese von Dr. Fritz, wird eine tiefgreifende Körper-Geist-Integration erreicht, die es ermöglicht, daß Suggestionen mühelos vom ganzen Gehirn aufgenommen werden können.

Die Autoren dieses Buches gehen davon aus, daß die erhöhte Aufnahmebereitschaft für Visualisationen auf den wachbewußten Trancezustand zurückzuführen ist, in dem sich Körper und Geist befinden, wenn eine Person im Bioenergiekreis liegt. Aufgrund der größeren Durchlässigkeit der Grenzen zwischen Körper, Geist und Emotionen werden die Vorstellungsbilder wesentlich tiefer und stärker auch auf der körperlichen Ebene erlebt.

Augenscheinlich kann die Bioenergiekreis-Methode hier auch für alle diejenigen ein interessantes Werkzeug sein, die mit Hilfe von Visualisierungstechniken, Phantasiereisen, Affirmationen oder positiven Programmierungen persönliches Wachstum fördern wollen. Dazu zählen insbesondere Psychologen (auch Sport-Psychologen), Hypnosetherapeuten, Biofeedback-Praktiker und Rebirthing-Therapeuten.

Zwei Visualisierungsübungen

Die folgenden Visualisierungsübungen werden durchgeführt während Sie im Bioenergiekreis liegen. Sie entspannen sich zunächst für einige Minuten, bis Sie merken, daß die Energiekreiswirkung einsetzt. Beginnen Sie dann mit der ersten Visualisierungsübung. Es kann einige Zeit vergehen, bis Sie die Vorstellungsbilder wirklich sehen. Arbeiten Sie dann in der Zwischenzeit mit dem, was Sie sich schon bildhaft vorstellen können.

Visualisierungsübung:
Heilende Visualisierung des Körpers

Bei der Übung benutzen Sie den Bioenergiekreis, um sich tief zu entspannen und sich die Heilung Ihres Körpers bildlich vorzustellen. Sie können diese Übung auch dazu verwenden, um allgemeines Wohlbefinden und eine bessere Gesundheit Ihres Körpers zu erreichen. Der eigentliche Zweck dieser Visualisierung besteht darin, die Abwehrkraft und die Selbstheilkräfte des Körpers bei speziellen Erkrankungen oder Unfällen zu unterstützen.

1. Sie liegen im Bioenergiekreis und fühlen sich nach einiger Zeit völlig entspannt und angenehm durchwärmt. Stellen Sie sich dann bildlich ein goldenes Licht vor, das sowohl Ihren Körper als auch Ihre gesamte Umgebung erfüllt. Das goldene Licht ist warm, und Sie spüren, wie es Ihren ganzen Körper durchströmt. Mit jedem Einatem nehmen Sie mehr und mehr dieser heilenden Energie in sich auf. In diesem Zustand durchströmten, leichten Gelöstseins können Sie mit einem großen Wohlgefühl diese Heilenergie in sich wahrnehmen.

2. Fragen Sie den erkrankten Teil Ihres Körpers, indem Sie entweder nur an die Frage denken oder indem Sie diese Frage innerlich formulieren, ob es etwas gibt, auf das Sie hören, das Sie tun oder von dem Sie etwas lernen sollen. Entspannen Sie sich, lassen Sie los und horchen Sie in sich hinein. Nicht selten kommt die Antwort in Form eines bestimmten Gefühls zu Ihnen. Wenn Sie einen Rat bekommen, folgen Sie ihm, so gut es geht. Seien Sie nicht entmutigt, wenn Sie keine Antwort erhalten, gehen Sie dann einfach in der Visualisierungsübung weiter.

3. Sie richten Ihre Aufmerksamkeit auf die goldene Heilenergie, die Ihren Körper umgibt und durchdringt. Um die Heilkraft dieser Energie wirklich nutzen zu können, atmen Sie al-

le negativen und blockierenden Energien aus. Das geht am einfachsten, wenn Sie sich vorstellen, wie Sie zuerst diese goldene Energie tief einatmen und mit der Ausatmung alle negativen Energien aus Ihrem Körper hinauslassen. Tun Sie dies jetzt mindestens dreimal oder so lange, bis Sie spüren, daß sich die Blockade auflöst. Dabei werden Sie gewahr, wie mit jeder Ausatmung mehr und mehr Gifte, negative Energien und körperliche Blockierungen die erkrankte Stelle und den Körper verlassen.

4. Jetzt senden Sie mit dem Atem Heilenergie in diesen Teil des Körpers. Sie fühlen, oder stellen sich vor, wie Sie mit dem Einatem die Heilkräfte aus der Sie umgebenden universellen Lebensenergie beziehen und wie sich diese liebevolle Energie in Ihrem ganzen Körper auszubreiten beginnt. Lassen Sie den Atem kommen und gehen, wie er will. Mit dem Ausatem lenken Sie, unterstützt durch die bildhafte Vorstellung, in feinempfindender Weise die Energie an die Stelle des Körpers, die der Heilung bedarf. Lassen Sie mit dem Einatem diese erkrankte Stelle sich direkt mit der heilenden und nährenden Energie versorgen, so als ob dieser Teil des Körpers die universelle Lebensenergie selbst einatmen würde. Mit der Ausatmung spüren Sie, wie dieser Bereich voll vibrierender Energie ist, nach außen strahlt und sich zu heilen beginnt. Anfangs lenken Sie die Heilenergie absichtlich mit dem Ausatem zu der erkrankten Stelle. Nach mehreren Atemzyklen werden Sie bemerken, wie Sie ganz von selbst sehen können, wie dieser Bereich voll vibrierender Energie, lebendig und gesund ist. Seien Sie einfühlsam und vertrauen Sie Ihrer Intuition. Sie können diese Visualisierungsübung auch ganz nach Ihren eigenen Bedürfnissen umändern. Führen Sie diese Übung auch ohne den Bioenergiekreis durch und beobachten Sie die unterschiedliche Wirkung. Erhöht der Bioenergiekreis Ihre Vorstellungskraft? Können Sie während der

Übung im Bioenergiekreis besser gesammelt anwesend sein, und sind die Vorstellungsbilder dann kräftiger?

5. Nun zur wichtigsten Phase dieser Übung: Wenn die Visualisation abgeschlossen ist, gehen Sie ganz absichtslos in die innere Stille. Lassen Sie alle Erwartungen darüber los, wie Ihre Heilung vonstatten gehen wird. Vertrauen Sie darauf, daß Sie das Ihre dazu getan haben, diesem Teil Ihres Körpers zu helfen. Glauben Sie mit großer Gewißheit daran, daß Ihnen genau das gegeben wird, was für Ihr persönliches Wachstum, Glück und die spirituelle Entwicklung nötig und richtig ist.

Visualisierungsübung: Der innere Athlet

Diese Visualisierung lehnt sich an Übungen an, die Eeman benutzte, um die motorischen Funktionen zu stärken. Sie ist sehr dazu geeignet, die sportliche Leistungsfähigkeit spürbar zu verbessern. Entspannen Sie sich zu Beginn der Übung im Bioenergiekreis. Es wird Ihnen hier ein Basismodell angeboten, mit dem Sie selbst experimentieren können. »Innere« sportliche Übungen machen sehr viel Freude, sind tatsächlich sehr aktivierend und kräftigend und können Ihre sportlichen Leistungen meßbar verbessern!

Die Übung wirkt am besten, wenn Sie Ihnen von einer anderen Person vorgelesen wird und Sie dabei im Bioenergiekreis liegen. Wenn das nicht möglich ist, sollten Sie sich den Text mehrere Male durchlesen, bis Sie ihn in groben Zügen auswendig können, um sich dann an den Ablauf zu erinnern, während Sie im Bioenergiekreis liegen. Anfangs werden Sie für die ganze Übung bis zu einer halben Stunde Zeit benötigen, mit etwas Übung können Sie die Zeit dafür auf wenige Minuten reduzieren. In der folgenden Übung habe ich einige Unterbrechungen eingefügt, die

Sie dafür nutzen können, auf Ihren Herzschlag oder Ihren Atem zu achten. Diese Pausen sollten insgesamt nur wenige Minuten lang dauern.

Wenn Ihnen einige Einzelheiten, die ich in die Schilderung eingebaut habe, nicht gefallen, ersetzen Sie sie einfach durch solche, die Ihnen mehr zusagen. Führen Sie diese Übung zwei oder drei Wochen lang jeden Abend durch (günstig ist es, sie direkt vor dem Einschlafen zu machen). Zehn Tage ist das Minimum für real meßbare Veränderungen. Schreiben Sie die Ergebnisse auf, um Ihre Fortschritte zu kontrollieren. Sie können die Übung auf Ihre individuellen Bedürfnisse hin verändern (zum Beispiel auf das Schwimmen beziehen, auf Gymnastik oder andere Sportarten). Sie können ähnliche Übungen dazu benutzen, ganz bestimmte Ziele zu erreichen, z. B. um ganz spezifische Funktionen oder Bewegungsabläufe zu verbessern, wie einen Ball zu werfen oder einen bestimmten Schlag mit dem Tennisschläger auszuführen. Die wichtigste Bedingung dafür, daß eine solche Visualisierung wirklich hilft, ist, daß sie mit vielen verschiedenen Ideen und Details durchsetzt ist, die möglichst alle Sinne miteinbeziehen und Ihre Emotionen berühren.

1. Während Sie entspannt im Bioenergiekreis liegen, erinnern Sie sich an das Körpergefühl, das Sie hatten, als Sie in leistungsmäßig bester körperlicher Verfassung waren, wahrscheinlich im Alter zwischen zwanzig und fünfundzwanzig Jahren. Stellen Sie sich das so real, lebendig und lebensnah vor, wie es Ihre Erinnerung zuläßt.

2. Begleiten Sie sich selbst in Ihren Ferien zu einem warmen und schönen Badeort. Sehen Sie sich selbst in Schwimmkleidung zu, wie Sie mit Ihren Freunden an einem schönen Strand ungefähr einhundert Meter vom Wasser entfernt stehen. Genießen Sie den Sonnenschein, die sanfte Brise und das Meer und freuen Sie sich selbst schon darauf, gleich im Meer baden zu können.

3. Als Sie gerade langsam zum Wasser hinuntergehen wollen, fordert einer Ihrer Freunde alle zu einem Wettlauf zum Meer auf. Auf die Plätze, fertig — los!

4. Laufen Sie ganz locker und so schnell Sie können! Nach einem Viertel der Strecke sind Sie dritter... laufen Sie schneller, damit Sie den zweiten auf halber Strecke überholen können... sprinten Sie mit aller Kraft, um den Führenden einzuholen, gewinnen Sie Anschluß an ihn und überholen Sie ihn nach einem begeisternden Kampf in einem unglaublich kraftvollen und mit höchster Geschwindigkeit durchgeführten Endspurt. (An dieser Stelle können Sie eine Pause machen, um Ihre Atmung, Ihren Herzschlag und andere Körperfunktionen zu überprüfen.)

5. Jetzt kommen Sie zum Wasser, bahnen Sie sich Ihren Weg durch die entgegenkommenden Wellen, fühlen Sie die belebende Wirkung, die Sie mit jeder neuen Welle erreicht, machen Sie einen Hechtsprung in eine Welle und fangen Sie an zu schwimmen. Fühlen Sie den Rhythmus in Ihren Bewegungen, verstärken Sie nach und nach die Kraft Ihrer Schwimmzüge, fordern Sie sich selbst dazu heraus, eine Strecke mit hohem Tempo zu durchschwimmen, und kehren Sie schließlich zurück zum Strand. (Machen Sie hier wieder eine Pause, wenn Sie Lust dazu haben.)

6. Wenn Sie wieder an ihrem Platz sind, ziehen Sie Badeanzug bzw. Badehose aus, nehmen Sie ein rauhes Badetuch, um Ihre Haut möglichst gut anzuregen, reiben Sie wirklich jede Stelle Ihres Körpers damit sorgfältig und so kräftig und schnell damit ab wie möglich: den Rücken, dann Brust und Bauch, den Hals und Nacken, das Gesicht und die Kopfhaut; die Arme und Hände bis zu den Fingerspitzen; die Beine und Füße bis hinunter zu den Zehen.

7. Sie legen sich auf den warmen Sand und nehmen ein Sonnenbad. Sie spüren die Wärme des Sandes, die angenehme Luft

und die Strahlung der Sonne. Lassen Sie die Energie des Sandes, der Luft und der Sonne durch Ihre Haut hindurch in sich eindringen und in Ihrem Blut zirkulieren, Ihr Gehirn, alle Organe und Glieder, alle Nerven, Muskeln und Knochen durchströmen und beleben. Lassen Sie jede einzelne Zelle sich wie eine Batterie mit Sonnenenergie aufladen und genießen Sie dieses wohlige Gefühl. (Machen Sie hier wieder eine Pause, um Ihre körperlichen Reaktionen zu beobachten, wenn Ihnen danach ist.)

8. Stellen Sie sich jetzt bildlich vor, wie Sie nach einiger Zeit am Strand ganz wohlig einschlafen. Es ist der tiefste, längste und erholsamste Schlaf, den Sie sich vorstellen können. Er dauert über mehrere Stunden. Weil dieser Schlaf Teil Ihrer Phantasiereise ist, werden Sie auch keinen Sonnenbrand bekommen! Merken Sie, wie gut und erholsam dieser Schlaf für Sie ist? Beobachten Sie Ihren Körper von außerhalb, während Sie schlafen.

9. Nachdem Sie für einige Stunden wunderbar tief geschlafen haben, wachen Sie langsam wieder auf und fühlen sich frisch und sehr vital. Sie spüren ein Bedürfnis, sich ausgiebig zu dehnen. Stellen Sie sich vor, wie Sie jeden Teil Ihres Körpers wohlig dehnen und lang werden lassen und wie Sie dann den Augen eine sanfte Massage geben. Die elastischen Dehnbewegungen lösen ein Gähnbedürfnis aus, wie bei gesunden Kindern, wenn sie aufwachen. Führen Sie diese elastischen, langsamen Dehnbewegungen zuerst im Liegen durch und dann, nachdem Sie aufgestanden sind.

Bildhafte Vorstellungen wie diese baute Eeman ab und zu in den kooperativen Energiekreis mit ein. Weil Menschen unterschiedlich lebendige Erinnerungen haben, nahm er an, daß sich die Vorstellungen mehrerer Einzelpersonen gegenseitig verstärken müßten.

Probieren Sie die obige Visualisierungsübung oder eine Ihrer Wahl aus, während ein Freund Ihnen die Hände auflegt (wie im Kapitel 9 beschrieben) oder während Sie beide jeweils allein in einem Energiekreis liegen. Es ist auch möglich, daß mehrere Personen die gleiche Visualisierung durchführen und dabei zugleich einer anderen Person die Hände auflegen. Das kann der Person im Bioenergiekreis helfen, ihre Vorstellungskraft zu verbessern. Eine weitere Möglichkeit besteht darin, daß eine Person eine Geschichte erzählt und die Gruppenmitglieder sich die einzelnen Bilder vorstellen, während sie zugleich das Handauflegen bei einem anderen Menschen praktizieren.

KAPITEL 8

Der Bioenergiekreis
und die therapeutische Selbsterfahrung

Der Körper kennt viele Geheimnisse, die unser Verstand längst begraben und vergessen hat. Die im Körper gespeicherten Gefühle und Erinnerungen können aber gerade der Schlüssel sein, um zu befreienden neuen Sichtweisen und zu einem besseren Verständnis unseres Selbst zu gelangen. Ich habe den Seiden-Energiekreis von Lindemann unter genau dieser Zielstellung genutzt, um an alte und verschüttete Emotionen in meinem Körper heranzukommen, und ich bin überrascht, wie sehr der Bioenergiekreis bei dieser Arbeit helfen kann.

Vielen körperlichen Problemen liegen psychische Störungen zugrunde. Auch die Schulmedizin mißt inzwischen den Einstellungen und Gefühlen eine größere Bedeutung bei und hält sie für eine der wesentlichen Ursachen bei Krankheiten wie Bluthochdruck, Magengeschwüren, Krebs usw. In verschiedenen Richtungen der Körpertherapie und der Psychotherapie werden emotionale Imbalancen, die durch traumatische Ereignisse oder unterdrückte Gefühle entstanden sind, als die eigentliche Ursache für viele oder sogar alle körperlichen Leiden angesehen. Sie verweisen darauf, daß ein vorübergehendes Energieungleichgewicht sich leicht in ein chronisches Energiemuster verwandeln kann. Diese chronischen Imbalancen schlagen sich in seelischer Hinsicht in Form von Gefühlsblockaden und auf der physiologischen Ebene als Muskelverspannung bzw. -»panzerung« nieder. Schließlich finden bestimmte Energieimbalancen ihren Ausdruck in je unterschiedlichen Krankheitsbildern bis hin zu bestimmten Degenerationserscheinungen.

Körpertherapien wie die Reichianische Therapie, Rolfing, Hellerwork, Rebirthing und Bioenergetik zielen alle darauf ab, eingefahrene Streßmuster sowohl auf der psychischen als auch auf der körperlichen Ebene dauerhaft zu verändern. Bei der Bioenergetik, wie sie von Alexander Lowen begründet worden ist, sollen die Menschen durch besonders wirksame Streßstellungen und eine vertiefte und beschleunigte Atmung in Kontakt mit den Gefühlsinhalten ihrer Verspannungen kommen. Bei einer der Grundstellungen der Bioenergetik steht man mit vornüberhängendem Oberkörper bei leicht gebeugten Knien und nach unten hängenden Armen. Dadurch wird vor allem der Kopf sehr stark durchblutet. Nach einigen Minuten beginnen die Knie leicht zu zittern. Wenn man weiter tief und kräftig durchatmet, erhöht sich auch die Pulsfrequenz, und intensive Emotionen können dann in dieser Stellung körperlich erfahren werden. In einigen Bioenergetik-Therapien werden diese speziellen Stellungen durch das Aussprechen emotional geladener Worte oder Sätze begleitet, wie z. B. »Warum?« oder »Nein!«.

Bei meinen eigenen Bioenergetik-Erfahrungen vor fünfzehn Jahren habe ich einige sehr starke emotionale Reaktionen erlebt, die mich zu einer intensiven Kontaktaufnahme mit den eigenen Gefühlen führten. Es spricht sehr für diese Arbeit, daß ich mich danach körperlich rundum wohler und mehr in Einklang mit meinen Gefühlen erlebt habe. Als ich anfing, den Bioenergiekreis für ähnliche Arbeiten zu nutzen, war mir schon klar, daß die Bioenergiekreis-Methode solche dramatischen Gefühlsausbrüche nicht auslösen würde, weil ich die sanfte und beruhigende Wirkung der Geräte aus vielen Anwendungen bereits kannte.

Ich war daher sehr überrascht, als ich bemerkte, daß der Bioenergiekreis in ganz einzigartiger Weise dabei helfen kann, an tiefe Gefühlsschichten heranzukommen. Die Bioenergiekreis-Methode ist zweifellos wesentlich sanfter als etwa die Bioenergetische Therapie. Meiner Erfahrung nach kommt es durch die bioenergetischen Übungen häufig zur Freisetzung von Gefühlen wie Wut, Trauer oder Angst, auch wenn wir noch gar nicht bereit dazu sind. Dennoch handelt es sich hier um eine wichtige Methode, die eine intensive Kontaktaufnahme mit den eigenen Gefühlen ermöglicht. In der Arbeit mit dem Bioenergiekreis, wie ich sie durchführe, kommen dagegen nur solche Emotionen an die Oberfläche, die sich ganz natürlich aus den Spannungsmustern in meinem Körper und meinem Energiesystem ergeben.

Als ich mit dieser Art von Arbeit im Bioenergiekreis begann, war alles, was ich wirklich »tat«, nur tief und etwas schneller als normal zu atmen. Tiefes und spürsames Atmen ist ein sehr guter Weg, um mit Gefühlen in Kontakt zu kommen und den Weg zum Unbewußten zu öffnen. Ich wollte dabei kein Gefühl bekämpfen, und wenn ich es doch tat, dann wollte ich das Zurückweisen eines Gefühls zumindest gelten lassen und annehmen können. Meine Absicht war, wirklich anwesend zu sein und alles, was auftauchen wollte und normalerweise tief unter dem Alltagsbewußtsein liegt, bewußt wahrzunehmen.

Es ist natürlich nicht so einfach, völlig gegenwärtig zu sein und aufsteigende Gefühle zuzulassen. Meditationen können uns dabei helfen zu spüren, wie wenig wir im Grunde genommen »da« sind. Die Arbeit mit den Gefühlen im Bioenergiekreis ist so gesehen nichts anderes als eine Meditation. Ich fand für mich heraus, daß sich der Prozeß ganz natürlich entwickeln konnte, wenn ich es schaffte, verletzlich zu bleiben und wirklich gegenwärtig zu sein. Die durch den Bioenergiekreis hervorgerufene wachbewußte Trance führte zu einem Zustand natürlichen Gelöstseins. Während ich mich mehr und mehr entspannte, bemerkte ich hin und wieder ein merkwürdiges Ziehen in meinen Beinen und im Rückgrat. Ich konnte feststellen, wie Gedanken und Gefühle in mir aktiviert wurden. Nach einer Weile kam ich mit tiefen Gefühlen der Trauer und des Schmerzes in Berührung. Dieser Prozeß entwickelte sich ganz natürlich, wie von selbst und sehr sanft. Als ich die Gefühle zuließ und weinte, fühlte ich mich sehr verwundbar und dennoch aufgehoben, wie ich das nur aus meiner Kindheit kannte, aber fast schien es mir so, daß es Gefühle waren wie aus einer Zeit davor. Wenn ich diese Gefühle gelten lassen und annehmen konnte, kam der Prozeß nach und nach zu einem Abschluß. Dann stiegen neue Gefühle auf, vertieften sich wieder und zogen vorbei.

Danach war ich sehr glücklich und euphorisch, und es schien, als ob sich dieses Hochgefühl in jeder Zelle meines Körpers ausbreiten würde. Diese Art von Gefühlsarbeit folgte offensichtlich einem bestimmten Ablauf. Sie ermöglichte den Kontakt zu noch unerledigten persönlichen Gefühlen, genau in der Reihenfolge, wie sie für mich richtig war. Diese Erfahrung ließ mich wieder meine eigene Kraft entdecken, sie war sehr sanft, und ich fand, sie war natürlicher als der Prozeß des Freisetzens von Emotionen, so wie ich ihn bei der Bioenergetischen Arbeit kennengelernt hatte.

Besonders fasziniert war ich von der Kraft, mit der der Bioenergiekreis diese Erfahrung unterstützte. Ohne den Energiekreis konnte ich eine Wiederholung dieser tiefen Erfahrungen nicht zustande bringen. Es war so, als wenn sich mit Hilfe der bewußten Aufmerksamkeit, die durch den Bioenergiekreis erst möglich wurde, vorher unbekannte Tore in mir geöffnet hätten. Ich hatte wirklich das Gefühl, daß sich durch diese emotionale Arbeit Dimensionen meines Seins zusammenfügten, die bisher nur getrennt voneinander existierten.

Lindemanns Erfahrungen

Seine ersten Erfahrungen mit dem Bioenergiekreis machte Peter Lindemann mit Kupfermatten, wie sie Eeman benutzt hatte. Durch die Benutzung von magentafarbenen Lampen, mit deren

Licht er sich während der Anwendung des Kupfer-Energiekreises bescheinen ließ, konnte Lindemann die effektive Behandlungszeit im Energiekreis auf einige Stunden ausdehnen. Durch diese verlängerte Anwendung merkte er, daß nach einer Zeit, in der der alltägliche Streß abgebaut wurde, tiefergehende Verspannungen zum Vorschein kamen. Durch das bewußte Arbeiten mit bestimmten emotionalen Streßfaktoren konnte er sich schließlich von einigen tiefsitzenden emotionalen Blockaden befreien. Er führte die längeren Anwendungen eine Zeitlang fort. Die Entwicklung des Seiden-Bioenergiekreises ermöglichte es schließlich, die Länge der Behandlungen noch einmal erheblich zu steigern.

Ihm wurde bald klar, daß es für das Loslassen emotionaler Spannungen nicht immer nötig war, sich des Traumas noch einmal bewußt zu erinnern, denn manchmal ließen elementar scheinende Verspannungen los, ohne daß überhaupt irgendeine Erinnerung auftauchte.

»Durch den Bioenergiekreis war ich schließlich imstande, eine gewaltige Menge alter emotionaler Belastungen loszuwerden.« Lindemanns eigene Erkrankung war dabei eine wichtige Motivation für seine Forschungen. Er bediente sich auch der Iris-Diagnose — ein Diagnoseverfahren, das aus der Betrachtung der Regenbogenhaut des Auges Rückschlüsse auf den Zustand des Gesundheitszustandes des Körpers zuläßt —, um sich Klarheit über seine Fortschritte zu verschaffen. Seine Iris zeigte zu Anfang der Behandlung fünf konzentrische Ringe. Nachdem er damit begonnen hatte, länger im Bioenergiekreis zu bleiben, begannen sich diese Ringe aufzulösen. Nur durch die Behandlung mit dem Bioenergiekreis waren schließlich alle fünf Ringe verschwunden.

Lindemann schlief während seiner langen Anwendungen mit dem Bioenergiekreis fast nie ein. Er ging mit der Absicht in den Bioenergiekreis, tiefsitzende Gefühle bewußt werden zu lassen.

Lindemann blieb dann immer so lange im Energiekreis, bis er an verdrängtes Material herangekommen war, um es schließlich wieder bewußt loszulassen.

Eemans Methode der Myognosis

Auch Eeman entwickelt eine Methode, um tiefsitzende psychosomatische Energieblockaden aufzulösen. Er nannte diese Technik *Myognosis*. Der Patient lag dabei im Entspannungs-Energiekreis und entspannte nach und nach seinen gesamten Körper, angefangen von den Füßen über die Beine und Schenkel zu den Hüften und weiter bis zum Gesicht und zum Kopf. Während der Körper sich mehr und mehr entspannte, beobachtete Eeman Körperbewegungen und Veränderungen im Atemmuster. Er forderte die Teilnehmer wiederholt dazu auf, tiefer zu atmen, und machte sie damit auf bestimmte Blockierungen in der Atmung aufmerksam. Er berührte Arme, Beine oder den Kopf der Patienten, um ihre Aufmerksamkeit auf bestimmte Verspannungen zu lenken. Seine Methode führte sehr häufig zum »Auftauchen« von verdrängten traumatischen Erinnerungen.

Nachdem eine verdrängte Erinnerung »aufgetaucht« war, leitete Eeman seine Patienten dazu an, das emotionale Trauma nochmals zu durchleben, und zwar in beiden Zeitdimensionen, sowohl vorwärts als auch interessanterweise rückwärts. Eeman war von der großen Heilwirkung der Wiederholung traumatischer Situationen in umgekehrter zeitlicher Abfolge völlig überzeugt. Er erklärte dies damit, daß wir uns an ein traumatisches Erlebnis noch einige Male erinnern, aber immer in der normalen zeitlichen Abfolge. Dies macht uns mit der Erinnerung vertraut, und irgendwie entschärft das die Kraft dieser Erinnerungen. Wenn wir uns aber mit diesem Ereignis in umgekehrter zeitlicher Reihenfolge auseinandersetzen, erleben wir es wie etwas Neues, das noch seine ganze

Sprengkraft in sich hat. Mit Hilfe eines wiederholten Durchspielens von verdrängten traumatischen Erlebnissen verlieren die Erinnerungen ihre Macht über uns. Wir können die Seiten unserer Persönlichkeit, die wir abgespalten haben, wieder integrieren und zurückgewinnen. Zugleich löst sich auch die durch das Trauma verursachte muskuläre und gefühlsmäßige Blockierung auf.

Nach Eemans therapeutischen Erfahrungen »wirkt die Lockerung von physischen Verspannungen oft wie ein ›Frühjahrsputz‹ für die mentalen Prozesse, indem Ballast aus dem Unterbewußtsein hinweggefegt wird. Die neue Kraft und Frische, die aus einer solch heilsamen Erfahrung entspringt, bringt auch für die geistigen Funktionen einen vorher ungeahnten Aufschwung. Dies wiederum führt dann auch zu einem größeren körperlichen Wohlbefinden«.[1]

Im folgenden gibt Aubrey Westlake eine Beschreibung von Eemans Konzept der Myognosis (aus »Pattern of Health«):

1. *Jedes Trauma, insbesondere ein psychisches, schlägt sich in nervlich gesteuerten Muskelverspannungen in bestimmten Körperregionen nieder, die unbewußt bleiben und dadurch einen Teufelskreis in Gang setzen. Um diesen Teufelskreis aufzulösen, muß die Verspannung bewußt gemacht werden. Sobald das geschieht, löst sich auch die Verspannung auf, und ein wohliges Gelöstsein kann sich ausbreiten. Jede Tendenz zu erneuter Verspannung kann durch Bewußtmachung verhindert werden.*

2. *Die Auflösung der neuromuskulären Verspannungen begünstigt das Auftauchen der ihnen zugrundeliegenden verdrängten emotionalen Inhalte, die einstmals die Verspannungen erst bewirkten.*

3. *Die befreite Energie ist nun für die Wiederherstellung, d. h. die Heilung der Funktionen des Patienten verfügbar; und sie erhöht das zur Verfügung stehende Energieniveau.*

[1] Cotton: Relax Your Way to Health, mit einem Vorwort von L. E. Eeman

4. *Die psychische Energie ist in sich gegensätzlich und dynamisch und kann therapeutisch genutzt werden (…) Ein Ergebnis der muskulären Entspannung oder »Myognosis«, wie
   Eeman es nannte, ist das »Auftauchen« von unterdrückten
   Gefühlen. Damit meinte Eeman das vollständige Wieder-
   erleben der verdrängten und unbewußt gewordenen ursprünglichen Erfahrung, die die Spannungen und das Trauma erzeugt hatte. Das verstünde er, so Eeman, unter wirk-
   licher Psychoanalyse, weil sich der Patient auf dem Wege der
   muskulären Entspannung auch von seinen versteckten
   Komplexen befreien könne …*

Es ist interessant, daß Eeman oft in vergleichsweise wenigen Sit-
zungen das gleiche erreichte, wozu eine normale Psychoanalyse
Jahre braucht, wenn sie überhaupt so weit kommt. Und das Ergebnis war bestimmt nicht schlechter.[2]
Eeman erwähnt in seinem Buch »Cooperative Healing« einige
außergewöhnliche Fälle, bei denen, während sie im Bioenergiekreis lagen, ganz plötzlich frühe Kindheitstraumata wieder auf-
tauchten — die Heilerfolge in diesen Fällen waren außergewöhnlich gut. Neben Aubrey Westlake, der eine sehr hohe Meinung
von der Myognosis hatte, kann auch Anne Atkinson, eine englische Radionikforscherin, Eemans Erfahrungen bestätigen:

*Ich war sehr an seinen Methoden zur Entspannung interes-
siert und fragte ihn, ob ich nicht einem Zusammentreffen in
der Baker Street beiwohnen und ihm bei der Arbeit zusehen
könne. Es war dort normalerweise eine kleine Gruppe von
sechs bis acht Personen versammelt, mit der er und Mary
Cameron arbeiteten. Er wählte eine der anwesenden Personen aus, bat sie auf die Couch (auf der ein Entspannungs-*

---

[2] Westlake: The Pattern of Health, S. 65—66

Energiekreis lag) und leitete sie zu einer schrittweisen Entspannung von den Füßen an aufwärts. Die meisten seiner Besucher ahnten gar nicht, wie verspannt sie in Wirklichkeit waren. Als nächste Person kam ich an die Reihe. Nach der Entspannungsphase hatte ich ganz plötzlich eine sehr merkwürdige Empfindung auf der linken Gesichtshälfte. Mr. Eeman sagte: »Ihre linke Gesichtshälfte ist gelähmt. Kennen Sie den Grund?« Ohne eine Sekunde zu zögern, hörte ich, wie ich antwortete: »Mein Vater hatte mich beim Rauchen erwischt und schlug mir ins Gesicht.« Eeman sagte: »Und Sie haben sich geschämt.« — »Ja!« Die Empfindung der Lähmung in meinem Gesicht verschwand daraufhin sofort und hat mich seitdem nie wieder belästigt.[3]

Eeman erreichte ganz außerordentliche Erfolge mit seiner Myognosis, vor allem weil er ein äußerst einfühlsamer und sehr erfahrener Therapeut wurde. Er hat leider keine detaillierten Beschreibungen seiner Methode hinterlassen.[*] Wir wissen nicht genau, wie Eeman durch Atemarbeit und körperliche Manipulationen alte Erinnerungen so deutlich ans Tageslicht brachte, während der Patient im Bioenergiekreis lag. Es existiert nach unserem Kenntnisstand keine vollständige und brauchbare Methodologie zu seinem Werk.

[3] Anne Atkinson in einem Brief an die Autoren, Juli 1987

[*] 1954 wurde ein schmales Bändchen »Relax Your Way to Health« von dem englischen Naturheilarzt Dr. H. D. Cotton veröffentlicht, das eine Einleitung von Eeman enthält. In diesem Buch werden einige Myognosis-Techniken Eemans von Cotton beschrieben. Es enthält auch Abbildungen von einem Patienten Cottons, an dem diese Techniken demonstriert werden. Zwar sind die Beschreibungen sehr knapp, aber für Therapeuten, die von den Erfahrungen Eemans mit Myognosis lernen wollen, könnten sie doch von Interesse sein. Auch sind zwei Kapitel in dem Buch »Cooperative Healing« einer mehr theoretischen Diskussion der Myognosis gewidmet.

Körperorientierte Psychotherapien beschreiben sehr genau den Zusammenhang zwischen einem emotionalen Trauma und den Verspannungsmustern in der Muskulatur. Bisweilen ist der Umgang mit dem Körper die einzige Technik, die zur Freisetzung von intensiven Gefühlen angewandt wird. Oft werden auch physische und verbale Techniken eingesetzt. Zugleich mit der Arbeit an körperlichen Verspannungen werden dann deren emotionale Inhalte thematisiert, um Gefühle anzuregen, Einsicht zu erreichen oder um die Fortschritte in der Therapie zu festigen. Die muskuläre Panzerung, die zugrundeliegenden Emotionen (sowohl die aktuellen als auch die verschütteten aus der Vergangenheit) und die traumatischen Erinnerungen des Individuums: Alles wird gleichzeitig bearbeitet, weil es untrennbar miteinander verbunden ist. Allem liegt auf unterschiedlichen Stufen ein gleiches Verspannungsmuster zugrunde, das den Energiefluß blockiert.

Die Lebensenergie ist eine mit Bewußtsein ausgestattete Kraft. Sie ist gleichsam die Grundlage unseres Bewußtseins. An Stellen, an denen wir blockiert und verspannt sind, sind wir unbewußt. Durch die Wiederherstellung des freien Strömens der Lebenskraft in einer bestimmten Körperregion wird auch die Intelligenz der Lebensenergie in dieser Region wieder aktiviert.

In dem durch den Bioenergiekreis herbeigeführten Entspannungszustand können Körper und Geist wegen der durchlässigeren Grenzen leichter an die unterdrückten Erlebnisse herankommen. Der Energiekreis leistet dabei Hilfestellung, unterdrückte, versteckte Erinnerungen und muskuläre Panzerungen zum Vorschein zu bringen.

Es ist vielleicht wichtig, an dieser Stelle zu betonen, daß das Auflösen von Blockaden eine Arbeit ist, an die verantwortungsvoll herangegangen werden muß. Der Bioenergiekreis ist kein Ersatz für die Therapie, sondern nur eine Hilfe bei ihrer Durchführung.

Für die emotionale Arbeit ist der Bioenergiekreis sicher nicht das einzige Hilfsmittel, vielleicht aber doch einzigartig in seiner subtilen Wirksamkeit. Wo andere Ansätze, wie z.B. die bioenergetischen Übungen, schnell zu einer Begegnung mit dem emotionalen Material drängen, vermittelt die Arbeit mit dem Energiekreis eine eher schrittweise Öffnung für die Emotionen. Nichtsdestoweniger ist der Energiekreis in diesem Prozeß äußerst wirkungsvoll. Infolgedessen kann der Bioenergiekreis die bewußte Teilnahme und Verantwortlichkeit in einem hohen Maße unterstützen. Das ist ein großer Vorteil.

Voraussetzung, um eine intensive Kontaktaufnahme mit den eigenen Gefühlen ohne die Unterstützung durch einen Therapeuten nur mit Hilfe des Bioenergiekreises herstellen zu können, ist genügend Zeit und das ernsthafte und verantwortungsvolle Sicheinlassen auf diesen Prozeß. Auch sind hierfür längere Aufenthalte im Seiden-Energiekreis notwendig. Wenn alte Muster wirklich überwunden werden sollen, müssen wir sie zuerst annehmen und gelten lassen können und sie dann loslassen. Der Bioenergiekreis kann hier nur seine Unterstützung anbieten. Damit eine wirkliche Verhaltensänderung stattfinden kann, muß eine bewußte und verantwortungsvolle Entscheidung getroffen und die neue Freiheit auch eingeübt werden. Andernfalls setzen sich nur neue unbewußte Verhaltensweisen an die Stelle der alten, was lediglich zu einer scheinbaren Verwandlung führt.

Der Einsatz des Bioenergiekreises bei professioneller therapeutischer Hilfe wird sehr wahrscheinlich zu einer der wichtigsten Anwendungen für den Bioenergiekreis werden und auch zu neuen kreativen Ansätzen führen. Weil von Eeman keine explizite Zusammenfassung seiner therapeutischen Techniken im Bioenergiekreis vorliegt, sollte jede professionelle körperorientierte Therapie, die mit dem Bioenergiekreis arbeitet, einen erfahrenen Praktiker der Bioenergiekreis-Methode zu Rate ziehen. Therapeuten, die damit arbeiten, Patienten im Prozeß der Öffnung für ihre Gefühle und Erinnerungen zu begleiten, werden sich leicht davon überzeugen lassen, daß der Energiekreis dabei eine sehr wirksame Hilfe sein kann.

Diese verschiedenen Anwendungen sind wohl eine der wichtigsten Themen, die in dem neuen Gebiet der Bioenergiekreisforschung zunächst bearbeitet werden sollten. Dank der humanistischen Psychologie sind die Therapien, die auf persönliches Wachstum zielen, heute viel weiter entwickelt, als dies noch zu Eemans Lebzeiten der Fall war. Bei Reichianischen und Neo-Reichianischen Therapien, bei Bioenergetik, Primärtherapie, Lomi-Therapie und Rebirthing, die alle als körperzentrierte Therapieformen in der humanistischen und transpersonalen Therapiebewegung gelten können, ließen sich Bioenergiekreise sinnvoll und auf kreative Weise anwenden.

Die Anwendung des Bioenergiekreises für die therapeutische Selbsterfahrung — eine Übung

Bei schwierigen emotionalen Problemen und besonders bei extremen und kraftraubenden unausgewogenen Gefühlszuständen wie z. B. Trauer, Sorge, Zorn, Verzweiflung usw. sollte mit dem Bioenergiekreis besonders sorgfältig umgegangen werden. Schwere psychische Belastungen sind in den allermeisten Fällen nur mit der professionellen Hilfe eines ausgebildeten Therapeuten zu bearbeiten. Die anteilnehmende und liebevolle Atmosphäre, in der solch tiefgehende Selbstbegegnung bei einem Therapeuten stattfinden kann, ist in den meisten Fällen der entscheidende Faktor für ihr Gelingen. Jeder, der von sich weiß, daß er emotional oder seelisch auch nur in geringem Maße instabil ist, sollte sich nicht ohne die Hilfe eines guten Therapeuten auf solch möglicherweise sehr tiefgreifende Erfahrungen einlassen.

Es gibt Gegenbeispiele, wie z. B. Peter Lindemann, der diesen Weg ohne die Hilfe eines Therapeuten erfolgreich gegangen ist. Andererseits existiert auch keine Regel, daß es immer falsch ist, sich auf einen solchen Prozeß alleine einzulassen. Für einige mag es möglich sein, sich auf dieses sehr persönliche und intime Abenteuer in Begleitung des Ehepartners oder eines engen Vertrauten einzulassen. Im Interesse der Vollständigkeit und unter Berücksichtigung der obigen Einschränkungen habe ich die folgende Übung als therapeutische Selbsthilfe in das Buch aufgenommen. Aber für viele Leute ist es definitiv der falsche Weg, sich ohne die Hilfe eines ausgebildeten und erfahrenen Therapeuten auf die therapeutische Selbstbegegnung einzulassen. Deshalb rate ich zur Vorsicht. Gehen Sie solch tiefgehende Persönlichkeitsprozesse also immer verantwortungsbewußt an.

1. *Sich entspannen.* Machen Sie es sich auf Ihrer Unterlage im Bioenergiekreis bequem. Sie nehmen Ihren Körper spürsam wahr, ohne sich mit Vorstellungen oder Wünschen in den Ablauf des Geschehens einzumischen. Lassen Sie in diesem Zustand des wohligen Gelöstseins Körperempfindung, Lebensenergie und Gefühle langsam wieder in Einklang miteinander kommen.

2. *Sich öffnen.* Während Sie sich weiter entspannen, spüren Sie, wie Sie sich mehr und mehr öffnen und durchlässiger werden. Sie lassen alle Gefühle, die aufsteigen wollen, an die Oberfläche kommen. Es gibt nichts, das nicht auftauchen darf, oder etwas, das unbedingt aufsteigen müßte. Seien Sie

ein feinfühliger Beobachter des emotionalen Geschehens und der Verspannungen in ihrem Körper.

3. *Der Atem.* Sobald Sie in diesen Prozeß weiter eingetaucht sind, beginnen Sie schneller und tiefer zu atmen. Öffnen Sie sich Ihrem Atem und lassen Sie alle Gefühle auftauchen. Atmen Sie jetzt bewußt in den oberen Brustbereich hinein. Atmen Sie in Ihr Herz, dann in Ihr Becken, schließlich in Ihre Genitalien. Neigen Sie den Kopf beim Atmen etwas weiter nach hinten als gewöhnlich und öffnen Sie dadurch Ihren Rachen und Ihre Luftröhre.

4. *Spüren, wahrnehmen.* Seien Sie ganz gegenwärtig und nehmen Sie spürsam wahr, was geschieht. Es besteht kein Grund, das Aufdecken von Gefühlen zu forcieren oder unterdrückte Gefühle zurückzuhalten. Lassen Sie die Gefühle so sein, wie sie sind, ohne Bemühung und ohne jegliche Anstrengung. Seien Sie nur spürsam für alle Vorgänge im Körper und nehmen Sie bewußt Empfindungen, alte Erinnerungen und Gefühle wahr. Gefühle wahrzunehmen heißt nicht zu »versuchen«, Gefühle wahrzunehmen! Sollte Langeweile oder Frustration in Ihnen hochkommen, so bleiben Sie bei diesen Gefühlen. Was steckt hinter diesen Gefühlen? Wie fühlen Sie sich dabei? Wo fühlen Sie dieses Gefühl in Ihrem Körper, während Sie über diese Fragen nachdenken? Nehmen Sie Ihren Atem wahr, ohne ihn zu beeinflussen. Es gibt absolut keinen Grund, sich jetzt in das Atemgeschehen einzumischen und Gefühle zu »produzieren«. Seien Sie im Prozeß spürsam anwesend, dann werden auch genau die Gefühle an die Oberfläche kommen, die jetzt bereit dazu sind.

5. *Loslassen.* Wenn Gefühle und Erinnerungen hochkommen, lassen Sie sie einfach gehen. Und Sie können feststellen, ob Sie dazu neigen, Gefühle festzuhalten oder ihnen allzuviel Bedeutung beizumessen. Gönnen Sie sich etwas Humor über das Drama Ihres Lebens. Dieses ganze Drama und all die

Erinnerungen sind Überbleibsel aus der Vergangenheit. Lassen Sie Ihre Vergangenheit auftauchen und dann wieder zurücksinken. Lassen Sie alles gehen. Mit jedem Ausatem lassen Sie mehr und mehr los im Vertrauen darauf, daß Sie es nicht mehr benötigen. Sie brauchen an nichts festzuhalten.

6. *Kehren Sie mit Ihrer Aufmerksamkeit wieder zum Prozeß zurück.* Sollten keine Gefühle oder Erinnerungen aufsteigen, kann es sein, daß Sie anfangen, sich zu langweilen, oder Sie sind einfach nicht mehr spürsam genug in diesem Prozeß anwesend. Gefühle, die aufsteigen, können oft schmerzhaft sein. Statt bei diesen Gefühlen zu bleiben, den Atem kommen und gehen zu lassen und spürsam zu fühlen, was im Körper geschieht, bemerken Sie, daß Sie ganz aufgeregt darüber nachdenken, in was für einer unglaublichen Geschichte Sie da eben steckten. Sei es nun Langeweile oder aufgeregte Gedanken, die Sie ablenken, bringen Sie Ihre Aufmerksamkeit wieder sanft zum Prozeß zurück. Machen Sie sich keine Vorwürfe, weil Sie abgelenkt waren. Wenn Sie eine Unachtsamkeit bemerken, kehren Sie einfach wieder zu Ihren Gefühlen zurück.

7. *Lassen Sie sich Zeit.* Dieser Prozeß, besonders wenn er nicht durch einen Therapeuten unterstützt wird, kann längere Zeit in Anspruch nehmen. Selbst mehrere Stunden hintereinander sind manchmal nötig. Es kommt auch vor, daß das Freiwerden von verdrängten Emotionen erst nach einer längeren Übungszeit möglich wird. Bleiben Sie dann bei diesem sachte sich vertiefenden Prozeß. Wir werden lernen, durchlässiger und offener zu sein, um an verdrängte Gefühle heranzukommen und sie loszulassen. Wir brauchen also etwas Geduld. Das spürsame Gewahrwerden des Atems und eine tiefere Entspannung machen uns durchlässiger für den therapeutischen Selbsterfahrungsprozeß. Atmen, sich entspannen, sich öffnen, zulassen...

KAPITEL 9

Die Entwicklung intuitiver
und medialer Sensitivität

Im wachbewußten Trancezustand entdecken wir immer subtilere Energieschwingungen und neue Dimensionen des Bewußtseins. Wir können die Grenze überwinden, die uns normalerweise von medialen Wahrnehmungen und transpersonalen Erfahrungen trennt. Zu Beginn werden wir wahrscheinlich Eindrücke aus der relativ grobstofflichen Ebene der uns schwingungsmäßig am nächsten liegenden ätherischen Energieebene übermittelt bekommen. Später werden wir weitere feinstofflichere Energieebenen und damit auch subtilere Schwingungen wahrnehmen können.

Mediale Sensitivität beginnt
mit dem Aufspüren subtiler Energien

Der Entspannungs-Energiekreis bringt selbst keine übersinnlichen Erfahrungen hervor. Er kann ihr Auftreten jedoch erleichtern, wenn wir bewußt an diesem Prozeß teilnehmen. Obwohl mystische Erfahrungen im Energiekreis durchaus auch spontan auftreten können und aufgetreten sind, so ist das doch die Ausnahme und sollte deshalb nicht erwartet werden. Es wird im Normalfall langandauernder und disziplinierter Arbeit, am besten unter der Führung eines erfahrenen Lehrers, bedürfen, bevor Sie höhere mystische Erfahrungen kennenlernen. Trotzdem können wir mit der Bioenergiekreis-Methode einen ersten Schritt zur Entwicklung medialer Sensitivität tun. Später müssen wir allerdings sehr konsequent selbst weiterarbeiten.

Für viele Menschen ist die Vorstellung von medialen Erfahrungen mit einer besonderen Gabe verbunden, die man von Geburt an hat oder eben nicht hat. In Wahrheit können alle Menschen, nicht nur diejenigen, die mit dieser besonderen Begabung auf die Welt gekommen sind, mediale Fähigkeiten entwickeln. Für die meisten Menschen dürfte die Aktivierung latenter medialer Fähigkeiten allerdings ein Prozeß sein, der Schritt für Schritt vonstatten geht.

Viele mediale Phänomene haben im Ätherleib ihren Ursprung (höhere psychische und mediale Fähigkeiten sind in erster Linie mit der Astralwelt verbunden). Die ätherische oder pranische Seinsebene kann man sich als ein Kraftfeld vorstellen, das uns mit der natürlichen Welt und mit einer allumfassenden Energie verbindet, die über unseren physischen Körper hinausgeht und die überall im Kosmos gleichermaßen existiert.

Die Sensitivität für die ätherische Dimension kann relativ leicht entwickelt werden. Ein bestimmtes Maß an Sensitivität wird normalerweise von allen Menschen jeden Tag gebraucht. Das fängt an bei Begegnungen mit anderen Menschen, bei denen emotionale und intuitive Aspekte eine Rolle spielen, und reicht bis zum täglichen Umgang mit der natürlichen Umwelt. Wenn sich das Einfühlungsvermögen entwickelt, werden wir bemerken, daß der Gefühlsbereich sehr eng mit der Lebensenergie verquickt ist. Negative Gefühle stören den Energiekörper, positive wie Liebe, Lebenslust oder beglückende Erfahrungen sind Ausdruck einer strahlenden und gesunden Lebensenergie. Wir verstehen nun, daß positive Gefühle unerläßlich sind für die Erhaltung unserer Gesundheit.

In dem Maße, wie unsere Sensitivität zunimmt, werden auch die medialen Fähigkeiten auf natürliche Weise aktiviert und durch verstärktes Üben weiterentwickelt. Für einige mag das außersinnliche Wahrnehmung, Telepathie oder Hellsehen bedeuten, andere werden sich eher sehr wach, klar oder offen fühlen und viel bewußter Energien in der Natur und im Austausch mit anderen Menschen spüren. Durch kontinuierliches Üben, wozu sicher auch eine starke Motivation gehört, kann die Bioenergiekreis-Methode sehr hilfreich sein, ätherische und selbst astrale Ebenen direkt wahrzunehmen.

Eemans Untersuchungen zur Telepathie

Eeman berichtet über Beobachtungen, die er immer wieder machen konnte:

Zwei Menschen kommen in einem kooperativen Energiekreis zusammen und schlafen beide ein. Dann dehnen sie sich zur gleichen Zeit, räkeln sich und öffnen wieder die Augen. Einer sagt: »Seltsam, ich habe kurz vorher gegessen, aber ich habe trotzdem von einem großen Essen geträumt!« Und der andere sagt: »Da mußt du meine Träume belauscht haben, denn ich sterbe vor Hunger!«

Solche Szenen spielten sich immer wieder ab. Die Leute erfuhren die verschiedensten Informationen voneinander. Eeman beachtete, daß diese Übertragung von Informationen nicht nur etwa bei Hunger- oder Durstgefühlen stattfand, sondern daß oft auch emotionale und selbst rein gedankliche Informationen ausgetauscht wurden. Etwa um 1925 überzeugte sich Eeman durch seine Versuche mit der »antiskeptischen Testbatterie« davon, daß telepathische Mitteilungen durch den kooperativen Energiekreis relativ leicht übertragen werden konnten.

Die »antiskeptische Testbatterie« (so benannt, weil sie Eeman oft anwendete, um seine eigene Skepsis zu beruhigen) war eine Zusammenschaltung von mehreren Energiekreisen. Er verband die Leitungen aller Personen direkt mit einem Schaltkasten und konnte damit eine Person aus dem kooperativen Energiekreis ausschalten oder sie auch wieder dazuschalten, ohne daß die

Teilnehmer etwas davon mitbekamen. Besonders sensitive Teilnehmer konnten ihm allerdings ohne den geringsten Zweifel mitteilen, wann jemand auf diese Weise zum Energiekreis dazukam oder herausgenommen wurde, und auch, wer jeweils der direkte Nachbar im Energiekreis war.

Sobald Eeman also davon überzeugt war, daß der Energiekreis den telepathischen Austausch fördern konnte, machte er sich an die Arbeit, um hierzu auch den wissenschaftlichen Beweis zu erbringen. Er studierte die Bewußtseinsfunktionen und ihre Auswirkungen auf den Körper. Weil Gedanken zunächst ein nur innerer Vorgang im Menschen und dadurch sehr schwer objektiv zu beobachten sind, begann er zu untersuchen, ob zwischen Gedanken und bestimmten beobachtbaren physischen Phänomenen ein Zusammenhang bestünde. Dadurch hoffte er, die Phänomene zu objektivieren und methodisch sauber in den Griff zu bekommen.

Er unterteilte dafür die Gedanken in verschiedene Kategorien: Gedanken, die auf Farben und Geräusche, solche, die auf Temperaturwahrnehmungen und schließlich solche, die auf bestimmte physische Aktivitäten gerichtet waren.

Durch ausgedehnte genaue Beobachtungen an Menschen, die zusammen oder alleine im Entspannungs-Energiekreis lagen, entwickelte Eeman ein System, das es ihm ermöglichte, die Gedanken mit bestimmten physischen Merkmalen zu korrelieren. Dieses System war äußerst klug und umfassend entworfen. Durch viele Einzelexperimente wies er schließlich nach, daß Gedanken von bestimmten körperlichen Äußerungen begleitet sind. Er konnte auch zeigen, daß körperliche Veränderungen, die durch bestimmte Gedanken hervorgerufen wurden, durch den Bioenergiekreis verstärkt werden. Gedanken an Farben beeinflußten die Atmung, Gedanken an physische Aktivitäten manifestierten sich dadurch, daß die Versuchsperson physisch aktiver wurde. Gedanken an einen Dauerlauf produzierten eine erhöhte

184

Körpertemperatur, Muskelanspannungen vor allem in den Beinen, eine vertiefte Atmung und einen erhöhten Puls. Alle diese körperlichen Veränderungen traten verstärkt auf, wenn sich die Versuchsperson im Bioenergiekreis befand.

Durch den kooperativen Entspannungs-Energiekreis verbessern sich die physiologischen Werte noch einmal erheblich. Auch diejenigen, deren Gedanken umherschweiften, zeigten die entsprechenden körperlichen Veränderungen, wenn sich die übrigen Teilnehmer auf einen bestimmten Gedanken konzentrierten. Es kam auch einige Male vor, daß diejenigen, die sich nicht konzentrierten, die Gedanken der anderen erraten konnten.

Eeman war jetzt davon überzeugt, daß sich mit Hilfe des kooperativen Energiekreises relativ leicht eine telepathische Kommunikation zwischen den Teilnehmern herstellen ließ. Eine Vielzahl von experimentellen Untersuchungen hatten immer wieder eindeutig dieses Ergebnis erbracht. Die »normalen« telepathischen Phänomene finden natürlich ohne Verbindungsleitungen zwischen verschiedenen Personen statt. Die Frage war also, konnte der Bioenergiekreis auch den Empfang von Signalen verstärken, die jemand aussandte, der sich nicht im Bioenergiekreis befand?

Um eine beweiskräftige »drahtlose« Testanordnung zu entwerfen, beschäftigte sich Eeman sehr gründlich mit telepathischen Phänomenen. Er unterschied drei Faktoren, die fast immer bei erfolgter telepathischer Kontaktaufnahme nachzuweisen sind:

- Die Freisetzung latent vorhandener Energien aufgrund einer emotionalen Erregung (oft verbunden mit großer Gefahr, Schock oder Tod)
- Verringerte objektive Aufmerksamkeit beim Empfänger
- Eine starke emotionale Bindung zwischen Sender und Empfänger

Eeman führte verschiedene Experimente durch, die die Wahrscheinlichkeit einer erfolgreichen telepathischen Übermittlung erhöhen sollten. Das Ziel bei dem Versuchsaufbau bestand darin, die drei obengenannten Faktoren systematisch miteinzubeziehen oder, falls nötig, sie zu ersetzen. Da er den Teilnehmern weder einen Schock versetzen noch sie ängstigen wollte, waren existentiell bewegende emotionale Anlässe von vornherein ausgeschlossen. Als Ersatz nahm er deshalb bei seinen Experimenten statt eines einzigen Menschen als telepathischem Sender eine ganze Gruppe als Sender. Da er auch vermutete, daß die Leitungen des Bioenergiekreises als Empfangsantennen fungierten, erhöhte er bei seinen Versuchen deren Länge, um die Aufnahmebereitschaft der Versuchspersonen zu erhöhen.*

Um die objektive Aufmerksamkeit der Empfänger zu verringern, wies er sie an, sich im Bioenergiekreis zu entspannen. Eine möglichst enge Beziehung zwischen der Sender- und der Empfängergruppe erreichte er dadurch, daß jedes Mitglied in der Sendergruppe mindestens einen Verwandten in der Empfängergruppe hatte.

Die Sender sollten sich dann nach seiner Anweisung einige Minuten lang auf einen bestimmten Gedanken konzentrieren. Zusammen mit mehreren Assistenten überwachte er Atemmuster, Körpertemperatur, Muskelkontraktionen und andere körperliche Reaktionen in der Empfängergruppe. Dann fragte er die Empfänger nach ihren subjektiven Erlebnissen.

Die gewissenhaften Aufzeichnungen über seine Versuche füllen ganze Bände. Er führt darin aus, daß mehr als 75 Prozent der Empfänger physiologische Reaktionen auf diejenigen Gedanken-

---

* Eeman fand tatsächlich heraus, daß die Versuchspersonen bei längeren Kabeln eher reagierten und die physiologischen Reaktionen stärker waren. Bei einigen der Versuchspersonen erhöhte sich die Aufnahmefähigkeit erheblich, als er fünfzig Meter sorgfältig verlegten Kabels anstelle von nur acht Metern zufällig hingelegten Kabels verwendete.

inhalte gezeigt hätten, auf die sich die Sender konzentriert hatten. Die Mehrheit davon hatte ihre physiologischen Reaktionen wahrgenommen, und viele konnten das gesendete Gedankenbild sogar direkt empfangen. Kontrollexperimente, bei denen die Empfänger nicht im Bioenergiekreis lagen, brachten stark abweichende Ergebnisse. Eeman war sich jetzt sicher, daß der Entspannungs-Energiekreis die Aufnahmefähigkeit für telepathische Botschaften stark erhöht hatte.

Außerkörperliche Erfahrungen und Channeling

Der durch den Bioenergiekreis hervorgerufene Zustand entspannter, wachbewußter Trance ist gewissen anderen Trancezuständen, in denen außergewöhnliche Bewußtseinszustände erreicht werden, sehr ähnlich. Insbesondere sind hier die außerkörperlichen Erfahrungen zu nennen. Sie verlangen eine tiefgehende Entspannung, bei der »der Körper schläft und das Bewußtsein wach ist«. Der Entspannungs-Energiekreis ist geeignet, genau diesen Zustand hervorzurufen. Die hinduistische Literatur beschreibt den Zustand des Tandra und des Nidra — schlafähnliche Trancezustände, die dazu benutzt werden können, außergewöhnliche mystische Erfahrungen zu erreichen. Die Bioenergiekreis-Methode erweist sich auch als besonders wertvolle Hilfe für diejenigen, die bereits Erfahrungen mit Astralreisen oder anderen mystischen Praktiken haben.
Das Channeling ist in den letzten Jahren sehr populär geworden. Ein Channeling-Medium ist ein Mensch, der als Verbindungskanal zwischen der physischen und spirituellen Ebene wirkt. Manchmal sprechen wir auch von Trance-Channeling, weil in den meisten Anleitungen zum Channeling vorausgesetzt wird, daß sich der als Verbindungskanal wirkende Mensch in einem bestimmten Trancezustand befindet. Wie bei jeder media-

len Erfahrung gehört zum Channeling naturgemäß mehr als nur der Eintritt in einen Trancezustand. Trotzdem ist das Erreichen eines tiefen Trancezustandes ein wichtiger Teil dieses Prozesses, und der Bioenergiekreis ist hierzu ein sehr effektives Mittel.

Die Wahrnehmung der feineren Energien

Die Entdeckung, daß wir selbst ein Kraftfeld subtiler Energien sind, kann zu einer wundervollen Erfahrung werden. Im Bioenergiekreis spüren wir, wie sich der Tanz der Energien in unserem Innern widerspiegelt und wie wir selbst dieser Tanz der Energien sind. Selbst Energie zu sein, kann zu einer sehr befreienden Erfahrung werden. Die Gesetze der Energie sind die Gesetze der Bewegung und des freien Fließens dieser Energie. Während auf der physischen Ebene nicht selten Angst, Anstrengung, Wut, Besitz und Wissen die alles überragenden Überlebensstrategien sind, erscheinen dieselben Mittel auf der Energieebene als Widerstände gegen den freien Fluß der Energie. Der feinstoffliche Bereich gibt uns ein Gefühl des wohligen Gelöstseins, der Freude, des spürsamen Empfindens und der Hingabe. Wenn Gefühle frei fließen können, ist das mit Freude verbunden. Wird der Fluß der Gefühle blockiert, dann empfinden wir Unlust. Selbstfindung steht also in dem Spannungsfeld zwischen dem Streben nach Lebensfreude und offensichtlichen Begrenzungen, die ein lustvolles Erleben immer wieder frustrieren. In der physischen Welt gibt es Gefahren, Ärgernisse, und es sind bestimmte Pflichten zu erfüllen. Die verschiedensten Dinge und andere Menschen, eine Fülle von Ereignissen strömen Tag für Tag auf uns ein. Ganz anders auf der Energieebene: Hier »stürmt« nichts auf uns ein. Die Energieebene ist in ständiger Bewegung. Wie ein Gefühl kann sie sich von einem Moment zum anderen verändern. Tatsächlich sind emotionale Regungen so etwas wie der besondere »Duft« des Energieflusses. Auf dieser Ebene ist alles in relativ freier Bewegung, und die Grenzen der Erfahrung sind weicher, nachgiebiger und offener.

Wir leben jedoch auch in der physischen Welt und unterliegen ihren Begrenzungen. Als ich damit begann, mich besser auszubalancieren, indem ich regelmäßig mit den subtileren Energien meines eigenen Kraftfelds in Berührung kam, konnte ich bemerken, wie ein Selbstheilungsprozeß in Gang gesetzt wurde. Es machte mir zunehmend mehr Freude, in diese Energiedimension einzutauchen, in der es keine festen Begrenzungen des Energieflusses und der Gefühle zu geben schien. Wenn ich die Energiedimension in mir zulassen konnte, dann hatte ich das Gefühl, mit dem Leben zu fließen; und der Bioenergiekreis war mir stets ein wichtiges Hilfsmittel auf dem Weg dorthin.

Mit der Zeit lernte ich, ein besseres Gespür für subtile Energien zu entwickeln. Hingabe, Liebe und Dankbarkeit sind hierfür wichtige Voraussetzungen. Weil wir uns auf der Energieebene sicher fühlen können, ist es hier auch leichter, sich zu öffnen und verletzlich zu sein. Wir sind dann viel empfindsamer und besser in der Lage, als dies auf der physischen Ebene möglich wäre, die wohltuende Wirkung positiver Gefühle auf unser gesamtes Energiefeld zu spüren.

Von den feinkörperlichen Energien lernen

Seit fast zehn Jahren benutzt mein spiritueller Lehrer Da Free John die Bioenergiekreis-Methode. Er ist ein Yogi, medial begabt und hat die Wirksamkeit des Bioenergiekreises immer wieder geprüft. Da Free John empfiehlt den Bioenergiekreis auch seinen Schülern, um sensibler zu werden für feinkörperliche Energien und zur Energiebalance vor einer Meditation.

Die Bioenergiekreis-Methode ist, so Da Free John, auch ein sehr gutes Instrument, um ein erweitertes Verständnis von sich selbst zu entwickeln, mediale Fähigkeiten zu aktivieren und zu entdecken, daß der Körper und die Bewußtseinsprozesse zwei Aspekte eines Energiespektrums sind:

Wir sollten grundsätzlich davon ausgehen, daß wir, wie alle anderen Lebewesen auch, von einem Energiefeld umgeben sind und Energie ausstrahlen. Das ist keine realitätsferne Phantasie, sondern eine Tatsache. Wenn du daran zu zweifeln beginnst, lege dich bitte für einige Minuten auf die Pranayama-Matten (das ist der Ausdruck von Da Free John für den Energiekreis nach Eeman). Unmißverständlich werden sie dir zeigen, daß du ein Kraftfeld subtiler Energien bist, unabhängig davon, was immer du auch sonst noch bist oder zu sein glaubst. Energie fließt durch deine Hände und Finger, deinen Rücken und deinen Kopf. Du wirst feststellen, daß sich deine Körperempfindungen ändern, wenn die Energie in neuen Bahnen fließt. Jeder, der das einmal erfahren hat, wird sich selbst in einer Weise wahrnehmen, wie er es vorher vielleicht noch nie erlebt hat.

Durch die Pranayama-Matten kannst du einen Energiekreis herstellen, der sich von dem bisherigen Energiekreislauf, der häufig durch Verspannungen gekennzeichnet war, grundlegend unterscheidet. Dein Körper wird in Bereichen energetisiert, die bis dahin für den Energiefluß blockiert waren. Du wirst ausgeglichener und fühlst dich verjüngt. Gleichzeitig lernst du auch etwas über dich selbst als Energiefeld. Nach einiger Zeit bist du in der Lage, die Energieströme auch ohne Pranayama-Matten zu spüren. Mit einem neuerwachten Körperempfinden wirst du ein besseres Gespür für den Energiefluß entwickeln und dich ihm gegenüber in jedem Moment richtig verhalten können. Negative Ener-

gien werden so umgewandelt, und du kannst in der ganzen
Fülle der Energie leben. Es gibt also vieles von den Prana-
yama-Matten zu lernen. Es wird für dich darauf ankom-
men, das im Energiekreis Erfahrene mit den individuellen
Gegebenheiten des täglichen Lebens zu verbinden.[1]

Da Free Johns Vorschlag besteht also darin, die Bioenergiekreis-Methode einzusetzen, um sensitiver zu werden, und die erreichte Sensitivität dann mehr und mehr anzuwenden. Der Bioenergiekreis wird so zu einem Biofeedbackgerät, das die Voraussetzungen schafft, eigenverantwortlich mehr Sensitivität, Vitalität und Balance im Alltag zu erreichen. Ein äußerst praktisches
Hilfsmittel also, das uns befähigt, bewußter und empfindsamer
für die feinstoffliche Anatomie des Energiekörpers zu sein. Ich
bin mir sicher, daß dieser Lernprozeß im Bioenergiekreis die
Grundlage für viele interessante Anwendungsmöglichkeiten bildet. Eemans Experimente zeigten ja beispielsweise, daß Personen im Bioenergiekreis die Feineinstellung für den Empfang telepathischer Botschaften wesentlich verbessern konnten. Dies
ist sehr aufschlußreich, und die Experimente hierzu sollten möglichst fortgesetzt werden. Telepathische Fähigkeiten im Bioenergiekreis entwickelt zu haben, bedeutet natürlich noch nicht,
über diese Fähigkeiten auch außerhalb des Bioenergiekreises zu
verfügen. Um das zu erreichen, müssen Sie zuerst herausfinden,
wie Sie sich, während Sie im Bioenergiekreis liegen, verändert
haben, und sodann lernen, bewußt und willentlich die Fähigkeiten, die durch den Umgang mit dem Bioenergiekreis aktiviert
worden sind, auch außerhalb des Energiekreises durch Übungen
weiterzuentwickeln. Wenn Sie dieses Ziel erreichen, kann der
Bioenergiekreis die Basis für eine tiefgreifende Integration von
Körper, Geist und Emotionen werden.

[1] Rothemich: »Sing the Body Electric«, S. 47

Der wachbewußte Trancezustand, hervorgerufen durch den Bio-energiekreis, wirkt sozusagen reintegrativ: Er ermöglicht es, die Desintegration von Körper, Geist, verdrängten Emotionen und den in uns schlummernden intuitiven und medialen Fähigkeiten aufzuheben und zu heilen. Wenn Sie aus dieser Erfahrung im Bioenergiekreis lernen, diese Desintegration auch im täglichen Leben zu überwinden, werden Sie eine überaus wertvolle Fähigkeit erlangt haben, um Ihr inneres Gleichgewicht zu finden.

Die Übungen

Es folgen drei Übungen: Die erste Übung zielt auf die Entwicklung intuitiver und medialer Fähigkeiten, die zweite Übung ist für Kinder gedacht, und in der dritten Übung geht es um das Heilen durch Handauflegen. Konzipiert wurden diese Übungen, um unsere Sensitivität und jeweils bestimmte psychische Kräfte zu aktivieren. Wenn Sie schon spezifische mediale Fähigkeiten entwickeln möchten und Sie dafür bereits eigene Übungen durchführen, so sollten Sie die Bioenergiekreis-Methode am besten unter der Leitung eines erfahrenen, medial begabten Lehrers anwenden.

Übung:
Entwicklung intuitiver und medialer Sensitivität

Diese einfache Übung hilft uns, sensitiver zu werden für unseren Energiekörper. Sie ist sehr ähnlich aufgebaut wie die Übung: Heilende Visualisierung des Körpers, im 7. Kapitel. Sie führt zu einer tieferen Entspannung und zu einer stärkeren Anregung des Energieflusses, ohne ihn jedoch in einen bestimmten Bereich des Körpers zu lenken.

1. Während Sie im Bioenergiekreis liegen, breitet sich ein wohliges Gelöstsein im Körper aus. Sie können es mehr und mehr genießen, einfach nur dazuliegen. Es gibt nichts zu tun. Und Sie können jetzt ruhiger und ruhiger werden. Stellen Sie sich vor, daß Sie von einem Kraftfeld goldenen Lichts umgeben sind, das Ihren Körper mehr und mehr durchdringt. Sie spüren die beruhigende und zugleich nährende Kraft des goldenen Lichts im ganzen Körper.

2. Fühlen Sie Ihren Atem und setzen Sie das Atemgeschehen jetzt bewußt dazu ein, um den Energiefluß anzuregen. Stellen Sie sich vor, wie Sie das goldene Licht beim Einatmen in sich aufnehmen und wie sich beim Ausatmen alles Negative, alle physischen, emotionalen und geistigen Blockaden und alle Verunreinigungen auflösen und den Körper verlassen. Richten Sie Ihre Aufmerksamkeit ganz auf die Phase des Loslassens und wiederholen Sie den gesamten Atemzyklus mindestens dreimal oder bis Sie selbst spüren, daß diese Phase abgeschlossen ist.

3. Nachdem die Phase des Loslassens beendet ist, richten Sie Ihre Aufmerksamkeit auf die Aufnahme des goldenen Lichts mit jedem Einatem. Sie stellen sich vor und/oder fühlen, wie Sie mit dem Einatmen mehr und mehr goldenes Licht in sich aufnehmen. Lassen Sie zu, daß diese liebevolle und heilende Energie Ihren ganzen Körper durchströmt und erfüllt. Der Atem kommt, geht, und wir warten, bis er von selbst wiederkommt, ohne ihn zu holen oder zu verändern. Mit jedem Ausatem entspannen Sie sich tiefer und tiefer, und jede Zelle Ihres Körpers füllt sich mit der goldenen Energie. Sie können es genießen, einfach nur dazuliegen und sich mit jedem Ausatmen noch tiefer zu entspannen. Wiederholen Sie diesen Prozeß für mindestens drei Atemzyklen (oder auch länger).

4. Nachdem das goldene Licht jede Zelle Ihres Körpers durch-

strömt hat, stellen Sie sich vor, wie auch das Gehirn mit all seinen Windungen von dieser goldenen Lichtenergie erfüllt wird. Sie sind ein einziges hell strahlendes Energiefeld in einem Meer von Energie.

5. Stellen Sie sich vor, daß Sie dieses Licht in alle Richtungen hin ausstrahlen, in den Kosmos und zur Erde. Das gesamte Dasein ist ein einziges Feld des lebenden Lichts, und Sie sind in keiner Weise davon getrennt.

6. Stellen Sie sich dieses universale Feld intelligenten, lebenden Lichts vor und bemerken Sie, daß Sie in gewissem Sinne mit allem verbunden sind. Sie existieren gleichzeitig mit sämtlichen Erscheinungen des Lebens und des Geistes. Bemerken Sie, daß dieses universale Ineinandergreifen aller Manifestationen neue Möglichkeiten eröffnet. Geben Sie sich diesem universalen Licht noch mehr hin und lassen Sie es Ihren Körper und Geist mit Leben erfüllen. Öffnen Sie sich ihm, sowohl, um ihm zu dienen, als auch, um seine Geschenke zu empfangen.

7. Verstärken Sie dieses Gefühl und strahlen Sie es mit der Atembewegung aus. Lassen Sie es enthüllen, was immer auch es enthüllen mag.

Übung: Der Bioenergiekreis für Kinder

Die meisten Kinder sind von Natur aus dazu in der Lage, Energie in ihrem Körper zu spüren. Das gilt vor allem für Kinder zwischen sechs und zwölf Jahren (obwohl der Energiekreis auch schon für Kinder ab vier Jahren geeignet sein kann), weil sich die energetische Dimension, einschließlich der Emotionen, bei ihnen noch weiterentwickelt und in diesem Alter auch leicht entdeckt und gefühlt werden kann. Der Energiekreis vermag sehr gut die natürliche Sensitivität der Kinder weiterzuentwickeln.

Er kann die Kinder auch empfindsamer machen für ihre eigenen Körperenergien und sie den Unterschied fühlen lassen zwischen harmonischen, ausgeglichenen Energien und Energieimbalancen.

Da es für Kinder meistens schwierig ist, für eine längere Zeit still zu liegen, empfehlen wir, zusätzlich zum Bioenergiekreis Visualisierungsübungen einzusetzen. Während das Kind im Energiekreis liegt, kann der Erwachsene ihm mit einfachen Worten und in lebendigen Bildern eine Geschichte erzählen. Unserer Erfahrung nach können diese kombinierten Energiekreis/Visualisierungs-Übungen für drei verschiedene Ziele besonders gut eingesetzt werden:

○ Um die ätherische Dimension besser spüren zu können
○ Um ruhiger zu werden und die Körperenergien auszubalancieren
○ Um positive Anleitungen besser zu verinnerlichen (vergleichbar der positiven Selbstbeeinflussung, die auch Erwachsene anwenden)

Suchen Sie eine Geschichte aus, die zu einem der drei obengenannten Ziele paßt (siehe Beispiele unten). Wir haben festgestellt, daß es von besonderer Wichtigkeit ist, die Atmung des Kindes in die Geschichte mit einzubeziehen. Sie können das dadurch unterstützen, daß Sie dem Kind sagen, es möge tief ein- und ausatmen, damit die Freude, die es empfindet, den ganzen Körper ausfüllen kann. Das hilft dem kindlichen Organismus, ein freudiges Gefühl körperlich noch stärker zu spüren. Sie können dem Kind auch vorschlagen, es solle alle »schlechten Dinge«, die innen oder außen im Weg stehen, kräftig ausatmen. Durch das bewußte Atmen wird das Kind die Bilder einfacher aufnehmen und integrieren können, zugleich hilft es ihm, sensitiver für seine Körperenergien zu werden. Während der Visualisierungsübung sollten Sie das Kind von Zeit zu Zeit daran erinnern, in dieser Weise zu atmen.

Die weiter unten folgende Visualisierungsübung will das persönliche Wachstum des Kindes in positiver Weise unterstützen.

Sie ist so angelegt, daß das Kind seine Sensitivität nicht nur für sich selbst entdecken lernt, sondern auch mit anderen und in der natürlichen Umwelt. Die Visualisierungsübungen helfen den Kindern, ein Gespür für Energien in ihrem Körper zu entwickeln und zu erleben, daß sie selbst Energie sind.

Während das Kind im Bioenergiekreis liegt, erzählen Sie ihm die folgende Geschichte:

Schließe deine Augen und atme dreimal tief ein. Entspanne deinen ganzen Körper von den Zehen bis zum Kopf. (Wenn Sie wollen, können Sie hier mit dem Kind durch eine einfache Version der Entspannungs-Visualisierung gehen.) Sobald du ganz ruhig und entspannt bist, stell dir vor, daß wir zum Strand fahren, es ist dort sehr schön, und die Sonne scheint warm vom blauen Himmel.

Wir sitzen im Auto und fahren die Straße entlang, als plötzlich das Auto stehenbleibt. Was machen wir jetzt? Sind wir deswegen traurig? Nein! Wir geben dem Auto neue Energie, indem wir das, was es nicht mehr fahren läßt, einfach wegatmen und in das Auto neue Energie hineineinatmen. Atme aus... Jetzt, atme ein... und..., das Auto fährt wieder langsam los.

Jetzt sind wir am Strand angekommen. Lassen wir uns durch die vielen Leute dort von unseren Plänen abbringen, oder holen wir uns aus dem Wagen unser Spielzeug und das gute Essen, das wir eingepackt haben, und die Decken und Handtücher? Genau, wir sind ganz froh, daß wir endlich hier sein können. Wir sind so richtig voller Energie. Wir atmen diese Energie durch unseren ganzen Körper und können sie überall spüren. Jetzt gehen wir spielen. Oh, der Sand ist schön warm an den Füßen und kommt zwischen den Zehen durch. Mmmm, und der Wind ist auch angenehm warm und streichelt uns an der Haut, und wir fühlen uns so richtig gut. Wir freuen uns an der Sonne und an den Wellen und an dem Geruch, der vom Meer kommt. Kannst du das Meer jetzt riechen?

Jetzt gehen wir zu den anderen Kindern nebenan, die gerade eine Sandburg bauen. Oje! Zwei von ihnen streiten sich wegen der Schaufel und dem Eimer. Wie fühlt sich das an? Genau, nicht besonders gut. Lassen wir dieses schlechte Gefühl mit dem Ausatmen aus unserem Körper heraus und schicken wir dafür den beiden mit dem nächsten Ausatmen unsere Liebe und Unterstützung. Wir gehen zu ihnen und helfen ihnen, sich wieder zu vertragen. Jetzt sind wir alle dabei, eine schöne, große Sandburg zu bauen. (Und so weiter ...)

Sie können auch die Entspannungsübung aus dem Kapitel 6 übernehmen und sie den Bedürfnissen der Kinder entsprechend verändern. Diese Entspannungsübung läßt die Kinder ruhiger werden und besser ihr inneres Gleichgewicht finden. Sie können auch die Visualisierungsübung zur Entwicklung intuitiver und medialer Sensitivität aus diesem Kapitel auf die jeweiligen Bedürfnisse der Kinder hin abändern. Lassen Sie dann die Kinder alles Unangenehme, alles was heraus soll, mit dem ganzen Körper ausatmen — »raus mit den schlechten Sachen« — und lassen Sie sie alles Schöne mit dem Einatmen von strahlendem Licht aufnehmen. Der ganze Körper ist schließlich erfüllt von diesem Licht. Erinnern Sie das Kind immer wieder daran, das Licht und das mit ihm verbundene fröhliche Gefühl tiefer Erleichterung im Herzen und im ganzen Körper zu fühlen. Seien Sie also kreativ, wenn Sie mit Kindern im Bioenergiekreis Visualisierungsübungen machen.

Übung: Der Bioenergiekreis und das Handauflegen

Vorbereitende Übung

Diese Übung beginnt damit, daß Sie sich zunächst für den Energiefluß in Ihren Händen sensibilisieren. Bei dieser vorbereitenden Übung liegen Sie noch nicht im Energiekreis. Sie werden zunächst lernen, spürsam das Energiefeld Ihrer Hände wahrzunehmen.

1. Machen Sie es sich auf einem Stuhl oder einem Sessel bequem. Achten Sie darauf, daß beide Fußsohlen ganz den Boden berühren.

2. Ihre Hände befinden sich in Brusthöhe vor Ihnen, die Handflächen sind einander zugewandt. Die Arme sind ganz entspannt, die Ellenbogen leicht am Körper anliegend. Führen Sie die Handflächen nun so nahe wie möglich zueinander, bis auf einen halben Zentimeter, ohne daß sie sich gegenseitig berühren.

3. Bringen Sie jetzt die Handflächen langsam bis auf etwa zehn Zentimeter Entfernung auseinander und dann sachte wieder zurück in die Ausgangsstellung, bis auf etwa einen halben Zentimeter. Stellen Sie sicher, daß sich die Handflächen nicht berühren, weil dies den Energiekreislauf zwischen den Händen stören würde.

4. Wiederholen Sie den Vorgang, Ihre Hände langsam voneinander weg und aufeinander zuzubewegen, ohne daß eine Berührung zwischen den Handflächen stattfindet. Sie können die Entfernung bis auf fünfzehn oder zwanzig Zentimeter erhöhen. Fahren Sie so mit dem langsamen und sachten Hin- und Herbewegen der Hände fort (siehe Abbildung 12). Vielleicht können Sie bald ein leichtes Ziehen oder Kribbeln oder ein Energiefeld zwischen Ihren Handflächen spüren. Einige Menschen haben Wärmeempfindungen, andere verspüren ein leichtes Vibrieren, wieder andere bemerken eine

größere Anziehungskraft zwischen den Handflächen, die es leichter macht, die Hände näher zusammenzubringen, als sie wieder voneinander zu entfernen. Es kann sein, daß sich auch ganz andere Empfindungen einstellen. Seien Sie einfach einfühlsam für das, was sich zwischen den Händen ereignet.

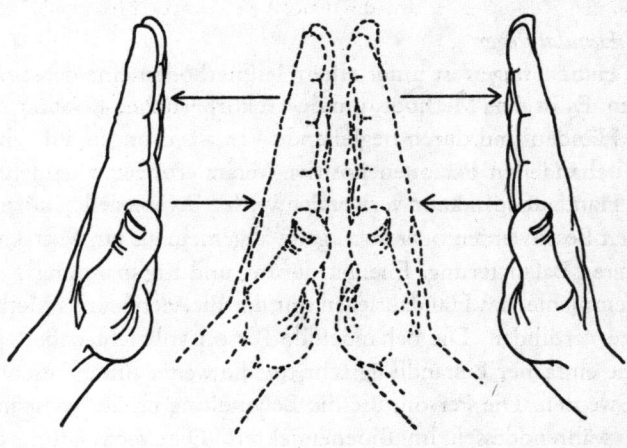

Abbildung 12: Bewegen Sie Ihre Hände langsam aufeinander zu und voneinander weg, ohne daß sie sich berühren

5. Schließlich bringen Sie die Hände auf fünfzehn bis zwanzig Zentimeter Abstand und führen Sie sie dann sehr behutsam wieder aufeinander zu, wobei Sie etwa alle fünf Zentimeter anhalten. Achten Sie auf das Energiefeld, das Sie damit aufbauen, und drücken Sie es zwischen Ihren Händen zusammen.
6. Wenn Sie vorher ein Ziehen oder Kribbeln verspürt haben, beschreiben Sie mit Ihren Händen jetzt kleine Kreisbewegungen. Vielleicht können Sie feststellen, daß die Kraft des Energiefelds dadurch nachläßt.

7. Sollten Sie noch nichts gespürt haben, empfiehlt es sich, die Handflächen schnell und energisch aneinander zu reiben. Das stimuliert die Nervenendigungen und »weckt« sie auf. Wiederholen Sie dann Schritt 3 bis 6.

Kinder vom fünften Lebensjahr an macht es besonders viel Spaß, mit dieser Methode ihr Energiefeld zu entdecken.

Das Handauflegen

Das Handauflegen ist unter allen Heilmethoden eine der direktesten. Es ist eine Methode, um durch körperlichen Kontakt mit den Händen und durch begleitende Visualisierungen auf seiten der behandelten Personen positive Veränderungen einzuleiten. Das Handauflegen kann verwendet werden bei speziellen körperlichen Beschwerden oder auch ganz allgemein als ein Mittel zur besseren Balancierung, Energetisierung und Entspannung.

Ich empfehle, das Handauflegen mit der Bioenergiekreis-Methode zu verbinden. Die behandelnde Person vollzieht dabei eine Reihe einfacher Behandlungsschritte, die weiter unten beschrieben werden. Die Person, die die Behandlung erhält, entspannt sich währenddessen im Bioenergiekreis. Die Verwendung des Energiekreises zusammen mit dem Handauflegen verstärkt die Energiekreiswirkung, indem sie die Menge der zur Verfügung stehenden Energie deutlich vergrößert. Der Heileffekt des Handauflegens wird dadurch verstärkt, und es können spezielle Körperbereiche direkt mit Energie versorgt werden. Das Handauflegen verlangt auf seiten der Person, die die Behandlung erhält, daß sie sich entspannt und bereit ist, die zusätzliche Heilenergie aufzunehmen. Der Energiekreis unterstützt sie dabei.

Um der im Bioenergiekreis liegenden Person Energie zu übermitteln, entweder am ganzen Körper oder nur an spezifischen Stellen, muß die behandelnde Person die Heilenergie durch ihre Hände lenken können und dies mit dem Atemgeschehen koordinieren.

Die behandelte Person arbeitet in diesem Geschehen aktiv mit, indem sie sich im Energiekreis entspannt (obwohl das Handauflegen natürlich auch ohne den Bioenergiekreis durchgeführt werden kann), die Augen schließt und fühlsam spürt (oder sich vorstellt), wie die universelle Lebensenergie sie umgibt und durchdringt. Sie läßt dann alles Negative los und gibt es an die sie umgebende Lebensenergie ab. Zugleich bekräftigt sie nochmals die von ihr erwünschten positiven Veränderungen.

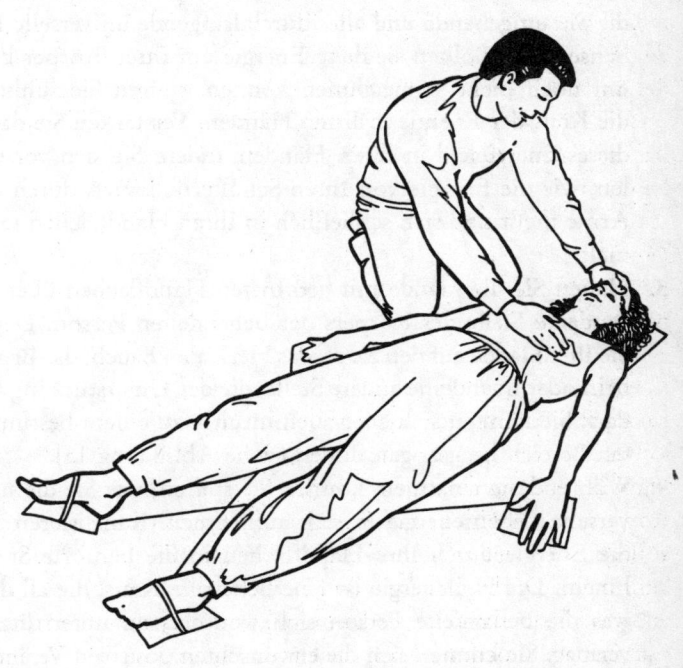

Abbildung 13: Die Empfängerin entspannt sich im Bioenergiekreis, während die behandelnde Person ihre Hände auflegt.

Folgende Behandlungsschritte sollten beim Handauflegen beachtet werden:

1. Sie sind mit Ihrer Aufmerksamkeit ganz im Zentrum Ihrer Lebenskraft, etwas oberhalb des Bauchnabels, anwesend, atmen von dort ein und aus und spüren die Fülle und Kraft der vitalen Lebensenergie, die von hier aus in alle Bereiche des Körpers strömt.

2. Schließen Sie für einen Moment die Augen und spüren Sie die Sie umgebende und alles durchdringende universelle Lebensenergie. Sollten sie diese Energie um Ihren Körper herum noch nicht wahrnehmen können, spüren Sie fühlsam die Kraft der Energie in Ihren Händen. Verstärken Sie dann dieses Energiefeld in Ihren Händen, indem Sie sich vorstellen, wie die Energie von Ihren Schultern abwärts durch die Arme fließt und sich schließlich in Ihren Handflächen sammelt.

3. Halten Sie die Hände mit geöffneten Handflächen über irgendeine Stelle des Körpers der behandelten Person. Legen Sie Ihre Hände auf den Kopf, das Herz, den Bauch, das Brustbein oder irgendeine andere Stelle, die der Unterstützung bedarf. Sie können sich aber auch intuitiv zu einem bestimmten Bereich hingezogen fühlen (siehe Abbildung 13).

4. Während Sie einatmen, können Sie spüren, wie Sie die universelle Lebensenergie in sich aufnehmen. Kanalisieren Sie die Energie durch Ihre Handflächen in die berührte Stelle hinein. Die Heilenergie ist eine liebevolle Kraft, die all das, was die behandelte Person sich wünscht, zu unterstützen vermag. Sie können sich die erwünschten positiven Veränderungen zugleich auch bildlich vorstellen.

5. Beim Ausatmen stellen Sie sich vor, wie Sie durch die Hände dem anderen Menschen und insbesondere der betreffenden Körperstelle mehr und mehr heilende Energie und Liebe ge-

ben, ohne sich jedoch mit den Energien der anderen Personen zu verwickeln.

6. Mit dem Ende der Ausatmungsphase ziehen Sie die Hände vom Körper weg und schütteln Sie sie in Richtung Boden oder in den Raum hinein leicht aus. Sie leiten damit alle negativen Energien, die Sie möglicherweise von der anderen Person übernommen haben könnten, wieder ab. Tun Sie das nie in Richtung der Person, die Sie behandeln, sondern immer weg von ihr. Die Energie, die Sie so weggeschüttelt haben, wird auf natürliche Weise von der universellen Lebensenergie absorbiert und aufgelöst.

7. Wiederholen Sie diese Energiebehandlung, sooft Sie möchten. Atmen Sie nie mit dem Gefühl oder der Vorstellung ein, Sie würden irgendeine negative oder unreine Energie vom Empfänger auf sich ziehen. Atmen Sie immer in dem Bewußtsein ein, daß Sie durch den Einatem Lebenskraft erhalten.

8. Wenn die Behandlung beendet ist, entspannen Sie sich und nehmen über mehrere Atemzyklen fühlsam wahr, wie Sie alle unreinen Energien, die Sie möglicherweise während der Behandlung aufgenommen haben, mit der Ausatmung loslassen. Sie können sich bei jedem Ausatmen vorstellen, daß Sie diese Energien über Ihren Atem und die gesamte Körperoberfläche in den Raum hinein abgeben.

9. Waschen Sie nach einer solchen Behandlung immer die Hände unter fließendem Wasser ab. Wasser reinigt die Hände energetisch sehr gut. Das ist auch für den Fall hilfreich, daß doch noch Reste negativer Energie in Ihren Händen übriggeblieben sein sollten.

KAPITEL 10

Ein Gespür für die feineren Energien entwickeln — Das Ein-Monats-Programm für mehr Energiesensitivität

Den vibrierenden Strom der Lebensenergie zu spüren, ist ein natürliches Geschenk unseres Körpers. Wenn wir die Lebensenergie in uns nicht wahrnehmen, dann deswegen, weil uns diese Empfindungsfähigkeit weitgehend verlorenging. Dennoch kann sie auch wieder geweckt werden. Wir brauchen in keiner Weise »außergewöhnlich« zu werden, um die angeborene Energiesensitivität wieder zu entwickeln. Weder einsames Eremitendasein noch der Verzicht auf Lebensfreude führt uns zu diesem Ziel. Um dorthin zu gelangen, lernen wir wieder empfindsam zu werden für das Energiegeschehen und dieses Empfindungsvermögen auch im täglichen Leben anzuwenden. Der Bioenergiekreis ist natürlich keineswegs das einzige Instrument, um die Wahrnehmung der feineren Energien zu steigern, er ist aber mit Sicherheit ein ausgezeichnetes Mittel hierzu.

Um die Energiesensitivität zu verfeinern, schlagen wir Ihnen deshalb vor, täglich für den Zeitraum von einem Monat nach einem bestimmten Programm eigenverantwortlich mit dem Bioenergiekreis zu üben. Zwar ist auch die jeweils einzelne Anwendung des Bioenergiekreises von großem Nutzen, aber das Ein-Monats-Programm vermag die Energiesensitivität doch noch wesentlich zu verfeinern. Auch diejenigen, die schon sensitiver für die Lebensenergie sind, können ihre Wahrnehmungsfähigkeit in diesem Ein-Monats-Programm durch die im Bioenergiekreis erreichte Energiebalance noch erheblich steigern. Möglicherweise sind die Empfindungen zu Beginn noch sehr subtil und zart. Gerade in dieser scheinbaren Unbedeutendheit und Zartheit liegt der Schlüssel für das weitere Vorgehen. Wir beginnen ja gerade, den Spürsinn für feinere Empfindungen, der uns verlorenging, wieder zu entwickeln, und wir sollten uns deshalb Zeit lassen. Eigene Erfahrungen und Entdeckungen bilden die Grundlage für ein wacheres Empfindungsvermögen im feinstofflichen Bereich.

Darüber hinaus können für den Anfang einige »Regeln« von Nutzen sein.

1. *Entspannen Sie Körper und Geist.* Beginnen Sie jedesmal, indem sie tief ein- und ausatmen. Schließen Sie dann die Augen. Planen Sie ganz bewußt die Zeit im Bioenergiekreis als Zeit der Ruhe und Entspannung ein. Während Sie im Energiekreis liegen, lassen Sie alles los, was immer Sie auch an schöpferischen Einfällen oder sorgenvollen Gefühlen beschäftigen mag.

2. *Üben Sie regelmäßig.* Am Anfang ist es sehr wichtig, zu bestimmten Zeiten zu üben. Richten Sie sich also feste Übungszeiten am Tag ein, wenn möglich gleich nach der Arbeit oder, wenn das nicht geht, vor dem Schlafengehen. Es kann zu durchaus positiven Ergebnissen führen, immer nur dann den Bioenergiekreis zu benutzen, wenn Ihnen »gerade danach ist«, aber sie werden dadurch Ihre Empfindungsfähigkeit nicht in gleichem Maße steigern können.

3. *Absichtslos sein, sich nicht einmischen.* Für die Übung mit dem Bioenergiekreis gilt das gleiche wie für Biofeedback, Visualisierungsübungen und Meditation: Für viele besteht am Anfang die Schwierigkeit darin, vorurteilslos wahrzunehmen und sich nicht in den Ablauf des Geschehens mit Vorstellungen oder Wünschen einzumischen. Denn sehr leicht kann das, was sie vorfinden, durch eigene Vorstellungen oder Beurteilungen willentlich beeinflußt werden. Wenn sie dann im Bioenergiekreis liegen, lassen sie sich zu sehr von

ihren Vorstellungen leiten, was oft dazu führt, daß sie entweder meinen, es nicht zu schaffen, weil sich bestimmte Vorstellungen nicht erfüllen, oder sie glauben, weiter »fortgeschritten« zu sein, als es in Wirklichkeit der Fall ist. Das führt zu Irritationen. Lassen Sie statt dessen den Prozeß sich von selbst und natürlich entwickeln, nur so wird das Energiegeschehen erfahrbar.

4. *Seien Sie ein feinfühliger Beobachter.* Ihre Erfahrungen werden zunächst ganz undramatisch beginnen. Vielleicht werden Sie sich nur etwas schläfrig fühlen oder »zufälligerweise« nachts etwas tiefer schlafen. Es kann aber auch sein, daß Sie schon ein Gespür für Energieströme im Körper bekommen, oder daß Sie sich sehr entspannt und gelöst fühlen. Nehmen Sie, was immer auch geschieht, mit der gleichen, entspannten Aufmerksamkeit wahr. Sie finden auf Seite 207 eine Checkliste, die Ihnen bei der systematischen Erfassung aller — auch der leisesten — Anzeichen für mehr Energiesensitivität helfen soll.

Das Sechs-Stufen-Programm für mehr Energiesensitivität

Sie sollten die auf den einzelnen Stufen genannten charakteristischen Merkmale und Erfahrungen wie die Beschreibungen eines Reiseführers lesen. Ihre eigene Entwicklung wird sehr wahrscheinlich nicht in derselben Weise ablaufen. Lassen Sie diesen Prozeß sich ganz natürlich entwickeln. Er kann sich schnell vollziehen — selbst in nur einer Übung —, er kann sich aber auch über mehrere Wochen hin erstrecken.

Checkliste: Entwicklung der eigenen Energiesensitivität in einer Woche

Empfindungen/Erfahrungen	1. Tag	2. Tag	3. Tag	4. Tag	5. Tag	6. Tag	7. Tag
Bedürfnis, sich zu dehnen							
Erfahrung ist »wellen«förmig							
Wärme, allgemeine Entspannung, vollere, tiefere Atmung							
Verstärkung der Energieimbalancen (normalerweise in den ersten zehn Minuten)							
Schläfrigkeit, Einschlafen							
Harmonisierung von Energieimbalancen; das Gefühl, integriert zu sein							
Kribbelnde Empfindungen in Händen, Füßen, Kreuzbein, Nacken							
Gefühl von Energieströmen im Körper (Wo? Wie fühlen Sie sich dabei?)							
Gefühl von Leichtigkeit, Ganzheit, rund zu sein, nicht mehr mit dem physischen Körper identifiziert; den ätherischen Körper spüren							
Energiefülle im Oberkörper (bei Eeman-Konfigurationen)							
Energiewahrnehmung entlang der Wirbelsäule (Lindemann-Energiekreis)							
Großes Wohlgefühl, Lebensfreude, Ekstase							
Gefühl, langsam aus dem Körper »auszutreten«, außerkörperliche Erfahrungen							
Meine eigenen Erfahrungen							
Meine eigenen Erfahrungen							

Erfahrungen mit dem Sechs-Stufen-Programm

Die Bioenergiekreis-Erfahrungen lassen sich als einen sechsstufigen Prozeß beschreiben, in dem die Teilnehmer/innen auf den ersten vier Stufen lernen, subtile Energien spürsam wahrzunehmen. Auf den beiden letzten Stufen geht es um eine Verfeinerung der auf den ersten vier Stufen erreichten Empfindungsfähigkeit. Die beiden letzten Stufen werden wahrscheinlich nur bei zeitlich ausgedehntem Gebrauch des Bioenergiekreises zu erreichen sein. Die fünfte und sechste Stufe sind mit aufgenommen, da es immer wieder sensitive Menschen gibt, die diese Stufen schon innerhalb des ersten Monats erreichen.

Ich habe die Erfahrungen, an Hand derer Sie die einzelnen Stufen wiedererkennen können, den einzelnen Abschnitten weiter unten hinzugefügt; den Anfängern, die sich noch nicht so mit Erfahrungen dieser Art auskennen, sei noch einmal gesagt, daß es Zeit braucht, bis sich die Energiesensitivität entwickelt. Auch können wir hier nichts erzwingen. Nicht jeder wird die unten beschriebenen Empfindungen bei sich spüren, und es besteht andererseits auch die Möglichkeit, daß Sie noch andere Erfahrungen machen, die ich nicht erwähnt habe. Bleiben Sie also empfindungsbewußt für das, was Sie selbst wahrnehmen können. Ich habe nur einige der häufigsten Erfahrungen in die Liste aufgenommen. Es kann zu jeder Zeit Ihres einmonatigen Übungsprogramms der Fall sein, daß Sie selbst ganz andere Erfahrungen machen. Hier ist jede Kombination der verschiedenen Stufen möglich.

Anmerkung: Wenn Sie noch keine Erfahrungen mit der Bioenergiekreis-Methode haben und Sie einen Bioenergiekreis in der Anordnung von Eeman benutzen und sich dabei angespannt, nervös oder gereizt fühlen, so daß Sie es im Energiekreis nicht länger als einige Minuten aushalten können, dann ist es wahrscheinlich, daß Ihre Energieladungen spiegelverkehrt polarisiert sind. Vertauschen Sie in diesem Fall die Handgriffe. Wenn das für Sie jetzt angenehm ist, dann ist dies die richtige Anordnung für den Entspannungs-Energiekreis nach Eeman.

Das Ein-Monats-Programm

Auswahl des Materials

Dieses Programm kann für Bioenergiekreise sowohl aus Kupfer als auch aus Seide benutzt werden. Sie können das Material auch zu jeder Zeit wechseln, wenn Sie es für richtig halten. Wenn Sie beides zur Verfügung haben, empfehle ich Ihnen, mit Kupfer zu beginnen, weil die Wirkungen eindeutiger wahrzunehmen sind. Wenn Sie allerdings nach zwei bis drei Wochen immer noch kein wacheres Empfindungsvermögen bei der Verwendung von Kupfer bemerkt haben, sollten Sie zum Seiden-Energiekreis wechseln, weil einige wenige Menschen, und dazu gehören Sie dann sehr wahrscheinlich, sensitiver für den Seiden-Bioenergiekreis sind.

Die Auswahl der Anordnung des Energiekreises

Sie können dieses Programm mit dem Lindemann-Energiekreis oder mit einem der beiden Energiekreise von Eeman beginnen. Am besten ist es, wenn Sie drei Wochen lang immer mit demselben Energiekreis arbeiten. In der letzten Woche können Sie dann mit verschiedenen Anordnungen experimentieren.

Die Checkliste auf Seite 207 wird es Ihnen ermöglichen, einen Überblick über Ihre in einer Woche gemachten Erfahrungen zu behalten. Machen Sie sich Fotokopien von der Checkliste, wenn Sie das Ein-Monats-Programm durchführen. Lesen Sie die Liste jeden Tag nochmals durch und kreuzen Sie die Felder an, die Ihren Erfahrungen am nächsten kommen. Wenn Sie Erfahrungen machen, die ich nicht erwähnt habe, benutzen Sie die beiden dafür vorgesehenen Felder am Ende der Liste und tragen Sie dort Ihre persönlichen Erfahrungen ein. Die Checkliste soll helfen, die Entwicklung der eigenen Energiesensitivität während eines Zeitraums von vier Wochen besser einschätzen zu können.

Der Verlauf des Programms

Fassen Sie dieses Programm gleichsam als ein Fernstudium im Fachbereich Energiesensitivität auf. Es ist ein Studium ohne einen Lehrer und ohne Prüfungen, es gibt nur verschiedene Stufen, die wie Lektionen aufeinander folgen. Lassen Sie sich zuerst immer auf den Prozeß ein und benutzen Sie dann die Checkliste als Orientierungshilfe, um Ihre Erfahrungen auszuwerten. Die erste Stufe schafft eine Ausgangsbasis, von der aus Sie zur zweiten Stufe übergehen können. Wenn Sie zu sehr vom Programm abweichen und einzelne Schritte auslassen, werden Sie viele Möglichkeiten, die das Programm bietet, nicht nutzen können. Lassen Sie sich erst vollständig auf eine Stufe des Programms ein, bevor Sie zur nächsten wechseln.

Ich habe dieses Programm für diejenigen entwickelt, die damit beginnen wollen, ihre Sensitivität für die Lebensenergie zu entwickeln. Wenn Sie bereits ein waches Empfindungsvermögen für energetische Prozesse entwickelt haben, werden Ihnen die ersten Stufen vielleicht bekannt vorkommen. Trotzdem kann das Programm auch für Sie sehr wirkungsvoll sein. Bitte unterbrechen Sie das Programm nicht und bringen Sie die Disziplin auf, wirklich jeden Tag mit der Bioenergiekreis-Methode zu arbeiten, auch wenn Sie bereits sehr gute Fortschritte erzielt haben sollten. Die regelmäßige Anwendung des Bioenergiekreises über einen längeren Zeitraum hinweg wird Sie dazu befähigen, seine

Möglichkeiten noch besser und intensiver ausschöpfen zu können.

Auch wenn Sie sich nicht sicher sind, ob Sie alle Möglichkeiten der jeweiligen Stufe schon ausgeschöpft haben, so sollten Sie auf jeden Fall nach etwa einer Woche zur nächsten Stufe des Programms übergehen. Einige Menschen (wie ich zum Beispiel auch) brauchen mehr Zeit, bis sie ein wirklich sicheres Gespür für die subtilen Energien entwickelt haben. Lassen Sie sich durch Ihre Zweifel nicht aufhalten. Richten Sie Ihre Arbeit mit dem Bioenergiekreis zeitlich so ein, daß Sie innerhalb eines Monats die ersten vier Stufen durchlaufen haben.

Vorbereitende Übungen

Bevor Sie mit dem Programm beginnen, können Ihnen einige vorbereitende Übungen helfen, einen ersten Eindruck davon zu bekommen, in welcher Weise sich Ihre Energiesensitivität steigern wird:

● Übung 1: Machen Sie es sich auf einer Unterlage bequem und bleiben Sie einfach so liegen. Der Raum sollte nicht zu warm sein. Ihre Arme liegen neben dem Körper und Ihre Beine flach nebeneinander. Sie fühlen Ihren Atem und die Körpertemperatur und registrieren aufmerksam alle körperlichen Empfindungen, die sich einstellen. Kreuzen Sie die Beine nach etwa fünf Minuten in Höhe der Knöchel und legen Sie Ihre Hände gefaltet auf den Bauch. Bleiben Sie dann etwa fünf Minuten entspannt in dieser Stellung liegen. Sie nehmen wieder die Atembewegung wahr und spüren Ihre Körpertemperatur. Führen Sie diese Übung mindestens einmal vor Beginn des Programms durch.

● Übung 2: Vor dem Einschlafen machen Sie es sich in Ihrem

Bett bequem. Jetzt legen Sie die rechte Hand auf den Unter-
bauch und die linke Hand unter den Hinterkopf. Kreuzen
Sie Ihre Beine in Höhe der Fußknöchel, wobei das linke Bein
auf dem rechten ruht. Fühlen Sie sich dadurch schon etwas
wärmer und gelöster? Diese Körperhaltung ist ein natürlicher Bioenergiekreis. Sie können diese Übung immer durchführen, wenn Sie sich müde oder gestreßt fühlen und kein
Bioenergiekreis-Gerät zur Hand haben.

Das Programm

Nun zu dem Ein-Monats-Programm selbst. Bleiben Sie ungefähr
eine Woche auf jeder Stufe des Programms. Gehen Sie dann zu
der nächsten Stufe über. Auf diese Weise sollten Sie das Programm während eines Monats durchlaufen haben. Wenn Sie allerdings Phänomene beobachten, die sich »nach Plan« erst auf
späteren Stufen einstellen sollen, macht das nichts. Generell ist
es jedoch am besten, Schritt für Schritt vorzugehen.
Andererseits kann es aber sein, daß Sie sehr rasche Fortschritte
machen und das Gefühl bekommen, daß Sie vor der Zeit eine
Stufe vollständig erkundet haben. Dann sollten Sie zur nächsten
Stufe übergehen. Für alle, die schon sensitiver sind, haben wir
deshalb insgesamt sechs Stufen vorgesehen und nicht nur vier,
wie es dem normalen Tempo entspricht.

Stufe 1: Tiefe Entspannung oder Schlaf

Der erste Schritt zu größerer Energiesensitivität besteht darin,
den Unterschied zwischen Anspannung und Entspannung zu
spüren. Nehmen Sie aufmerksam die Veränderungen in Ihrer
Atembewegung und Körpertemperatur wahr, je nachdem, ob

Sie sich in einem angespannten oder entspannten Zustand befinden. Entspannung und wohliges Gelöstsein können viel tiefer gehen, als die meisten Menschen wissen. Es ist auch möglich, daß sich der Entspannungszustand noch weiter vertieft und Sie schläfrig werden bzw. einschlafen.

Charakteristische Erfahrungen auf der ersten Stufe
● Müdigkeit, Schläfrigkeit.
● Angenehme Wärme.
● Entspanntes Atmen, eine vollere und tiefere Atmung, verminderter Puls.
● Gelegentlich deutlich vertiefte Entspannungszustände, die wellenförmig auftreten.
● Besonders tiefer und erholsamer Schlaf.
● Das Bedürfnis, sich am Ende einer Bioenergiekreis-Anwendung ausgiebig zu dehnen.

Die Übung für die erste Stufe
Legen Sie sich jeden Tag für mindestens zehn und höchstens dreißig Minuten in den Bioenergiekreis. Nach der Arbeit oder vor dem Einschlafen ist die beste Zeit dafür. Denken Sie daran, daß Sie wahrscheinlich einschlafen werden, wenn Sie die Übung zeitlich direkt vor dem Zubettgehen durchführen. Das ist zwar eine sehr gute Anwendung für den Bioenergiekreis, Sie können dabei allerdings nicht mehr bewußt Ihre Empfindungen wahrnehmen. Sollten Ihre Gedanken abschweifen, so bringen Sie Ihre Aufmerksamkeit sanft wieder zum Körper zurück und nehmen Sie spürsam wahr, welche Körperempfindungen sich jetzt entwickeln. Möglicherweise machen sich Energieimbalancen oder ein Ziehen und Kribbeln bemerkbar. Seien Sie ein feinfühliger Beobachter dieser Empfindungen und verändern Sie sie nicht. Nehmen Sie einfach nur wahr, was geschieht.

Stufe 2: Gleichgewicht, Harmonie und Streßauflösung

Wir gehen jetzt einen Schritt weiter und beobachten nicht mehr nur, ob wir entspannt sind oder nicht, sondern wir werden empfindsam für den Prozeß der Entspannung selbst und entwickeln ein Empfindungsbewußtsein dafür, wie wir uns nach der Anwendung des Energiekreises fühlen. Wir spüren auf dieser Stufe immer genauer, ob wir uns in der Balance befinden oder nicht. Beobachten Sie alle körperlichen Veränderungen während dieser Zeit im Bioenergiekreis. Haben sich die Energieimbalancen zunächst vergrößert? Verfolgen Sie den ganzen Prozeß der Streßauflösung im Körper.

Charakteristische Erfahrungen auf der zweiten Stufe
Die Erfahrungen der zweiten und dritten Stufe sind fast identisch, deswegen habe ich sie mit den Erfahrungen von Stufe 3 zusammengefaßt. Die mehr körperlichen Empfindungen, wie z. B. ein Kribbeln oder Gelenksteifheit und -schwere, werden wahrscheinlich zuerst spürbar sein. Die feinstofflicheren Empfindungen, wie z. B. sich über die Grenzen des Körpers hin auszudehnen, werden dagegen meistens erst später zu bemerken sein.

Die Übung für die zweite Stufe
Wenden Sie den Bioenergiekreis weiterhin jeden Tag an, führen Sie aber zusätzlich noch die Visualisierungsübung zur Entspannung aus dem Kapitel 6 durch. Diese Übung bewirkt eine noch größere Entspannung und Gelöstheit. In diesem Zustand des natürlichen, wohligen Gelöstseins sind die Wirkungen des Bioenergiekreises wesentlich deutlicher spürbar, das gilt auch für die Ströme der Lebensenergie im Körper. Gehen Sie die Visualisierungsübung einmal ganz durch; bleiben Sie dann ruhig, aufmerksam und in friedvoller Gelassenheit so liegen, bis Sie befriedigt feststellen, daß die Erfahrung abgeschlossen ist.

Stufe 3: Das Erspüren der feinstofflichen Hülle des Körpers

Der Energiekörper bildet mit dem physischen Körper eine Einheit. Die Vorgänge auf den feinstofflichen Ebenen wirken pausenlos auf den grobstofflichen Körper ein. Auf dieser dritten Stufe kommt es darauf an, diese Vorgänge in feinempfindender Weise bewußt zu spüren. Es kann sein, daß Sie starke Energieströme im Körper wahrnehmen oder daß Sie ein Gefühl von Energiefülle im Brustbereich haben. Anfangs werden Sie wahrscheinlich eher weniger Auffälliges bemerken, wie z. B. ein Kribbeln in den Händen bzw. Füßen oder wie sich die Körperströme wellenförmig vertiefen und dann wieder abflachen.

Charakteristische Erfahrungen auf der zweiten und dritten Stufe
- Intensivierung von Energieimbalancen. Sie bemerken sehr deutlich unangenehme Gefühle in Ihrem Körper. Dies sind Blockaden und Unterbrechungen im natürlichen Energiefluß. Nach einiger Zeit kommt es zu einer Balancierung und Harmonisierung der Energieströme.
- Wenn Sie Kupfer als Leitmaterial verwenden, werden Sie sehr deutlich spüren, wann dieser Prozeß abgeschlossen ist, normalerweise nach zehn bis dreißig Minuten.
- Steifheit in den Ellenbogen und anderen Gelenken durch erhöhten Fluß der Lebensenergie.
- Ein Kribbeln in den Händen und/oder in den Füßen.
- Der Energiestrom kommt in Form von »Wellen«, wobei Zeiten intensiven Erlebens Phasen folgen, in denen Sie wenig oder nichts spüren.
- Infolge eines erhöhten Energieflusses kommt es im ganzen Körper oder an einzelnen Stellen zu Zuckungen.
- Bei Kupfer-Energiekreisen können Hitzeempfindungen in den Händen auftreten.

- Das Durchströmtsein mit Energie im ganzen Körper wird deutlich spürbar.
- Die physischen Grenzen des Körpers verschwimmen. Die Grenzen zwischen dem physischen Körper und dem Energiefeld sind nicht mehr scharf zu trennen.
- Ausdehnung des physischen Körpers. Sie identifizieren sich mehr mit der feinstofflichen Hülle als mit dem physischen Körper. Diese Erfahrung vermittelt das Gefühl, an den großen »Ozean der Lebensenergie« angeschlossen zu sein.
- Ein Gefühl von Harmonie und Ganzheit. Beschwingte Lebensfreude, Lebenslust, ekstatische Momente.

Die Übung für die dritte Stufe
Fahren Sie mit den täglichen Anwendungen des Energiekreises fort und beginnen Sie jeweils mit der Visualisierungsübung zur Entspannung. Fügen Sie die einfache Atemübung, wie sie in Kapitel 6 beschrieben ist, hinzu.

Stufe 4: Die verschiedenen Qualitäten der Lebensenergie

Auf dieser Stufe geht es um die verschiedenen Qualitäten der Lebensenergie. Experimentieren Sie jetzt auch mit allen drei Energiekreisen und fügen Sie ab und zu Substanzen in den Energiekreis ein. Bis zu diesem Punkt konnten Sie das Ein-Monats-Programm mit einem einfachen zweiteiligen Energiekreis aus Seide oder Kupfer nach Eeman durchführen. Die Übungen auf der vierten Stufe erfordern einen dreiteiligen Bioenergiekreis. Sie brauchen also beide Materialien, sowohl Kupfer als auch Seide, und einen Substanz-Energiekreis aus Kupfer, der an einer Stelle eine Unterbrechung aufweist, um verschiedene Substanzen in den Bioenergiekreis zu bringen. Sollten Sie noch nicht die ganze

Ausrüstung für diese Übungen zur Verfügung haben, bleiben Sie bei den Übungen, die Sie mit Ihrer Ausrüstung machen können. Auf der vierten Stufe geht es darum, sensibler zu werden für die feinen Energien.

Charakteristische Erfahrungen auf der vierten Stufe

Beim allgemeinen Entspannungs-Energiekreis nach Eeman:

● Oberkörper und Brustbereich sind mit Energie gefüllt.
● Ein starker Strom von Lebensenergie im Oberkörper.

Beim optimalen Entspannungs-Energiekreis nach Eeman:

● Ähnliche Empfindungen wie beim normalen Energiekreis nach Eeman, aber wesentlich stärker.
● Ein starkes Durchströmtsein mit Energie, eventuell auch als ein Energiestrom spürbar, der senkrecht durch die Wirbelsäule verläuft.

Beim Energiekreis nach Lindemann:

● Energieempfindungen in den Füßen, die von einem Prickeln begleitet sein können.
● Ein Energiegefühl, das symmetrisch von der Mitte ausgeht.
● Ein vibrierender Energiestrom, der senkrecht auf- und absteigt oder in gleichbleibender Stärke die Wirbelsäule durchläuft und sich bis auf Höhe der Füße zwischen den Beinen fortsetzt.

Die Übung für die vierte Stufe

Benutzen Sie weiterhin täglich den Bioenergiekreis und beginnen Sie mit den verschiedenen Anordnungen von Bioenergiekreisen zu experimentieren. Verwenden Sie den Energiekreis von Lindemann (oder den optimalen Energiekreis nach Eeman, wenn Sie bereits Lindemanns Energiekreis benutzen) wenigstens drei Tage hintereinander. Benutzen Sie auch den allgemeinen Entspannungs-Energiekreis nach Eeman und schauen Sie, welche Unterschiede Sie im Vergleich zum optimalen Energiekreis nach Eeman feststellen. Probieren Sie auch einige der zusätzlich angegebenen Energiekreise aus, wie sie in Kapitel 13 beschrieben sind. Sie können auch mit dem Substanz-Energiekreis experimentieren. Die von mir empfohlenen Substanzen sind Vitamin C und der erste Morgenurin. Beide Substanzen sind sehr kräftig in ihrer Wirkung, energetisierend und sicher.

Die weiteren Stufen

Die Grundstufe in unserem Ein-Monats-Programm endet bei Stufe 4. Die beiden nächsten Stufen sind aus zwei Gründen hinzugefügt:

1. Sensitivere Menschen werden rasche Fortschritte machen und diese Stufen ganz natürlich erreichen.
2. Andere werden vielleicht den Wunsch verspüren, ihr Programm über einen Monat hinaus fortzusetzen.

Die beiden letzten Stufen bieten die Chance für erweiterte Erfahrungen. Jede der beiden Stufen kann möglicherweise mehr Zeit als jeweils eine Woche in Anspruch nehmen. Sie sollten sich deshalb genügend Zeit dafür lassen.

Stufe 5: Lebensenergie und Emotionen

Auf dieser Stufe beginnen Sie die dynamische Ganzheit von Körper, Geist und Emotionen zu entdecken. Die Energien, die Sie bisher spürten, bilden sowohl die Grundlage für die körperliche Ebene, aber auch für das emotionale Geschehen. Emotionen wie Angst, Sorge oder Ärger können die Lebensenergie erheblich blockieren. Dagegen sind positive Emotionen wie Liebe, Lebensfreude, Begeisterung oder Ergriffenheit von der Schönheit eines Moments der Ausdruck einer starken, gesunden Lebensenergie.

Charakteristische Erfahrungen auf der fünften Stufe
- Ein Gefühl dafür zu bekommen, wie stark »angeschlagen« Sie in emotionaler Hinsicht wirklich waren, als Sie, oberflächlich betrachtet, meinten, daß Sie sich eigentlich ganz »gut« fühlen würden.
- Ein Gespür dafür zu bekommen, was die Heilung von Gefühlen bedeutet.
- Wahrzunehmen und zu erkennen, wie negative Emotionen dem Energiekörper schaden.
- Spürsam werden für den Zusammenhang zwischen Atemgeschehen und Emotionen.
- Ein wachsendes Empfindungsbewußtsein dafür entwickeln, daß positive Emotionen und vibrierende, strahlende Energie sich in nichts unterscheiden.

Die Übung für die fünfte Stufe
Sie können hier eine modifizierte Version der Übung zur therapeutischen Selbsterfahrung, wie ich sie in Kapitel 8 vorgestellt habe, anwenden. (Beachten Sie auch die Hinweise, die ich beigefügt habe.) Führen Sie diese Übung höchstens zwanzig Minuten lang durch. Stellen Sie sich vor, wie während der letzten zehn Minuten der Übung alle verletzten Gefühle geheilt werden. Sie sind von Liebe und einem dankbaren Glücksgefühl erfüllt und Sie strahlen dieses Gefühl innerer Freude hinaus zu den Menschen überall in der Welt. Dabei fühlen Sie Ihren Atem und genießen sein Kommen und Gehen. Sie können an dieser Stelle auch die Atemübung aus Kapitel 6 hinzunehmen.

Stufe 6: Die subtileren Ausdrucksformen
der Lebensenergie

Auf dieser Stufe nehmen wir bewußt wahr, wie die Lebensenergie mit noch feineren Ebenen unserer Lebenserfahrung verbunden ist. Geistige Einstellungen, unsere Erwartungen für die Zukunft und intuitive Fähigkeiten sind Teil derselben Lebenskraft, die wir als Körperenergien oder Emotionen fühlen. Um subtile Energien aufspüren zu können, müssen zuerst die grobstofflicheren Ebenen miteinander in Einklang gebracht werden. Harmonisierte Körperenergien und die Heilung der Gefühle sind unabdingbare Voraussetzungen, um auf dieser sechsten Stufe weiterarbeiten zu können.

Charakteristische Erfahrungen auf der sechsten Stufe
- Die Fähigkeit, negative Gefühle als Teil des Selbst zu akzeptieren.
- Das Mitgefühl für sich und andere verstärken.
- Größere gedankliche Klarheit.
- Das Gefühl zu haben, ein Teil des Lebens und nicht losgelöst von ihm zu sein.
- Ein Gespür dafür zu bekommen, wie Sie selbst ihr »Glück« kreieren.
- Genauere und verläßlichere intuitive Antworten.

Die Übung für die sechste Stufe
Führen Sie die Visualisierungsübung zur Entwicklung intuitiver und medialer Sensitivität aus Kapitel 9 durch. Beachten Sie dabei, daß Körperenergien und Emotionen zuerst in der Balance sein müssen, um auf dieser feineren Ebene wirkungsvoll arbeiten zu können.

III

Die Wissenschaft
von den subtilen Energieformen

KAPITEL 11

Lindemanns neuere Forschungen

Lindemann hat während seines eigenen Heilungsprozesses mit Hilfe der Bioenergiekreis-Methode nicht nur eine Menge spezifischer Techniken entwickelt, sondern auch einen theoretischen Rahmen geschaffen, um die wesentlichen Elemente dieser Methode zu verstehen. Seine Experimente überzeugten mich davon, daß diese Methode ein wirksames Mittel ist, um mit Hilfe des Energiefeldes Informationen über den gesamten Körper zu erhalten und ihm heilende Informationen direkt, klar und sehr wirkungsvoll zu übermitteln.

Der Energiekreis ist ein Informationsträger

Zwischen 1976 und 1981 wurden von Lindemann eine ganze Reihe spezifischer Techniken ausprobiert. Manchmal verband er den Energiekreis mit anderen Geräten. »Ich bemerkte, daß durch den Anschluß des Bioenergiekreises an andere Geräte, z. B. an einen Orgon-Akkumulator, die Energieerfahrung ganz außerordentlich gesteigert werden konnte. Das war zwar interessant und spannend, aber meine Symptome wurde ich dadurch nicht los.« Bei anderen Experimenten erdete er den Bioenergiekreis und verband ihn mit Kupferkugeln, die er auf dem Dach seines Hauses angebracht hatte. Er brachte ebenso wie Eeman, Maby und Eric Powell die verschiedensten Substanzen in den Bioenergiekreis ein. Einige dieser Experimente brachten verschiedene Symptome zum Verschwinden. Für sein Herpes jedoch hatte Lindemann noch nicht die

»zündende« Anordnung gefunden, die ihn wirklich heilen konnte.

Nach und nach kam Lindemann zu einer wichtigen Erkenntnis. Er dachte über Eemans und Mabys Energiekreisversuche mit Medikamenten und Powells »Autonormaliser« nach und schloß daraus, daß »der Entspannungs-Energiekreis wichtige Erkenntnisse in Form von detaillierten Energieschwingungsmustern enthalten mußte«. Lindemann kam zu der Ansicht, der Bioenergiekreis übertrage nicht nur die Schwingungsmuster von Medikamenten und anderen Substanzen, die man in ihn hineinstelle, sondern auch die je besonderen und sehr komplexen Schwingungsmuster des jeweiligen Individuums sowohl in seinen körperlichen als auch in seinen geistigen und psychischen Besonderheiten.

Einmal von der Vorstellung überzeugt, daß die Energie im Bioenergiekreis eine ungeheure Menge an detaillierten Informationen enthalten müsse, veränderte sich der Schwerpunkt seiner Arbeiten. Anstatt die Quantität oder Qualität der Energie weiter erhöhen oder verbessern zu wollen, war es von nun an sein Ziel, direkt mit dem Energiekörper »zu sprechen«, um diejenigen heilenden Informationen zu erhalten, die seinen Symptomen wirklich Linderung bringen würden.

Grundlegend für seine Arbeiten ist die Hypothese von der Bewußtheit der Lebensenergie. Eemans Arbeiten hatten gezeigt, daß die Energie im Bioenergiekreis Informationen weitergibt. Eine sowohl im Osten wie im Westen unter den Erforschern der Bioenergie verbreitete Annahme besagt, daß der Körper selbst mit einer natürlichen Intelligenz ausgestattet ist. Nach Lindemanns Verständnis ist es so: Die Lebensenergie überträgt Informationen, und zwar nicht unbewußt und passiv, wie es z. B. bei einem Datenkabel zwischen zwei Computern der Fall wäre, sondern in bewußter und intelligenter Weise, etwa so, wie unser Gehirn Erinnerungen übermittelt. Die Lebensenergie, die im Bioenergiekreis fließt, ist ein Ausdruck dieser Intelligenz.

Lindemann hat eine ganze Serie von Experimenten mit Hilfe der Methoden der Radionik* überprüfen lassen. Die Anwendung dieser Methode ist in den USA illegal, weil sie sowohl vom gesunden Menschenverstand als auch von einem mechanistischen Weltbild aus betrachtet nichts wirklich »Reales« bewirken könne. Zusammen mit der Parapsychologie wird die Beschäftigung mit diesem Thema als ein Grenzbereich zwischen Wissenschaft und Magie angesehen. Viele halten die Radionik ganz einfach für ein pseudowissenschaftliches Mäntelchen magischer Praktiken. Die meisten radionischen Diagnose- und Behandlungsgeräte haben auf ihrer Oberseite eine Vielzahl von Skalenscheiben, um bestimmte »Frequenzen« oder »Raten« einzustellen.

In der Radionik-Therapie wird davon ausgegangen, daß Krankheiten, Verletzungen, Körperregionen, Organe und homöopathische Substanzen ihre eigene spezielle Frequenz oder Vibration haben. Was es nicht so einfach macht, die Radionik zu akzeptieren, ist, daß diese Frequenzen nicht elektromagnetisch übertragen werden. Obwohl wir es bei den meisten radionischen Diagnosegeräten mit einer Kombination kalibrierter Skalen zu tun haben, sind diese ihrerseits meist nicht mit irgendeinem an-

---

* Die Radionik als Heilkunst entstand zu Beginn dieses Jahrhunderts aus den Forschungen des Arztes Dr. Albert Abrams, der in San Francisco lebte. Die Literatur dazu ist fast unübersehbar; das meiste davon beschäftigt sich mit der möglichen Beeinflussung des Energiefelds des Menschen. Die Radionik-Therapie faßt das einzelne Individuum als ein System von sich gegenseitig überlagernden Frequenzen oder Vibrationen auf, die komplexe Harmonien bilden. Der radionische Praktiker diagnostiziert diese je individuellen Frequenzen und kann selbst mit einem radionischen Behandlungsgerät Frequenzen übertragen. Es gibt ganz spezifische Frequenzen für bestimmte Körperorgane, Krankheiten und medizinische Rezepturen. (Die einzelnen Systeme und Tabellen weichen allerdings manchmal voneinander ab).

deren Gerät, das etwas logisch Nachvollziehbares bewirken könnte, verbunden. In manchen Geräten sind die Skalenscheiben sogar mit überhaupt nichts verbunden!

Einige von Eemans Experimenten mit Medikamenten wurden von Radionik-Praktikern überprüft. Für diese Tests wurde ein Radionik-Analysegerät gebraucht, während eine Testperson im Entspannungs-Energiekreis lag, in den bestimmte Substanzen eingeführt waren. Obwohl die Medikamente den Radionik-Therapeuten nicht genannt wurden, fanden sie doch regelmäßig die Wirkungen heraus, die das jeweilige Medikament auf Organe oder Drüsen erzielte. Lindemann überlegte sich, daß Radionik ein geeignetes Mittel sein könnte, um seine Erkrankung zu diagnostizieren und zu heilen. Er beschaffte sich ein solches Gerät und verband es direkt mit einem Lehnstuhl, in den er einen Kupfer-Energiekreis eingebaut hatte. Seine Freunde tauften diese monströs aussehende Apparatur später »Peters elektrischen Stuhl«.

Lindemann stellte die Frequenz für Herpes simplex an dem radionischen Apparat ein. Als er sich mit dem Gerät zusammen in den Bioenergiekreis legte, sollte diese Apparatur die Heilfrequenz für Herpes simplex in sein Energiefeld übermitteln. Während er im Bioenergiekreis lag, bemerkte er sofort eine starke Veränderung in seinem eigenen Energiefeld.

Die Resultate stellten sich unmittelbar ein und waren mehr als ungewöhnlich. Lindemann hatte es allem Anschein nach geschafft, mit Hilfe dieses radionischen Geräts zu seinem eigenen Energiefeld zu »sprechen«. Seine Herpes-Symptomatik verringerte sich schlagartig. Durch seinen Erfolg bestätigt, machte er eine ganze Reihe von Experimenten mit dem Radionik-Gerät und erzielte weitere und ebenso verblüffende Erfolge. Lindemann war beeindruckt, obwohl er mir gegenüber sofort hinzufügte: »Wissenschaftlich ist es noch völlig unerklärlich, aus welchem Grund die Radionik-Therapie überhaupt irgendein Ergebnis bringt. Ich hatte ein unglaubliches Phänomen am eigenen Körper erfahren und suchte nun nach einer Theorie, um es zu erklären.«

Das Übertragen von Schwingungsinformationen

Die Ergebnisse der Radionik-Therapie waren rätselhaft, um es vorsichtig auszudrücken. Er hatte einen wirklich durchschlagenden Erfolg mit der Hilfe einer Methode errungen, die seiner wissenschaftlichen Grundhaltung nach überhaupt keine Resultate erbringen konnte. Ich kann die Erklärung Lindemanns für die Wirksamkeit der Radionik-Therapie wie folgt zusammenfassen:

»Viele Leute stimmen darin überein, daß die größte Heilkraft vom menschlichen Bewußtsein ausgeht. Malcolm Ray, ein Radionik-Theoretiker, hat deswegen die Radionik-Geräte auch ›Gedanken-Simulatoren‹ genannt. Das Radionik-Gerät ist ein ›vorurteilsfreies‹ objektives Gerät, durch das abstrakte Informationen symbolisch ausgedrückt werden können. Durch den Bioenergiekreis geht eine feinstoffliche Übertragung von Informationen vor sich, auf die das Gerät antwortet. Das Radionik-Gerät scheint in der Lage zu sein, durch den Bioenergiekreis die zelluläre Intelligenz des Körpers wirksam ansprechen zu können.« Obwohl Lindemann mein Verständnis über den Körper und seine Heilung arg strapazierte, ergab das, was er sagte, doch einen Sinn für mich. Wenn ich meine Zweifel, die ich gegenüber der Radionik-Methode hegte, beiseite schob, tauchten neue Fragen auf.

Entsprechend der Radionik-Theorie war es noch nicht einmal notwendig, einen Bioenergiekreis an das Radionik-Gerät anzuschließen. Wenigstens in der Theorie kann das Gerät auch mit Hilfe einer »Probe« arbeiten, wie z. B. einer Haarlocke oder einem Foto. Die Probe wird dann lediglich auf das Gerät gelegt. Ich befragte Lindemann danach. Seine Antwort:

Das ist richtig. Nach der Radionik-Theorie ist es nicht nötig, einen Bioenergiekreis anzuschließen. Aber es ist vor allem für die Radionik-Therapie sehr viel effektiver, dies zu tun. Auch ergibt sich hinsichtlich der Intensität der Wirkung ein großer Unterschied. Der Energiekreis ist einfach ein sehr wirksames Mittel, um Informationen direkt in den Körper zu transportieren. Der Körper wiederum besitzt genügend Weisheit, mit der er sich selbst heilen kann; ich bezeichne diese Weisheit als die »zelluläre Intelligenz« des Körpers. Mein Freund und Kollege Marty Martin nennt diesen Vorgang das »Übertragen von Schwingungsinformationen«. Als wir die ersten Experimente damit machten, übertrugen wir eine Schwingungsinformation aus dem Radionik-Gerät auf das Schwingungssystem des Körpers und gaben damit seiner zellulären Intelligenz eine Information, die diese völlig in sich aufnahm. Durch die genaue Analyse und Beobachtung dieses Prozesses konnten wir viel über die Intelligenz der Lebensenergie lernen. Wenn die Schwingungsinformation, die wir anboten, erwünscht war und vom Körper benötigt wurde, ging die Übertragung einfach, schnell und vollständig vor sich. Als Schlüssel für den Erfolg erwies es sich dabei, die Bedürfnisse des Körpers genau zu kennen.

Der Bioenergiekreis als Übertragungsmittel ist in seiner Verwendung natürlich nicht nur auf die Radionik-Therapie begrenzt, das haben die Medikamententests von Eeman deutlich gemacht. Du kannst zum Beispiel auch eine Kombination von sehr feinstofflichen Schwingungsinformationen mit Hilfe homöopathischer Substanzen in den Körper geben. Aber es kann sein, daß der Körper nicht bereit ist, die

Informationen in dieser bestimmten Form, also z. B. durch orale Gabe homöopatischer Substanzen, aufzunehmen. Das gilt selbst dann, wenn es die richtige Kombination von Informationen ist. Wenn du die Informationen in einen Bioenergiekreis gibst, ist das etwas anderes und ein sehr direkter Weg, dem Körper diese Informationen zu geben. Der Bioenergiekreis überträgt die benötigten Schwingungen direkt auf die Körperenergien.

Andere Übertragungsformen übermitteln auch Schwingungsinformationen, aber keine dieser Formen kann Schwingungen so direkt übertragen wie der Bioenergiekreis. Wenn du den Bioenergiekreis anwendest, hast du an dem kritischen Punkt, wie tief oder wie gut eine Schwingungsinformation aufgenommen werden kann, einen Vorteil. Du kannst die Dosierung und die Wirkung regulieren, so daß in vielen Fällen eine Behandlung allein schon ausreicht. Es kommt darauf an, und das macht die Heilung aus, die Verzerrungen im Energiefeld auszubalancieren und so eine grundlegende Veränderung im Körper zu bewirken. Danach werden die Symptome nach und nach verschwinden. Ich habe selbst diesen Wechsel erlebt, der stattfindet, wenn die Übertragung gelingt. Es passiert noch genau zu der Zeit, wo die Leute in diesem Stuhl sitzen. Manchmal ist die Veränderung geradezu dramatisch.

Theoretisch kann man nicht nur mit der Radionik-Methode Schwingungsinformationen übertragen. »Jedes Verfahren, das auf Schwingungen beruht, kann auf diese Weise den Bioenergiekreis einsetzen, zumindest theoretisch«, erklärte Lindemann. »Die Schwingungsinformationen von Medikamenten, Heilkräutern, homöopathischen Substanzen, Zellsalzen oder auch von Blüten- und Edelstein-Essenzen können ebenso übertragen wer-

den.« Es kommt dabei darauf an, die Sprache zu finden, die die
»zelluläre Intelligenz« verstehen kann.

Lindemann entdeckte zunächst, daß mit der Radionik-Therapie
auf diese Weise bemerkenswert gute Ergebnisse zu erzielen sind;
es ist aber auch denkbar, daß andere Methoden, wenn man sie zusammen mit dem Bioenergiekreis anwendet, noch besser funk-
tionieren. Lindemanns Auffassung von der wechselseitigen
Kommunikation mit dem Energiekörper durch das Übertragen
von Schwingungsinformationen, das er zusammen mit seinem
Partner Marty Martin entwickelte, ist die Grundlage für diese
Arbeit:

*»Wenn du einen Menschen an einen Bioenergiekreis an-
schließt, setzt du damit eine spezifische Dynamik in Gang
und löst eine Bewegung der Lebensenergie aus, die vorher
nicht vorhanden war. Alle natürlichen Therapien, die auf
dem Umgang mit feinstofflichen Energien basieren, von der
Homöopathie über die Akupunktur bis zur Radionik-Therapie, sind darauf ausgerichtet, zu behandeln, indem sie die
Selbstheilkräfte des Körpers in Gang bringen. Sie sagen
nicht, daß sie den Patienten ›heilen‹ können. Sie setzen vor-
aus, daß sich der Körper selbst heilt und daß ihre Behandlung immer nur darauf gerichtet ist, Blockaden in diesem
Prozeß aufzulösen. Die Behandlung ist also ein Katalysator
für eine Veränderung, durch die dann die Lebensenergie
wieder freigesetzt wird.«*

»Empirisch gesehen waren die Erfolge, die ich erzielte,
sehr beeindruckend«, sagte Lindemann zum Schluß. Seine Experimente mit dem »elektrischen Lehnstuhl« führten zu einer ganzen Reihe ungewöhnlicher Erfolge, sowohl bei der Analyse von Krankheiten als auch bei deren
Behandlung. »Aber schließlich brach ich diese For-

schungsarbeit wieder ab, denn die Radionik-Therapie mag noch so erfolgreich sein, ich werde damit wahrscheinlich noch für eine längere Zeit in den USA nicht legal arbeiten können.«

Gespräche mit der DNS

Lindemann zeigte mir im weiteren Verlauf des Gesprächs, wie das Übertragen von Schwingungen eine Möglichkeit eröffnet, mit der DNS (Desoxyribonukleinsäure) eine Verbindung herzustellen:

Marty Martin entdeckte, daß die Behandlung durch die Radionik-Therapie immer dann zu keiner effektiven Übertragung von Schwingungsinformationen führte, wenn aus irgendeinem Grund die RNS (Ribonukleinsäure) gestört war. Wenn die Funktion der RNS dagegen vorher durch eine spezielle Behandlung wiederhergestellt wurde, erzielten wir bei den weiteren Radionik-Behandlungen sehr gute Erfolge. Das war eine wichtige Entdeckung, die Marty Martin damals machte, und wir interpretierten sie folgendermaßen: Die Herstellung aller körpereigenen Hilfsstoffe im Körper nimmt ihren Ausgangspunkt bei der DNS. Die Radionik-Therapie ist aus dieser Sicht eine Methode, um mit der DNS zu kommunizieren. Wenn aber die DNS in einer Zelle anderen Zellen im Körper mit Hilfe der RNS (ihre Moleküle dienen als Boten für die DNS) keine Informationen übermitteln kann, so ist die Behandlung nicht wirksam. Das Geheimnis einer erfolgreichen Übertragung von Schwingungsinformationen liegt also in einer wechselseitigen Konversation mit der DNS oder — wie ich es auch nenne — mit der zellulären Intelligenz.

Lindemann folgerte daraus, daß der an die Radionik-Apparatur angeschlossene Bioenergiekreis ein zusätzliches Mittel darstellt, wirksamer mit dieser Intelligenz des Lebens zu kommunizieren:

Jede Substanz hat ihre ganz spezifische Qualität, die sich in einer bestimmten Schwingung ausdrücken läßt. Unser Problem ist das Zuhören. Ich glaube, daß die Radionik-Geräte dabei hilfreich sein können, weil sie die verschiedenen Schwingungsqualitäten voneinander trennen, so daß sie individuell beobachtet bzw. verstärkt werden können. Wenn eine Qualität von allen anderen in dieser Weise isoliert worden ist, kann sich unser analytischer Geist daranmachen, sie als eine besondere in der Gesamtheit aller Qualitäten zu »erkennen«, um sie dann wieder in die Gesamtheit dessen einzufügen, was wir als Gesundheit bezeichnen. So wird es möglich, eine Information, die in der »zellulären Intelligenz« ihren Ursprung hat, mit unserem an unserer Sprache orientierten Geist zu empfangen, und wir können sie, umgekehrt, wieder bewußt beeinflussen. Dieser Prozeß beginnt dann wieder von vorne, so daß eine Konversation möglich wird. Marty und ich nannten diesen wechselseitigen Prozeß der Kommunikation mit der zellulären Intelligenz des Körpers ein »Gespräch mit der DNS«.

Lindemann näherte sich durch seine Erfahrungen mit dem Einsatz der Radionik-Geräte in Kombination mit dem Bioenergiekreis einer Sichtweise von Gesundheit und Heilung an, die er folgendermaßen zusammenfaßt:

Die Intelligenz des Lebens wird nicht durch chemische Prozesse gesteuert, wie es sich die mechanistisch geprägte Wissenschaft vorstellt, sondern die Intelligenz des Lebens steuert umgekehrt die chemischen Prozesse in unserem Körper und sagt ihnen, was zu tun ist. Die DNS ist die wichtigste und entscheidende Trägersubstanz dieser Intelligenz. So steuert sie jeden Prozeß und jede Funktion in allen Zellen des Körpers. Sie steuert auch alle Interaktionen zwischen den Zellen und legt fest, wie sie sich zu verschiedenen Organen und Organsystemen zusammenfinden sollen, schreibt die funktionalen Organzusammenhänge vor und die Funktionsweise des gesamten Organismus. Die Menge an Informationen, die die DNS zusammenträgt, z. B. nur um eine kleine Schnittwunde in der Haut zu heilen, überschreitet bei weitem unser Vorstellungsvermögen.

In dem Moment, in dem eine Verletzung erfolgt, erkennt die DNS die Situation, entscheidet, was zu tun ist, und beginnt unverzüglich mit der Hilfe. Ganz am Anfang hat der Körper bei der Verschmelzung der elterlichen Gene die DNS-Moleküle erhalten und in der befruchteten Eizelle aufgebaut. Von da an benutzt er den Informationsspeicher der DNS, um sich selbst zu heilen, egal, um welche Verletzung oder Fehlfunktion es sich auch handelt. Die Vermutung drängt sich auf, daß der Körper nicht nur seinen eigenen Zustand genauestens beurteilen kann, sondern daß er auch in der Lage ist, bis in die letzten Kleinigkeiten hinein schon fertig ausgearbeitete Behandlungsmethoden anzuwenden. Der Grund, weswegen nicht alle Menschen vollkommen gesund sind, lautet: Die Funktionen der DNS werden durch Einlagerung von Giften, ungesunde Lebensgewohnheiten, blockierte Emotionen, falsche Ernährung usw. gestört. Die DNS hat also die Informationen zur Selbstheilung gespeichert, es ist allerdings an uns, damit aufzuhören, diesen Informationsspeicher zu blockieren.

Aus Lindemanns Sicht ist es der Körper, der sich immer wieder selbst heilt. Alle von außen kommende menschliche Heilkunst kann nur darin bestehen, den natürlichen Heilprozeß zu unterstützen:

Alle erwähnten Methoden, die mit feinen Schwingungsinformationen arbeiten, unter ihnen auch die Radionik-Therapie, sind nur Mittel, um die in der DNS gespeicherte Information zu aktivieren und die Umsetzung dieser Information in physische und chemische Aktivitäten zu beschleunigen. Die Kunst besteht darin herauszufinden, was der Körper bereits entschieden hat zu tun, und mit ihm zusammen die primäre Ursache der Imbalance zu beheben. Dann wird der Weg frei für die nächste vom Körper bereits festgelegte Korrektur. Wirksam ist also nicht primär die Radionik-Therapie oder die homöopathische Rezeptur. Heilung ist ein natürlicher Prozeß, und alle Therapien, die mit feinstofflichen Schwingungen arbeiten, sind Katalysatoren für die Prozesse im Körper, und sie beschleunigen das, was der Körper normalerweise sowieso tun würde.

Lindemanns theoretisches Modell

Lindemanns Darstellungen überzeugten mich vollständig. Ich war nun daran interessiert, meine eigenen Erfahrungen im Bioenergiekreis besser zu verstehen. Ich wollte herausfinden, was passiert, wenn jemand ohne zusätzliche Substanzen oder Geräte im Bioenergiekreis liegt. Nach welchen Grundsätzen funktioniert das? Ist Eemans Polaritäts-Modell eine vollständige Erklärung für das Bioenergiekreisphänomen? Lindemanns Erklärungen über Wirkprinzipien, die dem Bioenergiekreis zugrunde liegen, haben mir sehr geholfen, eine ganze Reihe von Erscheinungen zu erklären, die ich beobachtet hatte.
Ich wollte wissen, ob Lindemann davon ausgeht, daß die Ener-

gie immer in der gleichen Richtung fließt. Er erklärte mir, daß der Bioenergiekreis bildlich gesehen eine Straße baut, auf der die Lebenskraft sich zu anderen Stellen fortbewegen kann:

Wie Wasser, das immer bestrebt ist, sich selbst einzupegeln, verteilt sich auch die Lebenskraft spontan immer wieder neu und gleicht Imbalancen und falsche Verteilungen aus. Der Bioenergiekreis ist lediglich eine äußere Struktur, durch die diese Neuverteilung in Gang gesetzt werden kann, er ermöglicht der Energie, ihre Fähigkeit zur Bewegung, zur Wandlung und zur Schaffung neuer Muster zu entfalten. Es kommt dann ein Energiefluß zustande, der meiner Meinung nach gerichtet ist, d. h., es ist eine Bewegung von Punkt A nach Punkt B vorhanden, aber der Austausch von Informationen braucht nicht notwendigerweise immer nur in dieser Richtung stattzufinden.

Lindemann benutzte hierfür die folgende Metapher: »Der Fluß mag sich von den Bergen zum Meer hinabbewegen, der Lachs jedoch kann auch gegen den Strom schwimmen.«
Lindemann widersprach offensichtlich Eemans Anschauungen, als er meinte, daß die Energie sich in jeder Richtung bewegen kann, wenn es der Ausgleich von Imbalancen erfordere. Tatsächlich vertrat Lindemann damit die Ansicht, daß der Fluß nicht immer in der gleichen Richtung fließt. Als ich mir Eemans Entspannungs-Energiekreis vergegenwärtigte, kamen mir Zweifel an Lindemanns Sichtweise.
Eemans Polaritätsmodell konnte schlüssig die verschiedenen von ihm entdeckten Entspannungs-Energiekreis, erklären und, ebenso eindeutig und schlüssig, davon die Anspannungs-Energiekreise unterscheiden. Eemans Theorie war, daß der Körper von rechts nach links und von oben (Kopf) nach unten (Füße) polarisiert ist. Die zwischen den Polen befindliche Ladungsdifferenz

war die Bedingung dafür, daß sich die Energie im Bioenergie-kreis in einem festgelegten Muster bewegt. Eeman stellte aus-drücklich fest, daß die Lebensenergie im Energiekreis immer in derselben Richtung fließt — von minus nach plus. Weiterhin schrieb er, daß die Energie in einer festgelegten und definitiven Richtung von der linken zur rechten Hand fließe.

Als wir Lindemanns offensichtlichen Widerspruch zu Eemans Theorie erörterten, stellte er mir eine umfassendere theoretische Erklärung der Wirkungsweise des Bioenergiekreises vor. Ich fand diese Erklärung außerordentlich hilfreich.

Er führte aus, daß der Bioenergiekreis nicht nur relativ grobe Energie — die durchaus auch Informationen enthält — mit sich führt. Die Lebensenergie ist selbst Trägerin von Intelligenz. Wenn jemand im Bioenergiekreis liegt, verteilt sich die Energie wieder neu. Darin besteht Eemans Modell, und das ist die Grundlage für das Phänomen des Bioenergiekreises. Aber die Information, die mit dem Energiefluß transportiert wird, verteilt sich auch unab-hängig von ihm. Der wichtigste Faktor bei unserer Erfahrung mit dem Bioenergiekreis ist nicht notwendigerweise die Energiebewe-gung, sondern die dabei übermittelte Information. Lindemann stimmt mit Eeman darin überein, daß der Energiefluß, wie er durch Eemans Polaritätsmodell beschrieben wird, im großen und ganzen richtig ist für die Beschreibung der Bewegungsrichtung des Hauptanteils der Lebensenergie. Aber nach Lindemann ist das keine adäquate Beschreibung für die Informationen, die mit dem Fluß der Lebensenergie übertragen werden.

Dieses differenziertere Modell kann mit der Trägerfrequenz eines Radio- oder Fernsehsignals und seinen Modulationen, die die Mu-sik oder die Fernsehbilder übertragen, verglichen werden. Das UKW-Signal mag konstant bei 100,9 MegaHertz und 50 Kilowatt liegen, aber die Musik, die übertragen wird, verändert sich an-dauernd. Lindemann sagte dazu: »Die Lebensenergie mag sich von meiner linken Hand zum oberen Ende meiner Wirbelsäule bewegen, aber Informationen aus allen Teilen des Körpers können mit diesem Strom übertragen werden, und die Weitergabe dieser Informationen kann der wichtigere Faktor sein, der mir am meisten dabei hilft, die angestauten Spannungen in meinem Nacken loszulassen.«

Lindemanns Modell der Kondensatorentladung

Aus der Sicht Lindemanns kann sich auch der eigentliche Hauptenergiestrom umkehren. »Bei der Entladung eines Kondensators«, erklärt er, »geht der Gleichstrom in eine ganz bestimmte Richtung, aber es gibt dabei kleine Wechselstrom-Modulationen und auch noch sehr hochfrequente Modulationen, die sich hin- und herbewegen können oder die sich direkt entgegengesetzt, ›flußaufwärts‹ in bezug auf die Richtung des primären Gleichstroms, bewegen. Die Lebensenergie im Bioenergiekreis verhält sich in genau derselben Weise.«

Lindemanns Kondensator-Modell des Energiekreis-Effekts gründet auf verschiedenen Überlegungen und Beobachtungen:

1. Der menschliche Organismus verhält sich in verschiedener Hinsicht genau wie ein elektrischer Kondensator. Obwohl die Lebenskraft und die Elektrizität unterschiedliche Energieformen sind, gibt es doch einige gleichlautende Grundsätze, die das Verhalten beider Energieformen regeln. Das wird durch die Experimente von Nikola Tesla klar, bei denen er Radiowellen mit einer Energie von mehreren hundert Kilowatt durch seinen Körper leitete. Es zeigte sich, daß der Körper, genau wie ein Kondensator, fast völlig undurchlässig ist für sehr hochfrequente Ströme.

2. Energieblockaden im Organismus sind nicht nur eine Sache von grobstofflicher Fehlverteilung der Energie. Energieblockaden

enthalten auch Informationen.* So werden etwa bestimmte Verhaltensweisen und Erinnerungen im Körper festgehalten. Wenn die Blockaden sich lösen, wird gleichzeitig auch die Information, die in ihnen enthalten war, wieder frei. Häufig verhält es sich auch so, daß die Aufdeckung der Informationen das Loslassen der Blockierung erst möglich macht. Weil die Bioenergiekreis-Methode dabei hilft, die Energieblockaden loszulassen, erscheint es auch wahrscheinlich, daß die Informationen im Körper neu strukturiert werden. Da die Blockaden eines jeden Menschen individuell unterschiedlich sind, wird auch die Information individuell neu strukturiert. Die Information muß sich dabei in jede Richtung bewegen können, um die spezifischen Imbalancen des jeweiligen Individuums auszugleichen zu können.

3. Auch subjektiv hatte Lindemann den Eindruck, daß der Bioenergiekreis die Energie über den ganzen Körper hin in Bewegung setzt und neu verteilt und nicht nur im Bereich des Bioenergiekreises. Die Energie oder zumindest die Information, die Bestandteil der Energie ist, fließt mit Sicherheit im Bioenergiekreis in beiden Richtungen. Meine eigenen Erfahrungen damit bestätigen diese Aussage. Tatsächlich hatten mich meine Beobachtungen dazu veranlaßt, Lindemann genau diese Fragen zu stellen.

Nach meiner Meinung hat Eeman ein Grundmodell zur Verfügung gestellt, und Lindemann hat es wesentlich verbessert. Lindemanns Kondensator-Modell hat das ursprüngliche Konzept um wichtige Aussagen erweitert. Wenn wir es zusammen mit Eemans grundlegendem Polarisierungs-Modell verwenden, können wir in die Betrachtung nicht nur den vorhersehbaren Fluß der Lebensenergie durch den Bioenergiekreis miteinbeziehen, sondern auch den Informationsfluß, der von der Lebensenergie transportiert wird.

---

* Die therapeutische Arbeit an Gefühlen, wie sie in Kapitel 8 beschrieben wird, berührt diese Verbindung zwischen Emotionen und der körperlichen »Panzerung«.

KAPITEL 12

Eemans Experimente
mit dem kooperativen Energiekreis

Das Hauptwerk von Eeman besteht in der Darstellung der zahlreichen Therapiemöglichkeiten, die er durch den Zusammenschluß mehrerer Personen in den von ihm so genannten »kooperativen« Energiekreis entdeckte. Er erkannte, daß die wichtigste Veränderung gegenüber dem Einzelkreis in einer ungewöhnlichen Zunahme der zirkulierenden Energiemenge bestand. Die Einzelanwendung vermag keine zusätzliche Lebensenergie im Biosystem des Anwenders zu aktivieren; sie kann nur die Lebensenergie, über die die einzelne Person verfügt, harmonisieren und ausbalancieren. Wenn jedoch mehrere Menschen in einem Energiekreis liegen, wird sich die Menge an zirkulierender Energie wesentlich erhöhen.

Weiterhin kam Eeman zu der Überzeugung, daß der Zusammenschluß mehrerer Personen in einem Energiekreis die individuellen Energieblockaden und Imbalancen ganz erheblich reduzieren kann. Eeman setzte deshalb den kooperativen Energiekreis als ein Hilfsmittel ein, um zusätzliche Energien im Energiekreis mobilisieren zu können. Offenbar konnte er seinen Patienten damit wirkungsvoll helfen.

Er beobachtete bei seinen Experimenten mit dem kooperativen Energiekreis immer wieder, daß die Erfahrungen der am kooperativen Energiekreis Beteiligten in ungewöhnlicher Weise miteinander übereinstimmten. Jede der am kooperativen Energiekreis beteiligten Einzelpersonen fühlte sich zu annähernd dem gleichen Zeitpunkt wieder balanciert und entspannt. Ebenso hörten die subjektiven Empfindungen, die durch den Energiekreis hervorgerufen wurden, zur gleichen Zeit wieder auf. Wenn die Teilnehmer eingeschlafen waren, wachten sie alle mit unheimlicher Synchronizität wieder auf.

Die Anwendung des kooperativen Energiekreises brachte neben den subjektiv stärkeren Energieerfahrungen der Teilnehmer auch neue Probleme mit sich. Eeman machte die meisten seiner interessanten Entdeckungen, wenn er diese Probleme lösen wollte.

Bioenergiekreis und Linkshändigkeit

Ab und zu kam es vor, daß von einem bestimmten kooperativen Energiekreis Wirkungen ausgingen, die den gewohnten direkt entgegengesetzt waren. Anstelle von Wärme, Entspannung und einem wohligen Durchströmtsein mit Lebensenergie, die er sonst gemeinsam mit seinen Patienten im Energiekreis erlebte, traten dann unangenehme Reaktionen auf, die oft so unerträglich wurden, daß es Eeman und seinen jeweiligen Patienten unmöglich wurde, das Experiment gemeinsam weiter durchzuführen. Eeman kannte zu dieser Zeit schon den Unterschied zwischen Entspannungs- und Anspannungs-Energiekreisen. Er wußte, daß es davon abhing, die Teilnehmer in der richtigen Weise mit den Leitungen zu verbinden. Jedesmal, wenn so etwas auftrat, überprüfte Eeman die Verkabelung noch einmal, um sicherzugehen, daß er nicht versehentlich einen Spannungs-Energiekreis aufgebaut hatte, aber in jedem einzelnen Fall erwies sich die Anordnung als korrekt.

1924 glaubte Eeman den Grund gefunden zu haben und stellte die These auf, daß bestimmte Menschen durchgängig umgekehrt polarisiert* wären. Um festzustellen, ob das Auftreten die-

---

* Die Autoren verwenden den Begriff »durchgehend umgekehrte Polarisierung« (s. Abb. 16), um einer Unklarheit entgegenzuwirken. Bei Menschen mit einer durchgehend umgekehrten Polarisierung haben die elektromagneti-

ser Art der Polarisierung mit Linkshändigkeit oder dem Geschlecht oder beidem etwas zu tun hätte, konstruierte er eine Anlage, die er scherzhaft meine »antiskeptische Testbatterie« nannte. Damit konnte er bis zu sechs Personen in einen kooperativen Energiekreis zusammenlegen und auch, ohne daß es jemand der Beteiligten sehen konnte, bestimmte Personen ohne ihr Wissen aus dem Energiekreis ausschließen. Eines Tages brachte er zwei ausgeprägte Linkshänder mit zwei ausgeprägten Rechtshändern zusammen in einen Energiekreis. Sobald die Leitungen in der normalen Anordnung für einen Entspannungs-Energiekreis angeschlossen waren, spannten sich alle Teilnehmer an, verfielen in eine kurze und flache Atmung, wurden unruhig und klagten über Kältegefühle. Als Eeman den Energiekreis wieder abänderte und Rechts- bzw. Linkshändern ihre linken und rechten Hände so miteinander verbanden, wie es die Abbildung 15 zeigt, ließen die Teilnehmer im Energiekreis gleichzeitig Zeichen der Erleichterung hören und entspannten sich. Sie fühlten sich offensichtlich wieder wohl.

Eeman führte dann eine Reihe von Versuchen mit Rechts- und Linkshändern im kooperativen Energiekreis durch. Am Ende

schen Ladungen gegenüber dem Normalfall die umgekehrte Polarität, und zwar überall am Körper. Wie Eeman entdeckte, sind die meisten Linkshänder so polarisiert. Ihre Polaritätsladungen sind — wie beim Negativ eines Fotos — allesamt umgekehrt, verglichen mit den Ladungen, die normale Rechtshänder haben.

Eine spiegelverkehrte Polarisierung (s. Abb. 16) findet sich bei Menschen, bei denen linke Hand und Kopf die gleiche Polarität aufweisen, ebenso wie rechte Hand und Kreuzbein. (Das ist eine spiegelbildliche Vertauschung der Polaritäten von Händen und Füßen verglichen mit den Polaritäten bei normaler Rechtshändigkeit. Für die so Polarisierten wird mit einer Anordnung, die normalerweise zu Anspannungen führt, eine entspannende Wirkung erzielt. Die spiegelverkehrte Polarisierung tritt sehr selten auf.

Durchgängig umgekehrte Polarisierung, die also bei Linkshändern vorliegt, braucht nur bei kooperativen Energiekreisen in Betracht gezogen werden. In Einzelanordnungen können Linkshänder alle Standard-Konfigurationen ohne Änderungen anwenden.

des Jahres hatte er herausgefunden, daß, unabhängig vom Geschlecht, die Polarität bei Linkshändern gegenüber Rechtshändern in jedem Punkt des Nervensystems genau umgekehrt war.*
Infolgedessen konnten bei Linkshändern die Kabel im Einzel-Energiekreis in der gleichen Anordnung angeschlossen werden wie bei Rechtshändern (vergleiche Abbildung 16). Die durchgehend umgekehrte Polarisierung wurde nur spürbar, wenn Linkshänder im selben Energiekreis mit Rechtshändern zusammenlagen.

Aber Eeman stieß noch auf andere Probleme. Die Teilnahme eines ausgeprägten Linkshänders in einem Energiekreis zusammen mit Rechtshändern oder umgekehrt brachte Probleme, die nie auftraten, wenn nur Rechtshänder oder nur Linkshänder an dem Energiekreis teilnahmen. Die Störungen waren um so stärker und betrafen um so mehr Teilnehmer, wie der einzelne Links- oder Rechtshänder eine Position näher zur Mitte einnahm, als wenn er ganz am Anfang oder Ende einer Reihe lag.

Das konnte nichts mit dem Aufbau der Verkabelung zu tun haben, weil durch eine Zusammenschaltung mit entgegengesetzten Anschlüssen sich für alle ein Anspannungs-Energiekreis aufbaute. Eemans Hypothese war, daß »der menschliche Organismus von einem elektromagnetischen Feld von je unterschiedlicher Ausdehnung, Stärke und Polarisierung umgeben« ist; und »da die Polarisierung (des Feldes) bei Linkshändern entgegengesetzt derjenigen bei Rechtshändern ist, können beide nicht parallel zueinander liegen, ohne daß die elektromagnetischen Felder

* Ab und zu traf ich auf einen ›beidhändigen‹ Patienten, aber ich konnte ihn immer schnell davon überzeugen, daß es aus elektromagnetischer Sicht so etwas nicht gibt. Einige Minuten, die die betreffende Person in der einen oder anderen Konfiguration verbrachte, zeigten deutlich, daß der sogenannte ›beidhändige‹ Patient immer nur entweder Rechtshänder oder Linkshänder war. Meistens kam bei diesen Versuchen heraus, daß der Betreffende ein Linkshänder war.« Eeman, Cooperative Healing, S. 52.

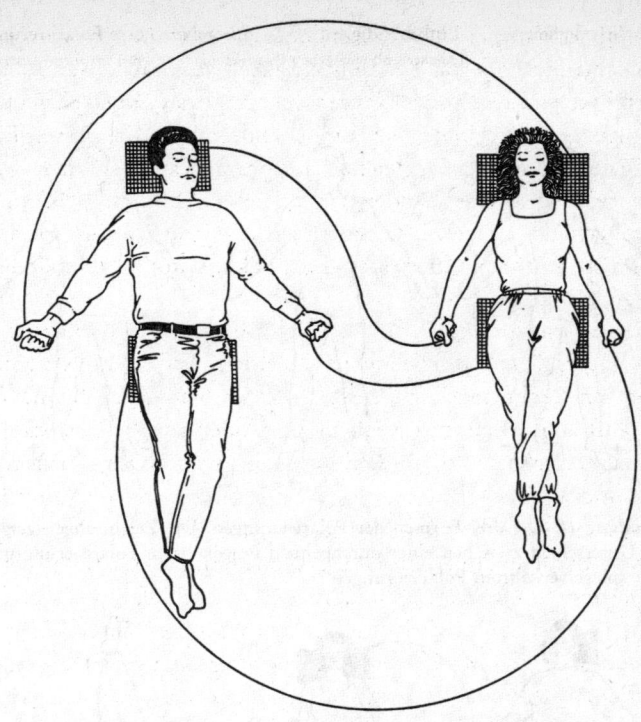

Abbildung 14: Die richtige Verlegung der Leitungen zwischen einem Linkshänder und einem Rechtshänder bei einem kooperativen Energiekreis. Vergleiche auch mit den Abbildungen 16 und 17.

sich gegenseitig stören, und Unruhe, Anspannung und Unbehagen sind die Folgen.«[1] Eeman bewies diese Hypothese damit, daß er die Linkshänder mit umgekehrter räumlicher Orientierung zu den Rechtshändern legte (z. B. Linkshänder mit dem Kopf nach Süden, Rechtshänder mit dem Kopf nach Norden zeigend, vergleiche Abbildung 16). Die Störungen verschwanden sofort!

[1] Eeman: Cooperative Healing, S. 63.

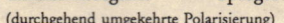

Rechtshändigkeit Linkshändigkeit Spiegelverkehrte Polarisierung
(durchgehend umgekehrte Polarisierung) (bei 1% aller Menschen)

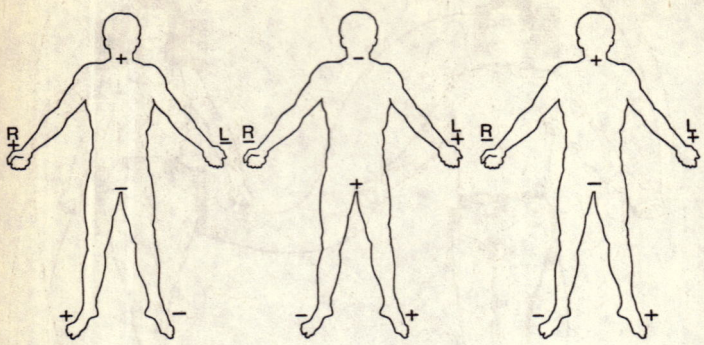

Abbildung 15: Die drei Formen der Polarisierungen. Die Zeichnungen zeigen den Unterschied zwischen einer durchgehend umgekehrten Polarisierung und einer spiegelverkehrten Polarisierung.

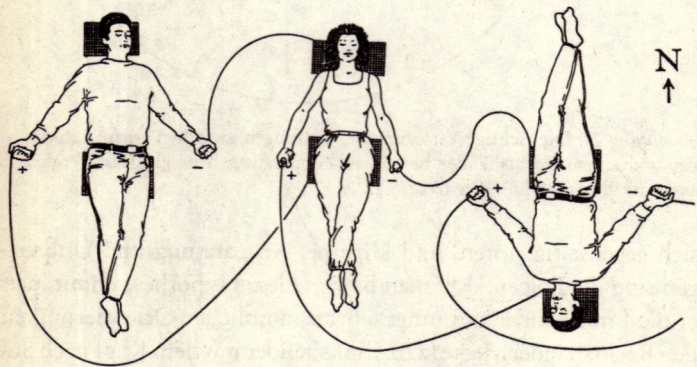

Abbildung 16: Drei Personen in einem Entspannungs-Energiekreis, Linkshänder liegt mit dem Kopf nach Süden. (Die Verkabelung ist nicht ganz vollständig, von der Plushand des Linkshänders verläuft das Kabel zum Becken der Person links außen und von seiner Minushand zum Kopf der Person links außen.)

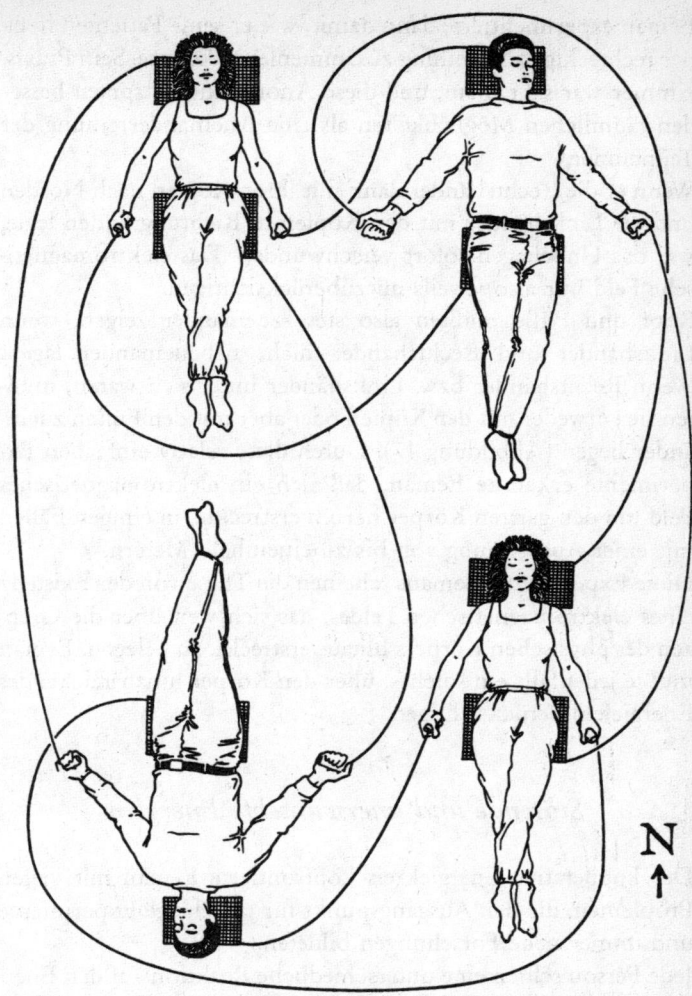

N
↑

Abbildung 17: Vier Personen im Entspannungs-Energiekreis in rechteckiger Verteilung. Ein Rechtshänder mit dem Kopf nach Süden. Rechts unten ist eine Linkshänderin.

Eeman experimentierte dann damit, wie er seine Patienten in einer rechteckigen Verteilung zusammenlegen konnte. Sein Praxiszimmer war sehr klein, und diese Anordnung entsprach besser den räumlichen Möglichkeiten als eine Aneinanderreihung der Teilnehmer.

Wenn er die Rechtshänder dann mit ihren Köpfen nach Norden und die Linkshänder mit den Köpfen in Richtung Süden legte, war das Unbehagen sofort verschwunden. Das elektromagnetische Feld war also jeweils mitzuberücksichtigen.

Kopf und Füße mußten also stets zueinander zeigen, wenn Linkshänder und Rechtshänder nicht nebeneinander lagen. Wenn Rechtshänder bzw. Linkshänder unter sich waren, mußten sie entweder mit den Köpfen oder aber mit den Füßen zueinander liegen (Abbildung 17). Durch diese relativ einfachen Experimente erkannte Eeman, daß sich ein elektromagnetisches Feld um den ganzen Körper herum erstreckte, in einigen Fällen mit einer Ausdehnung von bis zu eineinhalb Metern.

Diese Experimente Eemans scheinen die These von der Existenz eines elektromagnetischen Feldes, das sich weit über die Grenzen des physischen Körpers hinaus erstreckt, zu belegen. Eeman mußte jedenfalls ein solches, über den Körper hinausreichendes Energiefeld berücksichtigen.

Störende und unerwünschte Energien

Der kooperative Energiekreis konfrontierte Eeman mit vielen Problemen, die den Ausgangspunkt für jahrelange Experimente und immer neue Forschungen bildeten.

Jede Person schien eine unterschiedliche Reaktion auf den Energiekreis zu zeigen. Eeman teilte diese unterschiedlichen Reaktionsweisen in vier große Gruppen ein. Er fand heraus, daß einige Leute starke Energie-»Sender« waren und dadurch andere

Leute dazu brachten, stärker auf ihre Energien zu reagieren als umgekehrt, während andere eher die Rolle eines »Widerstandes« spielten und eher körperliche Reaktionen zeigten, bevor ihre Energie langsam freier floß. Einige erwiesen sich als besonders gute »Léiter«, das waren diejenigen, die am wenigsten Reaktionen zeigten, sowohl positiver als auch negativer Art. Dagegen waren »Verstärker« Personen, die die Energien anderer gut weiterleiteten und sie zusätzlich noch erhöhten. Eeman stellte fest, daß niemand ausschließlich nur einen Typ repräsentierte und daß es auch davon abhing, an welcher Stelle sich eine Person im Energiekreis befand. Je nachdem zeigte eine Person mehr die eine oder andere Reaktionsweise. Eeman war mit der Einteilung in vier Grundtypen in der Lage, alle auftretenden Reaktionen von Personen im Energiekreis zu beschreiben und zu erklären.

Menschen eines bestimmten Typs zusammen mit im Energiekreis anders Reagierenden verursachten unliebsame Symptome. Wenn sich Eeman mit Personen eines bestimmten Typs in einen gemeinsamen Energiekreis legte, fühlte er sich nach kurzer Zeit erschöpft. Mit anderen fühlte er sich gestärkt. Eeman fand heraus, daß er die guten Effekte dadurch verstärken konnte, daß er die Verkabelung der unterschiedlichen Typen untereinander veränderte. Aber er war mit seinen Ergebnissen noch nicht zufrieden.

Er setzte seine Arbeit an unterschiedlichen Konfigurationen des kooperativen Energiekreises mit großem Einsatz über zwanzig Jahre lang weiter fort, besonders in den Jahren von 1936 bis 1940. Zusammen mit Cecil Maby erdachte er Tausende unterschiedlicher kooperativer Energiekreise, bis er 1940 schließlich drei Energiekreise vorstellte, von denen er annahm, daß sie die optimalen kooperativen Energiekreise waren. Störende und unerwünschte Energien konnten durch diese drei Energiekreise stark verringert werden. Durch eine geschickte Anordnung wurden die Energien aller Teilnehmer zunächst zusammengeführt, bevor sie dann gleichmäßig (siehe Abbildungen 18, 19 und 20) an die einzelnen Personen wieder verteilt wurden. Ähnlich den Diagrammen einer elektrischen Schaltung entwarf Eeman die kooperativen Energiekreise als »Parallelschaltungen«.

Eeman widmete die meiste Zeit seines Lebens der Erforschung des kooperativen Energiekreises und den Heilmöglichkeiten in Gruppen, weil er in ihrer tragenden Kraft ein großes Heilungspotential sah. Am Ende seines Lebens betrachtete er den Entspannungs-Energiekreis als ein wichtiges Heilmittel, das vor allem in Gruppen von zwei oder mehr Personen angewendet werden sollte.

Gehen Sie mit dem kooperativen Energiekreis vorsichtig und verantwortungsvoll um

Eeman hielt den kooperativen Energiekreis für wirkungsvoller als das Handauflegen, weil bei einer Person, die im kooperativen Energiekreis Energie sendet, die Körperenergien sehr viel mehr mitbeteiligt seien. Das Handauflegen ist jedoch etwas völlig anderes als ein kooperativer Energiekreis. Beim Handauflegen leitet die behandelnde Person ihre Energien bewußt und absichtsvoll durch ihre Hände zu bestimmten Körperregionen der behandelten Person. Beim kooperativen Energiekreis wird jedoch nicht nur Heilenergie übertragen, sondern es kommt zu einer Vermischung der Energien der beteiligten Personen. Der Energiekreis ist passiv, während das Handauflegen eine bewußte, mit voller Absicht durchgeführte Handlung ist. Dolores Krieger meint in ihrem Buch *The Therapeutic Touch:* »Ich bin völlig überzeugt davon, daß der entscheidende Punkt für einen Heiler in seiner Fähigkeit liegt, den Energien eine bestimmte Richtung zu geben.«[2] Mit mehreren Personen durchgeführte Energiekreise weisen aber gerade eine solche Zielgerichtetheit eben nicht auf.

[2] Krieger: The Therapeutic Touch, S. 65

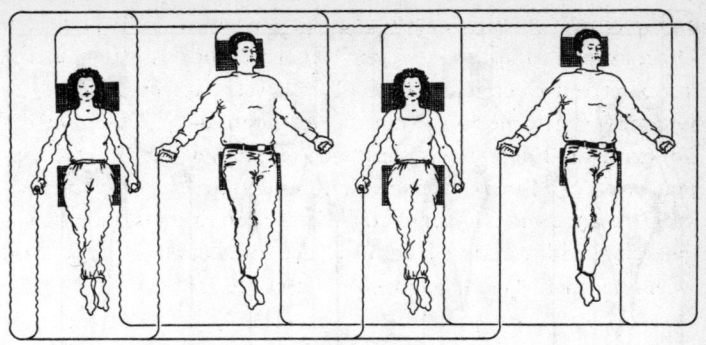

Abbildung 18: Mabys Nummer Vier:
Kombination von Parallel- und Serienschaltung
Parallelschaltung: Von der rechten Hand zur linken Hand der anderen Teilnehmer
Serienschaltung: Vom Kopf zur Wirbelsäulenbasis der nächsten Person

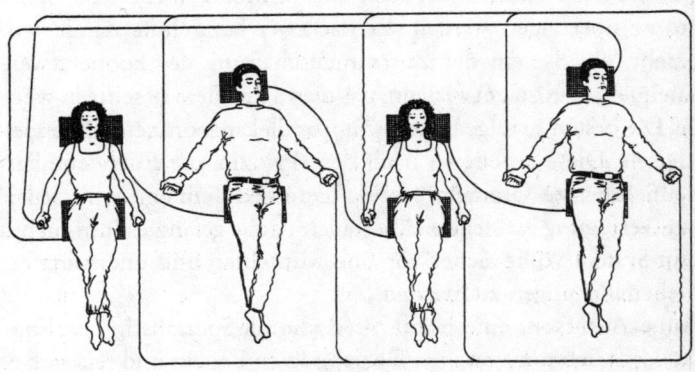

Abbildung 19: Eemans Nummer Eins:
Parallelschaltung: Vom Kopf zur Wirbelsäulenbasis der anderen Teilnehmer
Von der rechten Hand zur linken Hand der anderen Teilnehmer

249

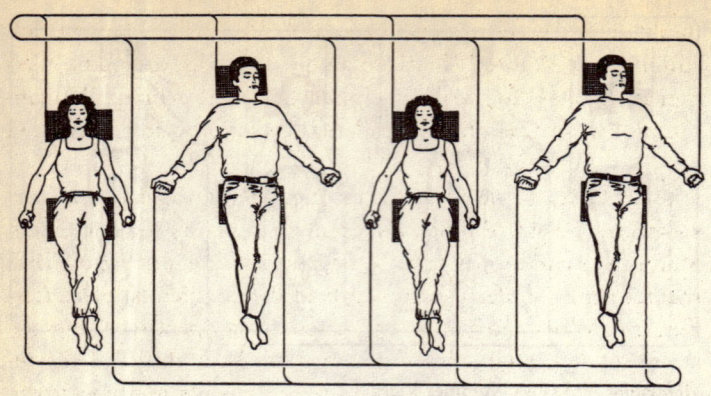

Abbildung 20: Eemans Nummer Zwei:
Parallelschaltung: Vom Kopf zur linken Hand der anderen Teilnehmer
Von der rechten Hand zur Wirbelsäulenbasis der anderen Teilnehmer

Eeman war sich vollkommen klar darüber, daß in kooperativen Energiekreisen manchmal auch unerwünschte körperliche Symptome übertragen werden. Er hat zwei Jahrzehnte damit verbracht, ein System der Zusammenschaltung des kooperativen Energiekreises zu entwickeln, das dieses Problem beseitigen würde. Die besten Erfolge hatte er mit parallel angeordneten Energiekreisen. Diese arbeiteten nach dem Prinzip, die Energien aller Teilnehmer zu sammeln und sie dann den Teilnehmern wieder zur Verfügung zu stellen. Aber auch damit gelang es ihm nicht, sein System völlig sicher vor unerwünschten und unerwarteten Nebenwirkungen zu machen.

Anne Atkinson, eine bekannte Radionik-Spezialistin aus England, schrieb mir von ihrer Beziehung zu Eeman und seinen kooperativen Energiekreisen: »Eeman wußte, daß ich seine Methode anwendete, um meine Patienten zu entspannen, daß ich aber die Gruppenentspannung aufgegeben hatte. Ich hatte bemerkt, daß das sehr beunruhigende Folgen haben konnte. Ich stimme mit Aubrey Westlake überein, wenn er meint, daß Eemans früher Tod wahrscheinlich auf seine häufige Teilnahme an Energiekreisen mit anderen Personen zurückzuführen ist.«

Ich selbst habe keine guten Erfahrungen mit kooperativen Energiekreisen gehabt. Einmal, als ich mich zusammen mit meinem Mann in einen kooperativen Energiekreis legte, um seine Kopfschmerzen zu lindern, hatte ich bald darauf auch Kopfschmerzen. Im großen und ganzen erzeugten die kooperativen Energiekreise, an denen ich teilnahm, mehr Unruhe in mir. Auf der anderen Seite gibt es Leute, die von guten Erfolgen mit kooperativen Energiekreisen berichten. Eeman war überzeugt davon, daß sie die verfügbare Menge an Bioenergie wesentlich erhöhen. Thomas Hirsch, der medial begabte Heiler, der den Energiefluß im Bioenergiekreis beobachtet hatte, stimmt mit dieser Meinung überein. Ich persönlich habe noch nicht mit kooperativen Energiekreisen auf der Grundlage von Eemans durchdachtesten Konfigurationen mit paralleler Anordnung experimentiert, und folglich kann ich nicht behaupten, alle seine Forschungen überblicken zu können.

Ich bin jedoch der Ansicht, daß eine weitere Erforschung des kooperativen Energiekreises mit Sicherheit sehr interessant sein wird, aber ich warne dringend vor jedem unbesonnenen Gebrauch dieser Technik. Die möglichen Nebenwirkungen können größer sein als jeder positive Nutzen. Gehen Sie deshalb mit dem kooperativen Energiekreis vorsichtig um und beachten Sie die Tatsache, daß die Energien der beteiligten Personen im Energiekreis vermischt werden.

Ich gehe davon aus, daß wir wirkungsvolle und sichere Anwendungsmöglichkeiten des kooperativen Energiekreises finden werden, und daß die weitere Forschung auch risikofreie Techniken für kooperatives Heilen im Energiekreis erbringen wird. Viel-

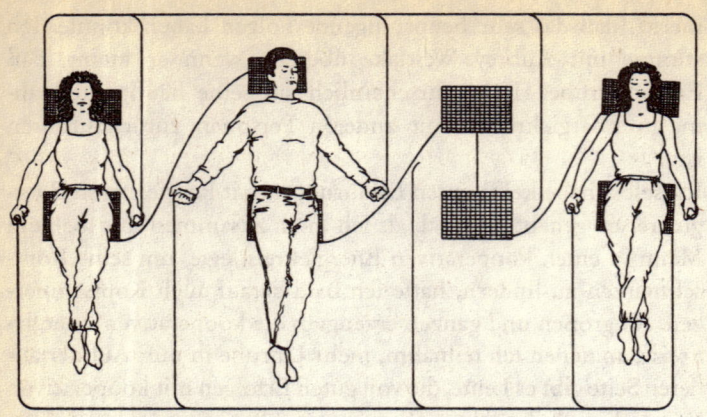

Abbildung 21: Eemans Verbesserter Energiekreis Nummer Zwei:
Wenn der optimale Energiekreis nach Eeman benutzt wird, kann eine Person diese Anordnung verlassen, ohne daß der kooperative Energiekreis unterbrochen wird.

leicht wird es auch möglich sein, Nebenwirkungen auszuschließen und nur die positiven Energien zusammenzuführen und weiterzugeben. Eeman hat fest daran geglaubt, daß dieses Ziel realisierbar sein wird. Nach meiner Auffassung sollten wir die Erforschung des kooperativen Energiekreises auf jeden Fall fortsetzen, denn diese Energiekreisanordnung verdient es, weiter untersucht zu werden, und zum anderen gibt es noch vieles, was geklärt werden muß.

Wenn Sie selbst mit dem kooperativen Energiekreis experimentieren möchten, sollten Sie zuerst Eemans »Cooperative Healing« lesen. Schauen Sie sich genau die Diagramme der drei optimalen kooperativen Energiekreise von Eeman und seine Instruktionen dazu an sowie seine Anleitungen bei Links- oder Rechtshändigkeit. Am einfachsten ist das mit Eemans »Verbesserter Version Nummer Zwei« möglich (siehe Abbildung 21). Dieser

Energiekreis beruht in seiner Grundstruktur auf Eemans optimalem Entspannungs-Energiekreis. Durch seine Anordnung wird es möglich, daß eine Person ihren Platz verlassen kann, ohne daß der ganze Energiekreis unterbrochen wird.

Ich kann als Alternative zum kooperativen Energiekreis ganz uneingeschränkt das Handauflegen zusammen mit dem Bioenergiekreis empfehlen, was ich persönlich für eine sehr wirkungsvolle Methode halte. Dabei werden von einer oder mehreren Personen die Hände auf die behandelte Person gelegt, während diese allein im Bioenergiekreis liegt (wenn Sie sich ausführlicher darüber informieren möchten, sehen Sie sich bitte nochmals die Übungen am Schluß des Kapitels 9 an). Das ist die einfachste und sicherste Methode, um zumindest einige der Vorzüge eines kooperativen Energiekreises zu genießen.

KAPITEL 13

Wie geht es weiter?

Wie geht es weiter mit der Bioenergiekreis-Methode? Welche technologischen Erneuerungen werden ins Auge gefaßt? Was plant Peter Lindemann? Welche Forschungsansätze versprechen die interessantesten Ergebnisse?

Erweiterung der Grenzen des Bewußtseins

Tiefe Erfahrungen in der körperlichen, geistigen, seelischen oder spirituellen Dimension können natürlich nicht nur mit dem Bioenergiekreis erreicht werden. Durch den Einsatz bestimmter Drogen oder etwa durch Primärtherapie oder Hypnose kommen oft sehr viel dramatischere Wirkungen zustande. Die einzigartige Chance, die uns der Bioenergiekreis bietet, besteht darin, solche Erfahrungen ohne die Außerkraftsetzung des normalen Wachbewußtseins machen zu können, um so die Grenzen des Bewußtseins zu erweitern.

Was das Tempo betrifft, mit dem veränderte Bewußtseinszustände (oder tiefgehende perinatale Emotionen bzw. kreative hypnagoge Zustände) erreicht werden, so ist die Bioenergiekreis-Methode sicher nicht das schnellste Verfahren. Aber wenn Sie lernen wollen, solche Bewußtseinszustände selbst zu erreichen, müssen Sie das Gebiet, das zwischen dem Hier und Dort liegt, erforschen. Sonst kann es Ihnen leicht passieren, daß diese Reise zu Verwirrung führt, Sie aufgeben wollen oder sich nicht mehr zurechtfinden. Der Bioenergiekreis ist ein sehr nützliches Werkzeug, um das Übergangsfeld zwischen dem normalen Bewußtsein und den Grenzzuständen des Bewußtseins kennenzulernen. Er regt den Energiefluß im Körper an, läßt uns zugleich bei wachem Bewußtsein in einem Zustand durchströmten, leichten Gelöstseins und im Vollbesitz unserer Entscheidungsfreiheit. Die systematische Erforschung der verschiedenen sich hieraus ergebenden Entwicklungsmöglichkeiten ist aus meiner Sicht das Thema, das ich für die nächste Zeit im Zusammenhang mit dem Bioenergiekreis am spannendsten finde.

Lindemanns »Super-Energiekreis«

Erst kürzlich hat Peter Lindemann mit einem Sechs-Punkte-Energiekreis sowohl aus Kupfer als auch aus Seide zu experimentieren begonnen. Es ist ein Energiekreis, der jede mögliche Verbindung zwischen den Körperpolaritäten umfaßt (siehe Abbildung 23). Dieser Entspannungs-Energiekreis bezieht alle Kombinationsmöglichkeiten zwischen Händen und Füßen sowie Nackenbereich und Wirbelsäulenbasis mit ein. Ich habe diesen Energiekreis ausprobiert und empfand seine Wirkung als sehr stark. Zusätzliche Bioenergiekreise, die dem allgemeinen und optimalen Entspannungs-Energiekreis von Eeman angeschlossen würden, müßten den Energieimpuls weiter erhöhen können, das waren Lindemanns erste Überlegungen. Davon ausgehend kam es dann folgerichtig zur Entwicklung des »Super-Energiekreises«. In dieser Anordnung ist das Energiemoment am größten, und außerdem hat die Energie die größte Bewegungsfreiheit, um sich im Sinne einer optimalen dynamischen Balance in jede Richtung bewegen zu können.

Der Super-Energiekreis soll nach Lindemann eine tiefergehende Energiebalance als alle anderen Energiekreis-Anordnungen, die er in Erwägung gezogen hat, ermöglichen. Einige der ersten Benutzer fühlten sich allerdings durch die sehr starken Energiewir-

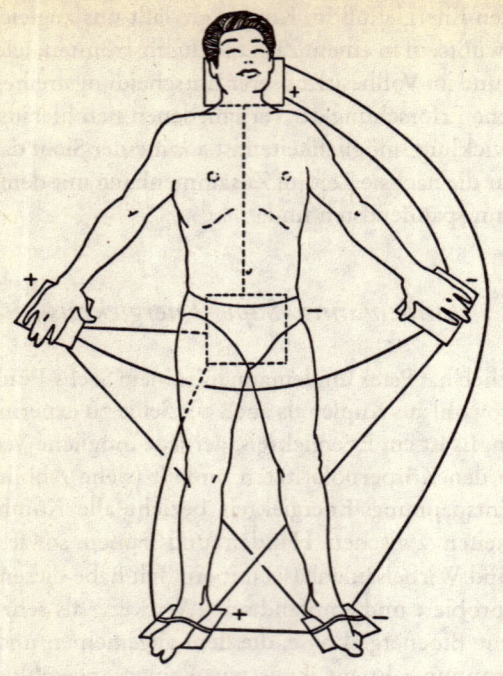

Abbildung 22: Lindemanns »Super-Energiekreis«. Zur Erzielung einer höchstmöglichen Wirkung sind alle Polaritäten wechselseitig miteinander verbunden.

kungen eher gestört. Die erste Phase verstärkt zunächst die Energieimbalance im Körper, die sich dann in einer zweiten Phase auflöst und zu einer Harmonisierung aller Körperenergien führt. Die erste Phase in diesem Energiekreis war offenbar für einige »zuviel«. Der Super-Energiekreis ist nach Lindemanns Einschätzung momentan noch in einer Experimentalphase.

Ein weiteres Feld für Innovationen ist die Herstellung von Energiekreisen aus verschiedenen, anderen Materialien, die theoretisch für den Einsatz als Leitmedium geeignet sind. Bei den Metallen findet Lindemann die Versuche mit Kohlenstoff, Edelstahl und Gold am vielversprechendsten. Auch Glas und Wasser können theoretisch die Lebensenergie leiten. (Vor allem Wasser ist ein sehr reines und schnelles Medium für die Lebensenergie.) Allerdings gibt es da für die Konstruktion offensichtlich einige schwer zu lösende Probleme.

Eine weitere interessante und sicher erfolgversprechende Möglichkeit liegt in der Kombination von zwei verschiedenen Metallen, wie z. B. Kupfer und Zink, für die Verwendung in einem Bioenergiekreis. Anwender bestimmter japanischer Akupunkturtechniken, darunter einige, die auch mit Manakas »Ionen-Pump-Leitungen« arbeiten (siehe Anhang I), benutzen das unterschiedliche Ladungsniveau zwischen Nadeln aus verschiedenen Metallen zur Erzielung hoher therapeutischer Wirkungen.

Das Übertragen von Schwingungsinformationen

Die Wirksamkeit von in den Energiekreis eingebrachten Substanzen ist von zahlreichen Forschern bestätigt worden. Lindemanns neueste Experimente mit dem »Übertragen von Schwingungsinformationen« vermitteln den Eindruck, daß mit extrem feinstofflichen und subtilen Mitteln sehr beeindruckende Wirkungen erzielt werden können. Das bedeutet, daß zumindest theoretisch sehr viele Imbalancen im menschlichen Energiefeld mit dem Übertragen von bestimmten Schwingungsinformationen ausgeglichen werden könnten. Eine der augenscheinlich wichtigsten Forschungsgegenstände ist also die systematische Anwendung dieser Methode auf die verschiedensten Energieimbalancen im Körper.

Von besonderem Interesse sind Substanz-Energiekreise, die eine gute Wirkung haben und möglichst breit und allgemein angewendet werden können. Einige Belastungen, denen unsere Gesundheit ausgesetzt ist, betreffen alle Menschen. Zum Beispiel treten bestimmte Krankheiten vor allem bei erhöhter Sonnenfleckenaktivität auf. Die chemische und elektromagnetische Umweltverschmutzung kann ein wichtiger Verstärker für verschiedene virale und immunologische Erkrankungen sein. Viele weitere solcher Einflüsse werden diskutiert. Bestimmte Substanzen bzw. Schwingungsinformationen, die auf den Bioenergiekreis übertragen werden, könnten geeignet sein, das Energiefeld gegen solche Belastungen zu schützen und abzuschirmen. Hier tun sich neue Forschungsperspektiven auf. Es ist also von allgemeinem Nutzen, Verfahren zu finden, wie Schwingungsinformationen am besten zu übertragen sind.

Kooperative Energiekreise

Ein weiteres sehr spannendes Gebiet für die zukünftige Bioenergiekreis-Forschung ist die Anwendung von kooperativen Energiekreisen zur Unterstützung eines positiven Gruppenbewußtseins. Wie schon im vorangegangenen Kapitel erwähnt, sollte diese Arbeit sehr vorsichtig angegangen werden. Eeman verbrachte Jahre damit, kooperative Heilexperimente durchzuführen, bei denen er zu Heilzwecken kranke Patienten mit gesunden Menschen in einem großen Bioenergiekreis zusammenbrachte. Ich habe bereits von den möglichen Gefahren gesprochen, die das Einbringen der Energie von kranken Menschen in den kooperativen Energiekreis mit sich bringt.

Aber kooperative Energiekreise sind ja nicht nur als Heilmittel einsetzbar. Sie können auch von Gruppen gesunder Menschen benutzt werden.* Nach Eeman verstärken kooperative Energiekreise sehr stark die Energieerfahrungen im Bioenergiekreis. Er wollte diesen Effekt in erster Linie für Heilzwecke nutzen, fand den Bioenergiekreis aber auch sehr energetisierend für sich selbst. Kooperative Energiekreise könnten besonders interessant sein für Menschen, die sowohl eine positive, gefühlsmäßige Verbindung als auch die gleiche geistige Ausrichtung miteinander teilen, insbesondere, wenn sie in ihrem Verhalten und in ihrer Intuition eine gemeinsame Basis haben.

Ich kenne verschiedene Gruppen, die regelmäßig Gruppenmeditationen, Visualisierungen und andere Methoden anwenden, um ein gemeinsames »Gruppenbewußtsein« zu schaffen. Der Bioenergiekreis kann hier sehr direkt helfen, um die verschiedenen Methoden in ihrer Wirkung zu verstärken.

Auch aus globaler Sicht könnte der kooperative Energiekreis von Bedeutung sein. Es gibt viele Menschen, die regelmäßig meditieren, bestimmte Visualisierungen durchführen oder sich zum Gebet versammeln, um das »Bewußtsein für die Erde« und unsere Beziehung zu ihr positiv zu beeinflussen. Rupert Sheldrakes Theorie vom »morphogenetischen Feld« hat eine wissenschaftliche Erklärung für die Wirkungsweise geliefert, mit der solche Gruppenzusammenkünfte schließlich Verwandlungsprozesse in allen Lebensbereichen in Gang setzen können.

Wenn Menschen ihre Lebensenergien in einem Gruppen-Energiekreis einbringen, werden sie — so lautet die Annahme — ein Supersystem von bewußter Energie schaffen, das als eine kräftige Sendestation für ihre Absichten und Ziele wirkt. Durch den

---

* Auch wenn gesunde Personen den kooperativen Energiekreis mit einer positiven Absicht einsetzen wollen, sollten sie das mit Vorsicht und Respekt tun und den Energiekreis nur nutzen, nachdem sie Eemans Buch *Cooperative Healing* zu Rate gezogen haben.

gemeinsamen Aufenthalt im Bioenergiekreis müßte die Wirkung wesentlich größer sein, als wenn sich die betreffende Gruppe außerhalb des Energiekreises befände. Obwohl diese Annahme vorerst nur hypothetisch ist und eines experimentellen Beweises bedarf, zeigt sie doch eine äußerst spannende Dimension für ganz neuartige Anwendungen des Bioenergiekreises.

Anhang

I. Japanische Erfahrungen

Dr. Yoshio Manaka hatte während des Zweiten Weltkrieges die Leitung einer Krankenhausabteilung inne, wo Soldaten mit zum Teil sehr schweren Verbrennungen versorgt wurden. Er war Chirurg und in japanischen Akupunkturmethoden ausgebildet. In Ermangelung von Salben bedeckte Dr. Manaka die Wunden mit Zinn, um so die Ionenentladung der Wunden auszugleichen. Da er gute Resultate bei seinen Patienten erzielen konnte, experimentierte er damit, das Zinn mit einem Draht, der die verbrannte Stelle mit einer unverbrannten Stelle auf der anderen Körperhälfte zusammenschloß, zu verbinden (z. B. den verbrannten rechten Arm mit dem unverbrannten linken Arm). Allein aufgrund dieser einfachen Anordnung heilten die Verbrennungen in kürzester Zeit ab. Ohne je etwas von Eeman oder seinen Experimenten gehört zu haben, war Manaka auf einen sehr wirkungsvollen Bioenergiekreis gestoßen!

Zwar stehen Manakas Forschungen nicht in der Tradition des Bioenergiekreises, wie sie in diesem Buch beschrieben wird; gerade deshalb sind seine Erfahrungen aber so wichtig, weil sie ganz unabhängig davon die Bioenergiekreis-Wirkungen bestätigen. Außerdem werfen sie ein Licht auf einen wichtigen Heileffekt, der durch die äußere Verbindung von verschiedenen Punkten des Körpers — ohne körperfremde Energiequellen allein mit Hilfe der eigenen Körperenergie — erzeugt wird. Manaka hat in verschiedenen Forschungsarbeiten geäußert, daß sein Experiment die Existenz von Chi, der Lebensenergie, beweise.

Dr. Manaka ging in seinen Überlegungen allerdings nicht so weit, eine Theorie des Energiekreises auf der Basis der Chi-Kraft zu entwickeln. Statt dessen interpretierte er das Phänomen ausschließlich als Ionenaustausch, der durch das angelegte Verbindungskabel stattfinde. Brandwunden produzieren einen Überschuß an positiven Ionen, und Dr. Manaka entwickelte seine Experimente aus der Überlegung heraus, diesen Überschuß zuerst durch das angelegte leitende Metall und später durch das zusätzlich angeschlossene Verbindungskabel von der Wunde zu entfernen.

Nach dem Kriege setzte Dr. Manaka seine Experimente fort. Er erklärte den Heileffekt mit kleinen elektrischen Strömen, die sich durch die Leitungen hindurchbewegten, und er stellte die Theorie auf, daß der Erfolg der Behandlung davon abhänge, ob die Ströme in der richtigen Richtung fließen. Deshalb versuchte er, den Ionenaustausch mit verschiedenen Geräten zu kontrollieren. Er arbeitete mit einem speziell isolierten Tisch, auf dem eine Person lag, an deren einer Körperhälfte ein Vandergraf-Generator angeschlossen wurde. (Ein Vandergraf-Generator kann ein kräftiges positives oder negatives elektrostatisches Feld erzeugen.) Dann verband er die ungeladene Körperhälfte mit der geladenen mittels eines Kupfer- oder Stahlkabels. Dadurch wurde ein kleiner Ionen-Stromfluß erzeugt, dessen Richtung er kontrollieren konnte. Ähnliche Anordnungen hatte auch, unabhängig von Manaka, Dr. Robert O. Becker konstruiert, der den Effekt von kleinen elektrischen Strömen für die Heilung von Knochengewebe untersucht hatte.

Manaka erwies sich als ein scharfsinniger Theoretiker und unkonventioneller Erfinder. Er verband die Arbeit mit dem Energiekreis mit neuesten Therapiemethoden der japanischen Akupunktur. Die meisten seiner Forschungen beschäftigen sich mit Theorien über das Meridiansystem und mit therapeutischen Ansätzen in der japanischen Akupunktur.

Schließlich begann er damit, Akupunkturnadeln, die an bestimmten Akupunkturpunkten des Körpers eingestochen wurden, durch Kupferleitungen miteinander zu verbinden. In die Leitungen baute er hochempfindliche Germanium-Dioden mit sehr geringem Stromwiderstand ein. Dabei führte er keine zusätzliche Energie von außen zu, denn er wußte, daß das körpereigene elektromagnetische Feld winzige Ströme in den Leitungen erzeugen würde. Durch die Dioden konnte er die Richtung des Ionenflusses in den Leitungen kontrollieren. Diese Methode erwies sich als sehr erfolgreich und wurde zu einer ausgefeilten Therapie weiterentwickelt. Andere japanische Akupunkteure haben in der Tradition Manakas weitere Anwendungen für diese neue Energiekreis-Methode gefunden. Die sogenannten »Ionen-Pump-Leitungen« haben es ermöglicht, therapeutische Wirkungen zu erzielen, die mit einfachen Leitungen ohne Dioden nicht möglich wären.

Die Entwicklung dieser speziellen Verbindungskabel durch Dr. Manaka ist als ein bedeutender Beitrag zur gegenwärtigen japanischen Akupunktur anerkannt worden. Sie werden heutzutage dazu benutzt, um eingestochene Nadeln und Elektroden miteinander zu verbinden. Diese Energiekreise, die auf Dr. Manakas Forschungen zurückgehen, wurden bei vielen Akupunktur-Patienten eingesetzt und sind dadurch die wahrscheinlich am weitesten verbreiteten Bioenergiekreise in der Welt geworden. Manaka selbst gehört heute zu den berühmtesten und angesehensten Akupunktur-Spezialisten Japans, der vor allem durch seine Arbeiten über Anästhesie und Schmerzbehandlung bekannt geworden ist. Im Alter von siebenundsiebzig Jahren leitet er heute ein Krankenhaus in Odawara in der Nähe Tokios. Die Phänomene, die durch seine Bioenergiekreise auftreten, beschreiben Dr. Manaka und seine Schüler vollständig mit Begriffen aus der Elektrizitätslehre. Wenngleich das magnetische Feld, das die Leitungen umgibt, auf weniger als 0,5 Gauß geschätzt worden ist, meint Steven Birch von der »New England School of Acupuncture«, daß der Strom nicht genau gemessen werden kann. Er ist so unbedeutend, daß jedes Meßinstrument ihn signifikant verändert. Trotzdem bestehen die Anhänger von Dr. Manaka darauf, daß die Leitungen selbst nichts anderes als elektrischen Strom führen würden. Die meisten Akupunkteure glauben, daß der kleine Stromfluß, wenn er auf die Körperoberfläche trifft, sich in Chi verwandelt.

Vielleicht hat Manaka recht, daß seine Leitungen ausschließlich Ionen, d. h. elektrische Energie transportieren. Anfangs glaubte auch Eeman, daß die Leitungen in seinem Bioenergiekreis nur für kleinste elektrische Ströme durchlässig sind. Erst später schloß er aus der Beobachtung der Wirkungen des Seiden-Energiekreises, daß noch eine andere Energie, die nicht elektromagnetischen Ursprungs sein konnte, von den Leitungen übermittelt wird. Die Grenze zwischen der Elektrizität und der Lebensenergie mag nicht völlig scharf zu ziehen sein. Aber vorausgesetzt, die Leitungen würden wirklich nur elektrische Ströme weiterleiten, so ist dies doch nur die eine Hälfte eines Bioenergiekreises. Auf der anderen Seite strömt die Energie durch einen lebenden Organismus. Ich glaube, man kann sagen, daß diejenige Elektrizität, die durch den Körper fließt, begrifflich mit dem zusammenfällt, was wir Lebensenergie nennen.

Es scheint mir denkbar, daß die Lebensenergie auch durch Manakas Leitungen fließt. Wilhelm Reich hatte beobachtet, daß der Orgonfluß auf elektrischen Meßinstrumenten festgestellt werden konnte. Ist es nicht auch denkbar, daß die Lebensenergie, die durch die Kupferleitungen fließt, sich in einem kleinen elektrischen Strom ausdrückt? Vielleicht setzt sich die Energie im Bioenergiekreis auch aus einem Energiespektrum zusammen, das aus elektrischen, ätherischen und astralen Energien besteht.

Natürlich vermuten wir, wenn wir die Effektivität eines Seiden-Energiekreises betrachten, daß durch Manakas »Ionen-Pump-Leitungen« nicht nur elektrische Energie fließt. Unabhängig davon, ob das zutrifft oder nicht, zeigen die Arbeiten von Dr. Manaka: »Wenn Energie auf der Körperoberfläche polarisiert wird, können beeindruckende und anhaltende Heilwirkungen erzielt werden.«[1]

---

[1] Steven Birch von der »New England School of Acupuncture« in einem Telefongespräch mit der Autorin.

II. Weitere Bioenergiekreisformen

Der Umgang mit dem Anspannungs-Energiekreis

Meistens werden Anspannungs-Energiekreise dazu verwendet, um die Auswirkungen von einer zeitlich zu sehr ausgedehnten Anwendung im Entspannungs-Energiekreis auszugleichen. Wenn Sie während einer Anwendung im Bioenergiekreis einschlafen und sich beim Aufwachen unbalanciert fühlen, können Sie dies durch einige Minuten im Anspannungs-Energiekreis schnell wieder beheben.

Eine andere Möglichkeit, den Anspannungs-Energiekreis anzuwenden, ist dann gegeben, wenn Ihr Körper besonders erschöpft und geschwächt ist. Nur eine kurze Zeit (die exakte Zeitdauer müssen Sie selbst für sich herausfinden), und Sie fühlen sich wieder energetisiert. Wenn Sie bemerken sollten, daß Sie zu lange in diesem Energiekreis gelegen haben, können Sie sich durch eine kurze Anwendung des Entspannungs-Energiekreises wieder ausbalancieren.

Es gibt drei unterschiedliche Anspannungs-Energiekreise. Zunächst einmal können wir beim allgemeinen Entspannungs-Energiekreis nach Eeman einfach die Handgriffe miteinander vertauschen. Verbinden Sie also die rechte Hand mit dem Kopf und die linke mit der Wirbelsäulenbasis (Abbildung 23).*

Der zweite Anspannungs-Energiekreis lehnt sich an Lindemanns universellen symmetrischen Energiekreis an. Da es sich dabei um einen »universellen« Entspannungs-Energiekreis handelt, ist auch die entsprechende Gegenform universell anwend-

---

* Der Anspannungs-Energiekreis ist für die wenigen spiegelverkehrt polarisierten Menschen, der Entspannungs-Energiekreis für normal polarisierte.

bar. Das bedeutet, daß er auch bei allen die gleiche Wirkung hervorbringt. Diesen Energiekreis stellen Sie her, indem Sie einfach eine Hand mit dem jeweils auf der gleichen Seite befindlichen Fuß verbinden. Infolgedessen ist die rechte Hand mit dem rechten Fuß und die linke Hand mit dem linken Fuß verbunden, wobei die Verbindung zwischen Schädelbasis und Kreuzbein erhalten bleibt (Abbildung 24).

Der dritte und letzte Anspannungs-Energiekreis, wie er in Abbildung 25 dargestellt ist, stellt etwas Besonderes dar, weil er den ganzen Körper einbezieht und gleichzeitig nicht symmetrisch ist. Er ist die Umkehrung des weiter unten beschriebenen Entspannungs-Energiekreises.

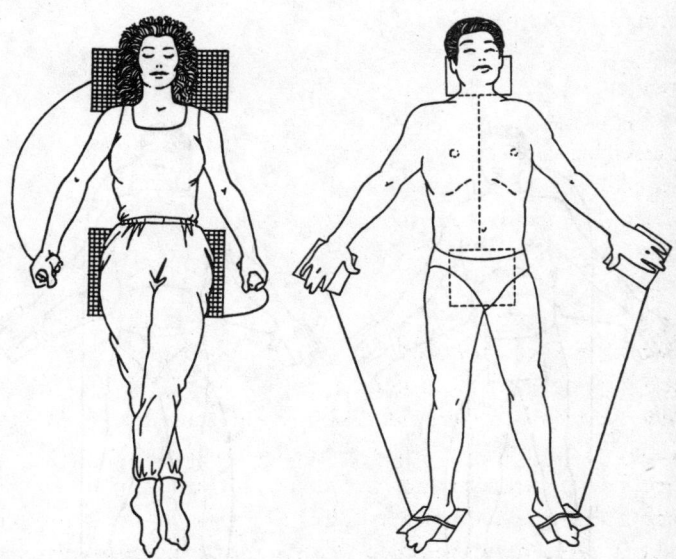

Abbildung 23: Ein Anspannungs-Energiekreis nach Eeman. Durch einfaches Vertauschen der Handgriffe wird aus einem Entspannungs-Energiekreis ein Anspannungs-Energiekreis.

Abbildung 24: Lindemanns universeller Anspannungs-Energiekreis

269

Ein Ganzkörper-Energiekreis mit Betonung der Links-Rechts-Polarität

Unter Einbeziehung der Füße kann dieser Energiekreis besonders gut die beiden Körperhälften miteinander ausbalancieren. Auf der Abbildung 26 sehen Sie die Verbindung zwischen Wirbelsäulenbasis und rechtem Fuß sowie Kopf und linkem Fuß. Die Hände sind miteinander verbunden. Für diesen Energiekreis brauchen Sie besonders lange Verbindungsleitungen.

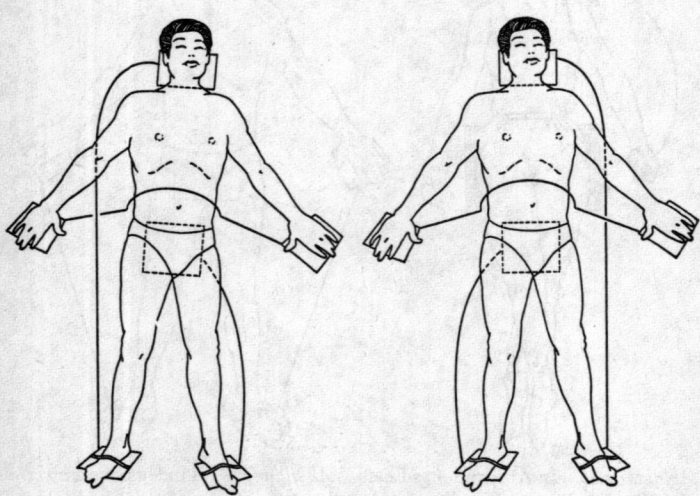

Abbildung 25: Ein Ganzkörper-Anspannungs-Energiekreis, der die linke und rechte Körperseite miteinbezieht.

Abbildung 26: Ein Ganzkörper-Entspannungs-Energiekreis, der die linke und rechte Körperseite miteinbezieht.

Ein anderer symmetrischer Energiekreis

Ein anderer sehr wirkungsvoller Energiekreis, der sowohl die Körperseiten als auch Ober- und Unterkörper ausbalanciert, ist auf Abbildung 27 zu sehen. Alternativ dazu können die Anschlüsse an den Füßen auch weggelassen werden. Statt dessen lassen Sie die gebeugten Knie so weit auseinandergehen, daß Sie die Fußsohlen aufeinanderlegen können. Dieser Energiekreis hat eine sehr gute entspannende Wirkung, allerdings zirkuliert nur relativ wenig Lebensenergie.

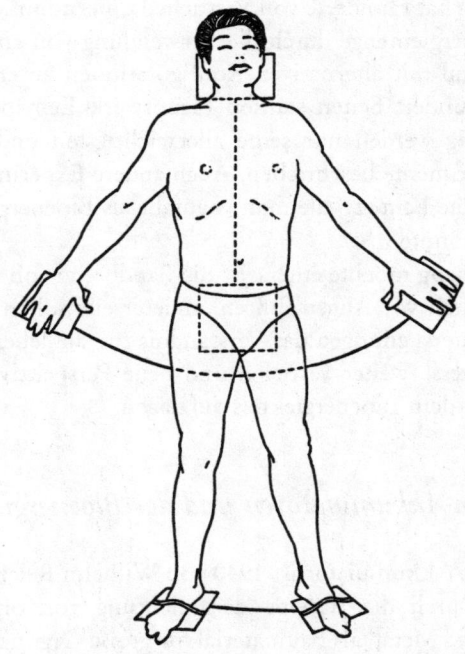

Abbildung 27: Ein alternativer universeller symmetrischer Energiekreis. Die Anschlüsse an den Füßen können weggelassen werden. Sie beugen dann Ihre Knie so, daß die Fußsohlen gegeneinanderliegen.

III. Weitere Experimente
mit dem Bioenergiekreis

In diesem letzten Anhang finden Sie einige weitere interessante Experimente zum Thema Bioenergiekreis. Ich kann hier nicht über alle Versuche berichten, die jemals mit Bioenergiekreisen und verwandten Methoden gemacht worden sind. Allein Peter Lindemann hat Hunderte von Versuchen unternommen, die verfügbare Energiemenge durch die Verwendung von anderen Materialien und mit alternativen Konfigurationen zu erhöhen. In dem vierhundert Seiten starken Hauptwerk Eemans *Cooperative Healing* werden nur seine allerwichtigsten und erfolgreichen Experimente beschrieben. Auch andere Experimentatoren haben Geräte benutzt, die man ebenfalls als Bioenergiekreis bezeichnen könnte.

Dieser Anhang möchte einerseits die Bandbreite von möglichen Experimenten vor Augen führen, andererseits sollen die vorgestellten Untersuchungen das Verständnis für die lebensenergetischen Prozesse weiter vertiefen und neue Perspektiven für die Arbeit mit dem Bioenergiekreis aufzeigen.

Orgon-Akkumulatoren und der Bioenergiekreis

Der Orgon-Akkumulator ist 1940 von Wilhelm Reich erfunden worden. Durch die Aufeinanderschichtung von organischem Material und Metall als Baumaterial für große Orgonkästen fand Reich eine Möglichkeit, Orgonenergie zu akkumulieren. Das organische Material, z.B. Baumwolle oder Wolle, absorbiert die Energie, das Metall zieht die Energie an, gibt sie aber gleich wieder weiter. Das organische Material zieht die Energie aus der Atmosphäre an und gibt sie an das Metall (den mit Stahlblechplatten ausgekleideten Innenraum) ab. Metall gibt die Energie in den Akkumulator und gleichzeitig an das organische Material zurück. So wird der Energiefluß zum Inneren des Akkumulators frei, während der Ausgang in die Atmosphäre durch das organische Material verhindert wird, und es entsteht im Innenraum des Akkumulators eine erhöhte Aufladung mit Energie. Diese Energie nannte Reich »Orgonenergie«.

Die Möglichkeiten, sich mit dieser Energie aufzuladen, sind: Der Aufenthalt in einem Orgon-Akkumulator, die Benutzung einer Orgon-Decke und auch die lokale Zuführung dieser Energie mittels eines flexiblen Schlauches, der durch einen Orgon-Akkumulator verläuft. Reich hat zahlreiche Experimente durchgeführt, bei denen er die Orgonenergie sowohl für eine physikalische als auch für eine psychiatrische Orgon-Therapie einsetzte.

Peter Lindemann arbeitete dann viele Jahre später selbst in umfangreichen Untersuchungen mit Orgon-Akkumulatoren und Bioenergiekreisen. Er hatte die Vermutung, daß die Energie in einem Akkumulator und die Energie in einem Bioenergiekreis verwandt oder möglicherweise sogar identisch sein könnten. Seine allerersten Versuche begann er mit zwei Kupferplatten (15×15 Zentimeter), auf die er eine Schicht Baumwolle und eine Schicht Stahlwolle legte. Er benutzte hier also teilweise Konstruktionsmerkmale des Orgon-Akkumulators. Seine Absicht war, die Menge an Energie, die im Bioenergiekreis zirkulierte, zu erhöhen. Diese Experimente brachten jedoch nicht die erhofften Resultate.

Lindemann führt dann weitere Experimente mit Orgon-Energie und Bioenergiekreisen durch, unter anderem wickelte er sich in eine Orgon-Decke ein, während er im Bioenergiekreis lag (diese Anordnung erhöhte die Gesamtenergie im Energiekreis). Bei seinem erfolgreichsten Orgon-Experiment verlief der Bioenergiekreis durch das Zentrum eines Akkumulators.

Lindemann konstruierte einen kleinen Orgon-Akkumulator in einer völlig neuen Bauart. Er ließ die Energie im Bioenergiekreis direkt durch das Zentrum des kleinen Akkumulators fließen, dort, wo die Orgon-Energie am konzentriertesten ist. Von allen Experimenten war diese Versuchsanordnung die bei weitem effektivste, um den Energiefluß im Bioenergiekreis zu verstärken. »Sobald der Bioenergiekreis durch das Zentrum des Akkumulators führte, hatte ich das Gefühl, als würde nun doppelt so viel Energie durch den Bioenergiekreis fließen.«

Magnete

Bob Nelson vom »Rex Research Institute« in Berkeley beschreibt eine andere Technik, die er regelmäßig zur Vergrößerung der Energiemenge im Bioenergiekreis anwendet. Möglich wird die Vergrößerung der gesamten Energiemenge nach Aussage von Nelson durch das Ersetzen der Handgriffe des Kupfer-Energiekreises durch Magnete mit homogenen Polen (Rundmagnete).

Bei einer anderen Technik zur Erhöhung der Energiemenge im Bioenergiekreis liegt die Person im Energiekreis und hält dabei statt der Handgriffe in der einen Hand einen Kohlenstoffstab und in der anderen einen Hufeisenmagneten. Abhängig davon, in welcher Hand der Kohlenstoffstab gehalten wird, soll die Energie verstärkt oder verringert werden. Die Stiftung »Borderland Sciences Research« hat erklärt, daß gehärteter Kohlenstoff wahrscheinlich energetisierende Wirkungen auf das Nervensystem hat, und daß der Magnet diese Wirkungen vergrößert. Das Unternehmen vertreibt unter der Bezeichnung »Vitic« ein Gerät, das in dieser Weise stimulierend wirken soll. Benutzer dieses Geräts berichten von pulsierenden Empfindungen in ihren Händen.

Besondere Bauteile

Die Ionen-Pump-Leitungen von Dr. Manaka können anstelle von Kupferleitungen zwischen den beiden Handgriffen und der Kupfer-Matte eingebaut werden. Diese Leitungen werden in Verbindung mit Akupunkturnadeln heutzutage in Japan dafür gebraucht, den Energiefluß in den Meridianen anzuregen. Ihr Aufbau ist recht einfach: Es ist eine Kupferleitung mit einer Germanium-Diode, die den Ionenfluß nur in einer Richtung zuläßt. Ich vermute, daß die Diode auch die Richtung des Flusses der Lebensenergie kontrolliert. Infolgedessen ist es wichtig, daß die Leitungen richtig angeschlossen werden. Benutzer der Ionen-Pump-Leitungen berichten von einer durch sie bewirkten erhöhten Geschwindigkeit der Energie, was zu sofort spürbaren Ergebnissen im Bioenergiekreis führt. Die Ionen-Pump-Leitungen können vom Fachhandel, der medizinisches Gerät aus Asien importiert, direkt bezogen werden.

Kristalle

Viele Leute behaupten, sie könnten die Empfindungsfähigkeit für das Strömen der Lebensenergie erhöhen, indem sie Kristalle in beiden Händen halten, während sie sich im Bioenergiekreis entspannen. Nehmen Sie hierzu Kristalle, deren eines Ende jeweils in einer einzigen Spitze zusammenläuft. Dieses Ende zeigt die Richtung des Energieflusses an. Experimentieren Sie damit, ob es einen Unterschied macht, wie Sie den Kristall in der Hand halten. Bei Rechtshändern ist die Richtung des Energieflusses im optimalen Energiekreis nach Eeman von links nach rechts. Darum halten Sie einen Kristall in Ihrer linken Hand, wobei die Spitze in Richtung Unterarm zeigt, und der Kristall in ihrer rechten Hand weist nach außen. Bei Linkshändern ist es umgekehrt.

Ein Benutzer berichtete mir davon, er könne den Energieeffekt erhöhen, indem er mehrere große Kristalle um sich herum aufstelle und auf seinen Körper hin ausrichte, während er im Energiekreis auf dem Fußboden liege. Er verwendete fünf Kristalle, einen an jedem Fuß und an jeder Hand und einen oberhalb seines Kopfes. Auch andere Anordnungen sind schon erfolgreich ausprobiert worden. Kristalle sind sehr wirkungsvoll. Seien Sie aber feinfühlig und vorsichtig dabei: Kristalle können richtig und falsch verwendet werden, und wenn sie nicht korrekt eingesetzt sind, kann das nachteilige Wirkungen haben.

Das Phantom-Energiefeld des Körpers

Leute mit einem amputierten Bein erzählen oft, daß sie es immer noch spüren können. Sie fühlen ihr amputiertes Bein jucken, brennen, krampfen oder kribbeln, ganz wie wir es von unseren gesunden Beinen her kennen. Medial begabte Menschen erklären, daß sie tatsächlich Phantomgliedmaßen sehen können, die immer noch am Körper sind. Von der modernen Medizin werden diese Phänomene mit alten sensorischen Mustern im Gehirn erklärt. Sie beruhten auf Erinnerungsspuren, die in den Bereichen des Nervensystems, die für die sensomotorische Kontrolle zuständig sind, weiter existieren.

Eeman führte eine Reihe eindrucksvoller Experimente mit Leuten durch, die amputiert waren. Er wickelte Bänder aus Kupfergeflecht um das Knie bzw. einen existierenden Fuß, und er umwickelte Glasflaschen, die er genau an die Stelle legte, wo der Fuß bzw. die Füße einmal gewesen waren, ebenfalls mit Kupfergeflecht. Er gab der Person dann jeweils einen Kupferhandgriff in jede Hand. Jeder Handgriff und jedes Stück Kupfergeflecht wurde nun mit sechs Leitungen verbunden, die zu einem Schaltkasten führten. Er veränderte damit durch Umschalten die einzelnen Verbindungen und konnte, ohne daß dies für die Person sichtbar war, den amputierten Fuß (bzw. die Füße) in den Kreis dazuschalten. Stets waren die betreffenden Personen in der Lage zu sagen, wann etwa ein fehlendes Bein mit in den Energiekreis einbezogen wurde. Das Phantombein fühlte sich z. B. bis hinunter zum Phantomfuß warm durchströmt an. Der Amputierte konnte auch genau unterscheiden, ob die Leitungen zwischen seinen Händen und dem wirklich existierenden Knie oder zwischen seinen Händen und dem Kupfergeflecht an den Glasflaschen angeschlossen waren. Eeman schaltete dann ein Medikament in den Energiekreis mit dem »vermuteten« Fuß der Person ein. Die Teilnehmer, mit denen Eeman diese Experimente durchführte, meinten alle, daß sie in ihrem amputierten Körperteil Wirkungen verspürten, die mit der normalen Wirkung des Medikaments übereinstimmten.

Weil Eeman nur mit einigen wenigen Patienten solche Experimente durchführen konnte, hatte er noch nicht genügend Material, um zu eindeutigen Schlußfolgerungen zu gelangen. Trotzdem legen diese Experimente die Existenz eines unsichtbaren Feldes nahe, das immer noch intakt ist, obwohl dessen physischer Teil bereits amputiert wurde.

Impedanzapparat und Naßzellengerät nach Cayce

Impedanzapparat und Naßzellengerät verdanken beide ihre Entstehung dem Trancemedium Edgar Cayce. In Trancereadings war ihm die genaue Konstruktion und Wirkungsweise als Antwort auf die Frage nach der Behandlung bestimmter Krankheiten durchgegeben worden. Der Impedanzapparat wird meistens für eine grundlegende Körperbalancierung eingesetzt. Das Naßzellengerät hat eine spezifischere Anwendung. Es wird im allgemeinen nur bei ernsthaften Erkrankungen angewendet, um verlorene Körperfunktionen wieder herzustellen bzw. funktionsuntüchtige Organe und Drüsen zu stimulieren. Die Naßzellenbatterie erzeugt einen sehr schwachen elektrischen Strom, der auf das Nervensystem wirkt. Bei der Anwendung der Naßzellenbatterie wird davon ausgegangen, daß dem zentralen Nervensystem nur eine sehr kleine Menge von elektrischer Energie zugeführt werden muß, um die heilenden Impulse zu aktivieren. Weil diese Anordnung relativ ausgeklügelt ist und nur für bestimmte Krankheiten angewendet wird, habe ich mich bei meinen Nachforschungen für dieses Buch auf den Impedanzapparat konzentriert.

Der Impedanzapparat fand meine Aufmerksamkeit, weil er besonders in Fällen von nervöser Anspannung empfohlen wurde. Er beeinflußt wahrscheinlich das Kreislaufsystem und führt zu einer erhöhten Blutzufuhr in den Extremitäten. Das Gerät unterstützt auch das Blut-, Lymph- und Nervensystem, fördert das Einschlafen und bewirkt eine tiefgreifende Entspannung. Der Impedanzapparat ist keine Batterie und hat keine elektrische Ladung. Die Theorie zu diesem Gerät besagt, daß das Kreislaufsystem normalerweise in Übereinstimmung mit dem magnetischen Feld des Körpers arbeitet. Cayce behauptete, das Gerät selbst baue ein »magnetisches Feld« auf, bzw. es werde durch den Gebrauch zu einem Magnet. Mit anderen Worten: Der Impedanzapparat ist von sich aus gar nicht magnetisch, sondern die Magnetisierung des Impedanzapparats wird durch den Körper selbst bewirkt. Dieses induzierte magnetische Feld schwingt in Übereinstimmung mit dem Energiefeld des Körpers und bringt damit die unterschiedlichen Frequenzen an besonderen, ausgewählten Punkten des Körpers auf einen normalen Wert.[1] Dieser Prozeß ist vergleichbar mit dem balancierenden Effekt der

[1] Herzlichen Dank an Phil Thomas, der mich über die Wirkungsweise des Impedanzapparates in einem Brief vom 17. 7. 1987 informierte.

Akupunktur, arbeitet jedoch ohne Nadeln. Professor William Tiller von der Stanford-Universität gibt Gründe für die Wirksamkeit des Impedanzgeräts an: »Das Gerät baut ein schnell wechselndes oszillierendes Energiemuster im Körper auf, das die Energie zum Austritt aus einigen Akupunkturpunkten anregt, während sie zugleich in andere Akupunkturpunkte hineinfließt. Der kontinuierliche Fluß und ein sanftes Oszillieren der Ströme führen zu einer grundlegenden Balance der Energiekreise im Organismus... letztlich eine Art Angleichungsprozeß, es wird von einem Meridian genommen und einem anderen gegeben.«[2]

Der Impedanzapparat ist eine Art Kondensator. Bei diesem Apparat sind zwei dünne Glasplättchen von zwei Stahlstäben umgeben. Diese Stäbe wiederum werden von vier kohlenstoffhaltigen Blöcken eingefaßt. Das Ganze wird in einem Stahlbehälter untergebracht, und der Zwischenraum wird mit Holzkohle gefüllt. Zwei Elektroden, eine aus Kupfer, die andere aus Nickel, führen vom Gerät zum Körper.

Die Plättchen an den Elektroden werden nach einer bestimmten Systematik, die mit den Polaritäten des Organismus zu tun hat, am Körper befestigt. An vier aufeinanderfolgenden Tagen werden die Plättchen an jeweils andere Pole des Körpers angeschlossen, bis nach vier Tagen der Prozeß abgeschlossen ist und sich der Körper regeneriert hat. Es ist möglich, den ganzen Vorgang mehrmals zu wiederholen und so den Körper neu zu polarisieren. (»Die Energie bewegt sich hierbei in der Form einer Acht. Die erste angeschlossene Stelle des Körpers wird zum positiven, die zweite Stelle zum negativen Pol, und das Impedanzgerät übernimmt die Funktion eines Magnets.«)[3] Nach eingehender Überlegung und praktischer Erprobung gab ich dem Impedanzapparat den Namen »Zirkulationsgerät«. Der Name Zirkula-

[2] Tiller, W.: Energie Fields and the Human Body, Part II, S. 14
[3] Button: The Radial-Active Device

tionsgerät spielt auf eine Äußerung Cayces an, der meinte, daß der Impedanzapparat die Zirkulation des Energiefeldes beeinflusse.

Ein interessantes Zusatzgerät zu Impedanzapparat und Naßzellenbatterie ist das Lösungsgefäß. Cayce gab sehr genaue Hinweise für seine Anwendung. Das Lösungsgefäß ist einfach ein Behälter, durch den der Energiekreis in Form einer Schleife hindurchgeleitet wird. Je nachdem, wie es der einzelne Fall erforderte, wurden verschiedene Lösungen verwendet, z. B. Silbernitrat, Goldchlorid, Kampfer oder Jodtinktur.

Cayces Erklärung, wie denn die Lösungen den Körper beeinflussen können, ohne daß etwas eingenommen werde, war, daß im Lösungsgefäß auf chemischem Wege kleine elektrische Ladungen produziert werden. Diese würden die Schwingungsinformationen der Lösung dann in den Körper hineinbringen.

Tiller bestätigt: »Wird der elektrische Strom durch die Lösung in dem Gefäß geleitet, dann werden die Schwingungsinformationen der Lösung entlang der verschiedenen Energiebahnen in den Körper transportiert. Gibt es nun im Körper Energiezentren bzw. Moleküle, die das von der Lösung übermittelte Schwingungsmuster absorbieren und ausstrahlen können, dann werden wieder andere Moleküle in diesem Bereich die Schwingungsinformation aufnehmen. Die Moleküle und das Drüsensystem erhalten so die Schwingungsinformationen der einzelnen Substanzen, ohne daß die Substanzen selbst vom Körper aufgenommen werden.«

Diese Theorie deckt sich völlig mit der von Eeman. Cayce, Tiller und Eeman stimmen darin überein, daß der Strom (oder die Trägerfrequenz) moduliert wird und daß dieses so veränderte Schwingungsmuster mit ähnlich schwingenden Elementen im Körper resoniert. Das Interessante bei diesen Ausführungen war für mich, daß auch Cayce die Übertragung von Schwingungsinformationen als ein wirksames Mittel zur Heilung ansah.

Cayce bemerkte, daß während der Anwendung des Impedanzapparats keinerlei Symptome spürbar seien. Es kann mehrere Wochen dauern, bevor irgendwelche subjektiven Veränderungen feststellbar werden. Der einzig wahrnehmbare Effekt sei eventuell eine gewisse Müdigkeit. Infolgedessen scheint der Impedanzapparat offenbar nicht so sehr die Sensitivität für den Energiekörper zu wecken, sondern seine Anwendung zielt primär darauf ab, das Energiefeld in eine harmonische Resonanz zu bringen. Der Impedanzapparat wird in der Literatur der Association for Research and Enlightenment (A. R. E.), der von Edgar Cayce gegründeten Organisation, mit Eemans Energiekreis verglichen. »Es kann festgestellt werden, daß die Qualität dieser Experimente (von Eeman) genauso wie ihre Wirkungen solch evidente Ähnlichkeiten mit Methode und Erfolg des Impedanzapparates aufweisen, daß man meinen möchte, ihnen beiden liege eine gemeinsame Theorie zugrunde... (Cooperative Healing) sei all denen als zusätzliche Lektüre empfohlen, die sich für die Anwendung des Impedanzapparates und des Naßzellengeräts interessieren.«[5]

Nähere Informationen über Konstruktion und Wirkungsweise von Impedanzapparat und Naßzellengerät sind erhältlich bei:

A. R. E.
P. O. Box 595
Virginia Beach
Virginia 23451
USA

[4] Tiller: »Energy Fields and the Human Body«, Part II, S. 15
[5] Cayce: Two Electrical Appliances Described in the Edgar Cayce Readings, S. 16

Literaturverzeichnis

Abrams, A. *New Concepts in Diagnosis and Treatment*. San Francisco: Philopolis Press, 1916.

Amber, R. *Color Therapy*. New York: Aurora, 1983.

Armstrong, J. W. *The Water of Life: A Treatise on Urine Therapy*. Essex, England: Health Science Press, 1971.

Beck, R. »Mood Modification with ELF Magnetic Fields: A Preliminary Exploration«, *Archaeus 4*, 1986: 47—53.

Becker, R. »The Direct Current Control System: A Link Between Environment and Organism«, *New York State Journal of Medicine* (April 15, 1962): 1169—1176.

Becker, R., and G. Selden. *Body Electric: Electromagnetism and the Foundation of Life*. New York: Morrow, 1985.

Bhattacharyya, Dr. B. *Magnet Dowsing or the Magnet Study of Life*. Calcutta: Firma KLM Private Limited, 1981.

Birren, F. *Color and Human Response*. New York: Van Nostrand Reinhold, 1978.

Buranell, V. *The Wizard From Vienna: Franz Anton Mesmer*. New York: Coward, McCann, and Geoghegan, 1975.

Burke, A. *Magnetic Therapy*. Marina del Rey, Calif.: De Vorss, 1980.

Burr, H. S. *Blueprint for Immortality: The Electric Patterns of Life*. London: Neville Spearman, 1972.

Butler, W. E. *How to Read the Aura, Practice Psychometry, Telepathy and Clairvoyance*. New York: Warner/Destiny, 1978.

Button, D. *The Wet Cell Battery Device. All That Edgar Cayce Said About It*. Self-published. No date.

— *The Medicinal Solution Inducing Device. Metallic-Mineral-Vegetable for Use With the Wet Cell or Radial-Active Devices. All That Edgar Cayce Said About It*. Selfpublished. No date.

— *The Radial-Active Device. All That Edgar Cayce Said About It*. Self-published. No date.

— *The Plate Disk Electrode Attachment System for the Wet Cell and Radial-Active Devices. All That Edgar Cayce Said About Them*. Self-published. No date.

Cater, J. *The Awesome Life Force: The Hermetic Laws of the Universe as Applied to All Phenomena*. Mokelumne Hill, Calif.: Health Research, 1982.

Cayce, E. *Two Electrical Appliances Described in the Edgar Cayce Readings*. Virginia Beach: Association for Research and Enlightenment, 1965.

Cornillier, P. *The Prediction of the Future: A New Experimental Theory.* Translated from the French by L. E. Eeman. London: Partner Press, 1935.

Cotton, H. D. *Relax Your Way to Health.* London: Health for All Publishing, 1954.

Crile, G. *The Bipolar Theory of Living Processes.* New York: Macmillan, 1926.

— *The Phenomena of Life: A Radio-Electrical Interpretation.* New York: Norton, 1936.

Da Free John *Conscious Exercise and The Transcendental Sun.* Clearlake, Calif.: The Dawn Horse Press, 1977.

— *The Eating Gorilla Comes in Peace. The Transcendental Principle of Life Applied to Diet and the Regenerative Discipline of True Health.* Middletown, Calif.: The Dawn Horse Press, 1979.

— *The Illusion of Relatedness: Essays on True and Free Renunciation and the Radical Transcendence of Conditional Existence.* San Rafael, Calif.: The Dawn Horse Press, 1986.

— *The Transmission of Doubt. Talks and Essays on the Transcendence of Scientific Materialism Through Radical Understanding.* San Rafael, Calif.: The Dawn Horse Press, 1984.

Davis, A., and A. K. Bhattacharya. *Magnet and Magnetic Fields.* Calcutta: Mukhopadhyay, 1970.

de la Warr, G., and D. Baker. *Biomagnetism.* Oxford: de la Warr Laboratories, 1967.

Drown, R. *The Theory and Technique of the Drown Homo-Vibra Ray.* Garberville, Calif.: Borderland Sciences Research Foundation (reprint of Hatchard & Co. Publication, London, 1939).

Eden, J. *Animal Magnetism and the Life Energy.* New York: Exposition Press, 1974.

Eeman, L. E. »*Cooperative Healing.*« Garberville, Calif.: Borderland Sciences Research Foundation. (This is a small pamphlet of excerpts from Eeman's original 1947 edition by Frederick Muller.)

— *Cooperative Healing.* Mokelumne Hill, Calif.: Health Research, 1987. (This is a reprint of the 1947 edition and is the only edition currently in print.)

— *Cooperative Healing.* London: Frederick Muller, Ltd., 1947.

— *Cooperative Healing and Reactions of the Human Body to the Frequencies of Drugs and Other Substances Places in Series in the Relaxation Circuit: A Paper Read Before the British Society of Dowsers on Wednesday, the 13th October, 1943.* London: Author-Partner Press, 1943.

— *Cooperative Healing. Retrospect and Forecast. A Paper Read Before the British Society of Dowsers on Wednesday, the 11th June, 1947.* London: Author-Partner Press, 1947.

— »Creative Faith. The Ascending Series From Unbelief Through Disbelief, Doubt, Belief, and Faith to Wholeness of the Individual and of the Race.« Reprinted from *The Journal of the British Society of Dowsers* (June 1952), No. 76.

— *How Do You Sleep? The Basis of Good Health.* London: Author-Partner Press, 1939.

— »Interim Report After Thirty-five Years of Research. A Lecture Delivered to the British Society of Dowsers After the Annual General Meeting Held on October 20th, 1954.« Reprinted from *Radio-Perception* (December 1954), Vol. XII, No. 86.

— »Psycho-Physical Effects of Conducted Radionic Emissions From Drugs and Bloods«, *Proceedings of the Scientific and Technical Congress of Radionics and Radiesthesia.* London: May 16—18, 1950: 149—159.

— *Self and Superman.* London: Author-Partner Press, 1930.

— *The Subconscious Made Conscious.* London: Simpkin Marshall, 1926.

— *Technique of Conscious Evolution.* Essex: C. W. Daniel, 1956.

Elkin, A. P. *Aboriginal Men of High Degree.* St. Lucia: University of Queensland, 1977.

Gallert, M. *New Light on Therapeutic Energies.* London: James Clarke, 1966.

Gallimore, J. G. *Handbook of Unusual Energies. Volumes 1, 2, 4.* Mokelumne Hill, Calif.: Health Research, Vol. 1 (1976), Vol. 2, 3 (1977).

Galvani, L. *Commentary on the Effect of Electricity on Muscular Motion — A Translation of Luigi Galvani's De Viribus Electricitatis in Motu Musculari Commentarius.* Cambridge, Mass.: E. Licht, 1953.

Gerber, R., M. D. *Vibrational Medicine: New Choices for Healing Ourselves.* Santa Fe, N.M.: Bear, 1988.

Gimbel, T. *Healing Through Color.* Essex: C.W. Daniel, 1985.

Green, E., and A. Green. *Beyond Biofeedback.* Delacorte Press/Seymour Lawrence, 1977.

Grof, S. *The Adventure of Self-Discovery.* Albany, N. Y.: State University of New York, 1988.

Hieronymus, Dr. T. »The E.E. Eeman Circuit«, *Advanced Sciences Research and Development Advisory.* Lakemont, Georgia, July-August, 1986.

Hunt, R. *The Seven Keys to Color Healing: Diagnosis and Treatment Using Color.* San Francisco: Harper & Row, 1971.

Kaptchuk, T. *The Web That Has No Weaver.* N.Y.: Cogdon & Weed, 1983.

Kilner, W. *The Human Atmosphere; Or the Aura Made Visible by the Aid of Chemical Screens.* New York: Rebman, 1911.

Krieger, D. *The Therapeutic Touch: How to Use Your Hands to Help or to Heal.* Englewood Cliffs, N. J.: Prentice Hall, 1979.

Krippner, S., and D. Rubin (eds.). *Galaxies of Life: The Human Aura in Acupuncture and Kirlian Photography.* New York: Interface, 1973.

Lakhovsky, G. *The Secret of Life. Cosmic Rays and Radiations of Living Beings.* Translated from the French by Mark Clement. London: Heinemann, 1939.

Leadbeater, C. W. *The Chakras.* Wheaton, Ill.: Quest, Theosophical Publishing House, 1927

Maby, J.C., and T.B. Franklin. *Physics of the Divining Rod.* London: B. Bell, 1939.

Manaka, Y., and K. Itaya. »Acupuncture as Intervention in the Biological Information System (Meridian Treatment and the X-signal System).« Unpublished article supplied by S. Birch.

Manaka, Y., and I. Urquart. *The Layman's Guide to Acupuncture*. New York and Tokyo: Weatherhill, 1972.

Mann, W. E. *Orgone, Reich and Eros*. New York: Simon & Schuster, 1973.

Matsumoto, K., and S. Birch. *Extraordinary Vessels*. Mass.: Paradigm. 1986.

Mesmer, F. A. *Mesmerism: A Translation of the Original Medical and Scientific Writings of F.A. Mesmer, M.D.*, compiled and translated by George J. Bloch, Ph. D. Los Altos, Calif.: William Kaufmann, 1980.

Nielsen, G., and J. Polansky. *Pendulum Power. A Mystery You Can See, a Power You Can Feel*. Rochester, Vermont: Destiny Books, 1987.

Powell, E. *Healing by Auto-Induction: Self-Healing While You Rest*. Sussex, England: Bruce Copen, no date.

— *The Natural Home Physician. A Book for Every Household*. Essex, England: Health Science Press, 1981.

Reich, W. *The Bioelectric Investigation of Sexuality and Anxiety*. New York: Farrar, Straus and Giroux, 1982.

Reichenbach, K. von *Physico-Physiological Researches on the Dynamics of Magnetism, Heat, Light, Electricity, and Chemism, in Their Relations to Vital Force*. New York: J. S. Redfield, 1851.

— *The Odic Force: Letters on Od and Magnetism*. New Hyde Park, N. Y.: University Books, 1968.

Rhine, J. B. *Extra-Sensory Perception*. Boston: Bruce Humphries, 1934.

Richards, G. *The Chain of Life*. London: John Bale Sons and Danielsson, 1934.

Rothemich, A. »Sing the Body Electric«, *The Laughing Man Magazine*, Vol. 6, No 1: 45—47.

Russell, E. W. *Design for Destiny*. London: Neville Spearman, 1971.

— *Report on Radionics: Science of the Future*. Suffolk: Neville Spearman, 1973.

Saraswati, Y. *Science of Soul*. Bharat: Yoga Niketan Trust, 1977.

— *Science of Vital Force: A Treatise on Higher Yoga*. New Delhi: Yoga Niketan Trust, 1980.

Stark, E. *A History of Dowsing and Energy Relationships*. North Hollywood: BAC, 1978.

Stone, R. *Polarity Therapy: The Complete Collected Works*. Volumes 1 and 2. Reno, Nevada: CRCS Publications, 1987.

Swanholm, A. L. *The Brunler-Bovis Biometer and Its Uses*. Los Angeles: De Vorss, 1963.

Tansley, D. *Radionics and the Subtle Anatomy of Man*. Essex, England: Health Science Press, 1972.

— *Radionics: Science or Magic? An Holistic Paradigm of Radionic Theory and Practice*. Essex, England: C. W. Daniel, 1982.

Tiller, W. »Energy Fields and the Human Body, Part II«, A.R.E. *Medical Symposium on Mind-Body Relationships in the Disease Process*. Phoenix, Arizona, January 1972.

— »Future Medical Therapeutics Based Upon Controlled Energy Fields«, *Proceedings of the A.R.E. Medical Symposium*. Phoenix, Arizona, January 1976.

— »A Lattice Model of Space and Its Relationship to Multidimensional Physics«, *Proceedings of the A.R.E. Medical Symposium*. Phoenix, Arizona, January 1977.

Tiller, W., and J. B. Carlton. »Positive-Negative Space/Time Energies«, *Proceedings of the A.R.E. Medical Symposium*. Phoenix, Arizona, January 1977.

Tiller, W., and W. Cook. »Psychoenergetic Field Studies Using a Biomechanical Transducer. Part 1: Basics«, *Proceedings of the A.R.E. Medical Symposium on New Horizons in Healing*. Phoenix, Arizona, January 1974.

Tompkins, P., and C. Bird. *The Secret Life of Plants*. New York: Harper & Row, 1973.

Watson, L. *Supernature*. London: Coronet Books, 1974.

Westlake, A. *The Pattern of Health*. New York: Devin-Adair Company, 1961.

— »Vis Medicatrix Naturae«, *Proceedings of the Scientific and Technical Congress of Radionics and Radiesthesia*. London, May 16—18, 1950: 7—23. (Reprinted by Borderland Sciences Research Foundation, Garberville, Calif., 1987.)

Wolf, F. *Taking the Quantum Leap*. San Francisco: Harper & Row, 1981.

— *The Body Quantum. The New Physics of Body, Mind, and Health*. New York: Macmillan, 1986.

Deutschsprachige Ausgabe des Literaturverzeichnisses

Green, Elmer und Alice: *Biofeedback — eine neue Möglichkeit zu heilen*. Bauer Verlag, Freiburg 1978.

Kaptchuk, J. Ted: *Das große Buch der chinesischen Medizin*. Scherz Verlag, München 1988.

Krieger, Dolores: *Therapeutic Touch — Die heilende Berührung*. Aquamarin Verlag, Grafing 1989.

Leadbeater, Charles W.: *Die Chakras*. Bauer Verlag, Freiburg, 8. Auflage 1988.

Nielsen, Greg und Polansky, Joseph: *Die Magie des Pendels. Erkenntnis durch Radiästhesie*. Heyne Verlag, München 1990.

Stone, Randolph: *Polaritätstherapie*. Hugendubel Verlag, München 1988.

Tompkins, Peter und Bird, Christopher: *Das geheime Leben der Pflanzen*. Fische Verlag, Frankfurt 1983.

Westlake, Aubray: *Medizinische Neuorientierung. Von der Huna-Philosophie zu den Orgon-Experimenten*. Origo Verlag, Zürich 1963 (2. Aufl. 1990).

Wolf, Fred Alan: *Der Quantensprung ist keine Hexerei. Die neue Physik für Einsteiger*. Fischer Verlag, Frankfurt 1989

Kontaktadresse der Autoren

Leslie und Terry Patten
4286 Redwood Hwy, Space C
San Rafael
CA 94903
USA

Informations- und Bezugsquellen

Die im Buch beschriebenen verschiedenen Bioenergiekreise können über die folgenden Vertriebsfirmen bezogen werden.

Tools for Exploration
4286 Redwood Highway, Suite C
San Rafael
CA 94903 USA
(Katalog für $ 2 erhältlich)

Megatime Editions (Generalvertretung)
Postfach 5608
4000 Düsseldorf 1
Tel. 0211/628178

Weitere Bezugsquellen:
B. u. W. Gillessen
Ettalstr. 42 A
8000 München 70
089/7140814

Samana/Hans R. Kistler
Sihlstr. 61
CH-8001 Zürich
Tel. 01/2117034

Alle obengenannten Adressen vertreiben die von Tools for Exploration (die Firma der Autoren) hergestellten Produkte. Ein Prospekt kann bei den Bezugsadressen angefordert werden.

Preisliste für Bioenergiekreise

Kupfer-Energiekreis	99,95 DM
Seiden-Energiekreis	99,95 DM
Substanz-Energiekreis	149,95 DM
Extra-Kupfersegment	39,95 DM
Selbstbausatz (Kupfer-Energiekreis)	59,95 DM

(Zuzüglich Verpackungs- und Versandkosten-Anteil)

Bitte Informationsblatt über die einzelnen Energiekreise anfordern

Unabhängig von Tools for Exploration stellt die Firma A. Wiedemann eigene Energiekreise her. Die Preise entsprechen der obigen Liste. Nähere Informationen bei:

BIOPOL-Produkte
Postfach 620726
1000 Berlin 62
Tel. 030/7881177

Deutsche Gesellschaft für
Polaritätstherapie (DGP)
Postfach 620 726
1000 Berlin 62

Die DGP recherchiert und sammelt Forschungsergebnisse und
Erfahrungsberichte zum Thema dieses Buches. Das Material
wird in Form von Publikationen, Vorträgen und Seminaren wei-
tergegeben. Daas aktuelle Programm wird auf Anfrage zuge-
schickt.

Register

Verweise auf Abbildungen, Tafeln oder Kästen sind fettgedruckt.

Bekannte Autoren und Therapeuten
über dieses Buch

Das ist das anregendste Buch auf dem Gebiet der ganzheitlichen Medizin, das ich seit langer Zeit gesehen habe... Alle, die für ihre Gesundheit etwas tun wollen, sollten es lesen.

Robert Anton Wilson
Autor von »The Cosmic Trigger« und »Die Illuminati Papiere«

Die Zeit, den Bioenergiekreis einem größeren Publikum vorzustellen, ist endlich gekommen. Leslie und Terry Patten haben uns mit ihrem Buch einen großen Dienst erwiesen, indem sie Forschungen von Eeman, Lindemann und anderen zum Thema Bioenergiekreis leicht verständlich und fundiert zusammenfaßten.

Dr. med. Richard Gerber
Autor von »Vibrational Medicine«

Der Bioenergiekreis kann Energieimbalancen manchmal in geradezu dramatischer Weise ausgleichen. Ich selbst habe es öfters miterlebt, wie sich mit Hilfe des Kupfer-Energiekreises die Geschwindigkeit, mit der Qi durch die Meridiane floß, verdoppelte.

Miki Shina
Präsident der amerikanisch-japanischen
Akupunktur-Vereinigung
Direktor der kalifornischen Akupunktur-Gesellschaft

Ein sehr gut geschriebenes Buch über das äußerst spannende Thema der elektrischen und quasi-elektrischen Energien im menschlichen Körper. Dabei geht es nicht nur um Theorie. Es ist eine Einladung an alle, diese feinstofflichen Energiefelder des Körpers selbst zu erforschen.

Michael Hutchinson
Autor von »MegaBrain«

Dieses Buch gefällt mir außerordentlich, und ich kann aus eigener Erfahrung vieles von seinem Inhalt bestätigen. Der Bioenergiekreis erhöht den Energiefluß in der Wirbelsäule und balanciert die elektromagnetischen Energiefelder des Körpers aus. Er hat nicht nur positive Auswirkungen auf den physischen Körper, sondern beeinflußt auch das Denken und Fühlen. Manchmal sind die Wirkungen derart, daß man sich nicht vorstellen kann, sie mit irgendeiner anderen Methode zu erreichen.

Jack Schwarz
Autor von »Voluntary Controls«
und »Human Energy Systems«

Eine ungemein überzeugende Methode zur Streßauflösung! Der Bioenergiekreis ist unkompliziert, kann ohne medizinische Vorkenntnisse angewendet werden und führt erstaunlich schnell zu einer tiefen Entspannung. Das Buch zeigt nicht nur lebendig und spannend, wie die Methode anzuwenden ist, sondern es bietet auch eine präzise Einführung in ein neues Forschungsgebiet.

Dr. med. Lee Sanella
Psychiater und Forscher
Autor von »The Kundalini Experience«

Die Bioenergiekreis-Methode stellt eine völlig neue Dimension der Energiebalance dar. Dieses Buch ist eine ausgezeichnete Darlegung der zugrundeliegenden Theorien und der persönlichen Erfahrungen, die die Autoren mit dem Bioenergiekreis gemacht haben. Ein ausgezeichnetes Mittel zur Streßauflösung und eine gute Ergänzung zur Körperarbeit.

Joseph Heller
Begründer von Hellerwork

Die Bioenergiekreis-Methode funktioniert wirklich sehr gut, sie ist einfach, und es macht Spaß, mit ihr zu arbeiten. Sie ist das beste natürliche Hilfsmittel für eine Ganzkörperbalance und um das innere Potential zu entdecken. Die Pattens haben damit das entscheidende Buch zu dieser wichtigen und bis jetzt wenig bekannten Thematik geschrieben.

Greg Nielsen
Autor von »Magie des Pendels« und »Pyramid Power«

Einsteins Formel $E = mc^2$ hat weitreichende persönliche Bedeutung für uns alle. Das Buch erklärt, warum. Darüber hinaus gibt es praktische Hinweise, wie man persönlichen Nutzen aus Einsteins Entdeckung ziehen kann. Es zeigt einen einfachen und praktischen Weg, selbst zu erfahren, was es heißt, daß der Körper Energie ist und daß diese Energie in einem bedeutenden Umfang nutzbar gemacht werden kann, sowohl für die seelische als auch körperliche Gesundheit. Ein höchst erfreuliches und lehrreiches Buch, das in keiner öffentlichen Bibliothek fehlen sollte.

George Feuerstein
Autor, schreibt für »Spectrum Review«